El Mensaje para los Últimos Días

EL MENSAJE PARA LOS ÚLTIMOS DÍAS

Comprensión bíblica e histórica del fin de los tiempos

K.J. SOZE

K.J. Soze

Niagara Falls

El Mensaje para los Últimos Días Copyright © 2020 por K.J. Soze. Todos los derechos reservados.

CONTENIDO

Edición en Español   vii
DERECHOS DE AUTOR   viii
INTRODUCCIÓN   xi

1. PRINCIPIOS DE INTERPRETACIÓN BÍBLICA   1
2. EL PACTO POR LA TIERRA   24
3. LA TIERRA PROMETIDA Y EL REINO DE LOS CIELOS   39
4. EL NUEVO PACTO   60
5. LA HERENCIA DE CRISTO   77
6. LA SEGUNDA VENIDA DE CRISTO   91
7. LA RESURRECCIÓN DE LOS JUSTOS   120
8. DESCANSAR Y ESPERAR   144
9. MITOS CULTURALES DE LA VIDA DESPUÉS DE LA MUERTE   170
10. NATURALEZA HUMANA   189

11.	BAUTISMO Y RENACIMIENTO	221
12.	NATURALEZAS EN DUELO	253
13.	EL CAMINO A DIOS	275
14.	JUICIO DE LOS JUSTOS	309
15.	RECOMPENSA POR EL TRABAJO FIEL	330
16.	UNIDAD DE TIEMPO FINAL	349
	APÉNDICE 1 - ESQUEMA DE LA METODOLOGÍA INTERPRETATIVA	365
	APÉNDICE 2 - SIGNIFICADO DE LOS PASAJES DE SALVACIÓN DERIVADOS DE LOS TIEMPOS VERBALES	368
	APÉNDICE 3 - AGRUPACIONES DE PASAJES CLAVE	371
	BIBLIOGRAFÍA	376

EDICIÓN EN ESPAÑOL

EL MENSAJE PARA LOS ÚLTIMOS DÍAS

COMPRENSIÓN BÍBLICA E HISTÓRICA DEL FIN DE LOS TIEMPOS.

Escrito por K. J. Soze

www.kjsoze.com

Traducido por Arturo Juan Rodríguez Sevilla

DERECHOS DE AUTOR

Derechos de autor © 2019, Biblia Vida. Todos los derechos reservados. Derechos de autor para las imágenes de los artículos © 2019 Jupiter Images Corporation. https://www.bibliavida.com/

Permiso Para Citar La Biblia De Las Americas

El texto de La Biblia de las Americas® puede ser citado y/o reimpreso hasta quinientos (500) versículos sin necesidad de tener permiso escrito de The Lockman Foundation, siempre que los versículos no constituyan un libro completo de la Biblia o que formen más del 25% del total de la obra en la cual son citados.

Una nota sobre los Derechos Reservados (Copyright) en la página en que se mencionan el título y los Derechos Reservados (Copyright) de la Obra que se publica, debe aparecer como sigue:

«Las citas bíblicas son tomadas de LA BIBLIA DE LAS AMERICAS © Copyright 1986, 1995, 1997 by The Lockman Foundation Usadas con permiso.»

Las citas y/o reimpresíon que pasen las límitaciones mencionadas, u otros permisos especiales, deben ser solicitados y aprobados por escrito por The Lockman Foundation, PO Box 2279, La Habra, CA 90631, (714)879-3055. http://www.gospelcom.net/lockman/

https://www.biblegateway.com/versions/La-Biblia-de-las-Am%C3%A9ricas-LBLA/#booklist

Santa Biblia, NUEVA VERSIÓN INTERNACIONAL® NVI® © 1999, 2015 por Biblica, Inc.®

Usado con permiso de Biblica, Inc.® Reservados todos los derechos en todo el mundo.

Used by permission. All rights reserved worldwide.

These Scriptures are copyrighted and have been made available on the Internet for your personal use only. Any other use including, but not limited to, copying or reposting on the Internet is prohibited. These Scriptures may not be altered or modified in any form and must remain in their original context. These Scriptures may not be sold or otherwise offered for sale.

These Scriptures are not public domain.

These Scriptures are not shareware and may not be duplicated.

The Message for the Last Days – Copyright 2019 by K.J. Soze

INTRODUCCIÓN

Los lectores de cualquier libro largo y difícil conocerán la tentación de saltar a las últimas páginas para averiguar lo que sucede al final. Pero no hay satisfacción en tomar un atajo así. La suma de los flujos y reflujos narrativos proporciona a la conclusión su poder y significado. Para los lectores de la Biblia, el libro de Apocalipsis tiene un encanto similar: ¿Cómo termina todo esto? Pero se aplica el mismo principio: Apocalipsis es el último libro de la Biblia que debemos estudiar. Sin un entendimiento fundamental del mensaje del evangelio, no podremos entender las profecías apocalípticas.

Antes de un estudio profundo de Apocalipsis, es mejor leer otros pasajes relacionados del tiempo-del-fin desde Génesis hasta Judá y estudiar la serie de pactos que Dios hizo con su pueblo. Los pactos proporcionan información de fondo crucial para los eventos que aún no han ocurrido. También necesitamos entender este concepto bíblico clave: el reino físico que observamos en la tierra y el reino celestial están en planos separados, unidos solo por el reino espiritual. Por lo tanto, una buena erudición bíblica requiere que discernamos si un pasaje dado se refiere al reino físico (visible, terrenal), el reino celestial (invisible) o el reino espiritual (el vínculo entre lo que se ve y lo que no se ve).

Dado el apetito moderno por este tema, espero que ya hayan encontrado muchas de las escuelas de pensamiento que compiten sobre las profecías y eventos del tiempo-del-fin. Usted puede estar familiarizado con términos como premilenial y amilenial, o entender las diferencias entre pre-tribulación, post-tribulación, o rapto pre-irritación. Si no es así, daré las definiciones apropiadas, pero este libro no pretende ser un manual exhaustivo sobre puntos de vista opuestos. Ciertamente hay un montón de buenos libros y sitios web que profundizan en cada una de estas perspectivas. Asumo que usted comparte la creencia de que Dios creó el mundo (centrándose aquí en el diseño inteligente en lugar de en el método) y que Dios continúa siendo activo en nuestras vidas. Otros lectores son bienvenidos, pero se les advierte que si no están de acuerdo aquí, probablemente estarán en desacuerdo con el resto de mis conclusiones.

Mi objetivo es mostrar en estas páginas cómo el evangelio es integral dentro de los eventos del tiempo-del-fin. Algunos cristianos ignoran por completo los pasajes proféticos de la Biblia, pensando que si somos salvos, ¿por qué molestarse en pensar en estas complejidades? Pero el mensaje más fuerte que podemos ayudar a entregar es el evangelio completo que culmina en los últimos días.

Este libro compara interpretaciones literales de la Biblia con interpretaciones figurativas para mostrar cómo cada una afecta nuestro sistema de creencias y cómo los sistemas de creencias preconcebidos afectan nuestras interpretaciones.

Nuestra meta debe ser dejar de lado nuestras ideas preconcebidas e interpretar objetivamente los pasajes de la Biblia relacionados con el fin incluso si el pasaje utiliza un lenguaje figurativo. El lenguaje figurativo, después de todo, puede ser usado para describir un evento que literalmente ocurrió. El primer adveniamiento de Cristo, por ejemplo, fue el cumplimiento literal de profecías que incluían lenguaje figurativo. Las metáforas y visiones proféticas finalmente correspondían a resultados físicos en la tierra que los humanos podían observar.

¿No debería seguir que la segunda venida de Jesús sería también un evento literal predicho por las profecías figurativas del tiempo-del-fin?

No según muchas creencias populares del tiempo-del-fin. Aunque tales seguidores creen que las profecías sobre el primer adveniamiento fueron literalmente cumplidas, no creen en el cumplimiento literal de las profecías restantes del segundo adveniamiento. Sospecho que muchas personas que tienen tales creencias no son conscientes de la inconsistencia. Así que les insto a que al leer este libro examinen deliberadamente la base de sus propias creencias del tiempo-del-fin. A ver qué es lo que se mantiene bajo escrutinio.

El evangelio en la Biblia es un mensaje de redención y resurrección-no solamente un camino a la iluminación espiritual. Si usted no cree que Jesús vivió, murió y resucitó físicamente, probablemente no le gustará el tratamiento literal de las profecías bíblicas presentadas en este libro. Sin embargo, si usted cree que Jesús caminó en la tierra, murió y fue resucitado corporalmente, y si usted cree que la Biblia contiene profecías que corresponden a los eventos del tiempo-del-fin, entonces usted debe seguir leyendo.

Este libro fue escrito para usted si usted es un dispensacionalista, un preterista, un amilenianista un post- o un pre-milenialista, ya sea que le guste la teología de reemplazo o la teología del pacto. No les pido que se acerquen a este libro desde un punto de vista específico -solo que se abran a la posibilidad de que exista una base común y objetiva de interpretación del evangelio en relación con los últimos tiempos. Usted puede encontrar desafíos en estas páginas a creencias de larga data. Si esto sucede, pida al Espíritu Santo que revele la verdad sobre su Palabra. Ya sea que le guíe fuera de los viejos conceptos erróneos o hacia una convicción renovada, alabe a Dios y regocíjese en su verdad.

Este libro se enfoca en la continua revelación del plan unificado de Dios para redimir a la humanidad. Según el plan de Dios, él salva a todas las personas de la misma manera, sin importar en qué período de la historia vivan. Un hilo común se entrelaza a través de los antiguos pactos y en el nuevo pacto, por el cual vemos cómo la Palabra de Dios une todo en el mismo mensaje evangélico para todas las personas a lo largo de la historia.

No hay diferencia fundamental en cómo alguien se "salva" en el Antiguo Testamento versus el Nuevo Testamento: el Espíritu Santo produce fe dentro de una persona que a su vez cree en Dios para la vida eterna. Nosotros en nuestras vidas modernas dependemos de la misma fe que salvó a aquellos que vivieron miles de años antes de Cristo. El tiempo de la primera venida de Cristo no cambió la manera en que Dios implementa la salvación para todos. Como dice Dios en Malaquías 3:6: *"Porque yo, el Señor, no cambio"*. [1]

Tanto el Antiguo como el Nuevo Testamento usan repetidamente un lenguaje que dice que Dios "derrama su Espíritu". El mismo Dios que derramó su Espíritu sobre los santos del Antiguo Testamento ahora se revela a nosotros:

"Si te vuelves a mi reprensión, he aquí que yo derramaré mi espíritu sobre ti; te daré a conocer mis palabras."

—Proverbios 1:23

"El amor de Dios ha sido derramado en nuestros corazones a través del Espíritu Santo, que nos ha sido dado."

—Romanos 5:5

"[Dios] también ha puesto su sello sobre nosotros y ha puesto su Espíritu en nuestros corazones como garantía."

—2 Corintios 1:22

El pasaje de Joel 2:28 se repite en Hechos 2:17: *"En los últimos días, Dios declara que derramaré mi Espíritu sobre toda carne".*

Dios usó el mismo plan para la salvación entonces como lo hace hoy en día. Que una persona haya vivido en la tierra antes o después de la muerte y resurrección de Cristo

---

1. Hebreos 6:17; Santiago 1:17.

no hace ninguna diferencia. Todas las personas a través de la historia son salvas a través de la fe en la gracia de las promesas hechas desde Génesis 3:15 en adelante a través de las Escrituras.

"Israel que perseguía una ley que llevaría a la justicia no logró alcanzar esa ley. ¿Por qué? Porque *no lo persiguieron por fe*, sino como si estuviera basado en obras. Han tropezado con la piedra de tropiezo, como está escrito,

He aquí, yo pongo en Sión una piedra de tropiezo y una roca de escándalo; y quienquiera que crea en él no será puesto en vergüenza".

—Romanos 9:31-33[2]

¿Qué es la fe? Es un puente en un sentido del término. Conecta la gracia dada a nosotros por el Espíritu con nuestra confianza en este don. La fe comienza a formarse cuando recibimos la gracia de Dios, luego se completa cuando actuamos en obediencia a Dios. La fe es un puente desde la gracia dada a vivir por este don. Y en la fe esperamos el cumplimiento final de la promesa que Dios nos hizo,— la segunda venida de su Hijo a nuestro mundo.

El autor no se atribuye ningún mérito por cualquier cosa que se encuentre correcta en este libro. Cualquier verdad en este libro tiene sus raíces sólo en los pasajes bíblicos. Este autor se responsabiliza de cualquier error de interpretación o comentario.

---

2. ¿Qué hay de la gente que nunca ha escuchado este evangelio basado en la fe en las promesas de Dios? Lea Romanos 1, 2, y 10 para una mayor exploración de ese tema.

CAPÍTULO 1.

PRINCIPIOS DE INTERPRETACIÓN BÍBLICA

Una clave para entender la Biblia es aprender a interpretarla correctamente a través de la guía del Espíritu Santo. Suena simple. Sin embargo, las tradiciones culturales y los prejuicios personales complican nuestros esfuerzos. Otra barrera surge del concepto bíblico de que hay tres reinos de existencia: nuestro mundo físico, el reino celestial de Dios, y un reino espiritual que une a los otros dos. Esta estructura multi-real puede crear paradojas donde algo es cierto en un reino pero puede parecer contradictorio en otro reino. Los pasajes que parecen contradictorios se pueden armonizar identificando su relación con estos reinos separados. Pero nos sentiremos frustrados y confundidos si tratamos de forzar todos los pasajes hacia un contexto de reino fusionado. La interacción del reino de los cielos en la tierra es un buen ejemplo que será explorado a fondo.

Como se discutió en la Introducción y en el Apéndice 1,

las profecías bíblicas pueden utilizar lenguaje literal o figurativo al referirse al reino físico, celestial o espiritual.[1]

Conocer el punto de referencia en un pasaje dado desenmarañará muchas paradojas complejas que se encuentran en la Escritura. El panorama general y el contexto completo de la Biblia comenzarán a unirse a medida que clasifique las piezas paradójicas del rompecabezas según sus categorías. Con la perspectiva apropiada viene la perspicacia correcta.

Si esto suena como mucho trabajo, no culpe a Dios por hacernos difícil entender la Biblia en su contexto original —la culpa pertenece a nuestra propia cultura y tradiciones—. Nuestras experiencias y prejuicios obstruyen nuestros esfuerzos por interpretar los pasajes objetivamente. Dependiendo de la tradición o de las nociones preconcebidas, una persona generalmente cae en una escuela de interpretación y sigue junto con otras en ese grupo:

1. Una creencia de que la Biblia está enfocada principalmente en el reino espiritual y en nuestra iluminación mística;

2. La creencia de que la Biblia se ocupa de nuestro bienestar tanto en el ámbito físico como en el espiritual;

3. Una creencia de que la Biblia se ocupa principalmente del reino físico y de nuestro bienestar corporal.

---

1. Esto crea seis combinaciones posibles: Literal/Físico, Literal/Celeste, Literal/Espiritual, Figurativo/Físico, Figurativo/Celeste y Figurativo/Espiritual.

La gente dentro del primer campamento no necesariamente da a cada pasaje una interpretación espiritual. Reconocen que hay eventos históricos reales mencionados en la Biblia. Pero ellos ven predominantemente el lenguaje de la Biblia como metafórico, analógico, simbólico o alegórico. Este enfoque nos permite hacer que los pasajes de la Biblia signifiquen lo que queramos creer. La interpretación se convierte en un asunto subjetivo, pero este libro trata de acercamientos objetivos a la Biblia. Si usted mismo tiende a leer la Biblia a través de una lectura puramente espiritual, este libro presentará algunas interpretaciones que tal vez no haya considerado antes. Le reto a que lea con la mente abierta.

De la misma manera, la gente en el tercer campamento no necesariamente interpreta cada pasaje literalmente. Hay metáforas obvias (lenguaje figurativo) en la Biblia, pero en su mayor parte, esta persona cree en la historia de la Biblia, los relatos milagrosos, la existencia de Satanás y el cumplimiento de las profecías. La gente en este campamento cree que los eventos profetizados que aún no han ocurrido serán cumplidos en la tierra; no están enfocados en el cumplimiento espiritual.

Un estudio de Barna de 2016 encontró que cerca del 7 por ciento de los estadounidenses caen en este tercer campo. La mayoría de los cristianos proclamados caen en el campamento 2.[2]

El campamento 2 es la perspectiva más difícil de concretar porque hay espacio para numerosos sistemas de creencias

---

2. "El estado de la Iglesia 2016." Grupo Barna, 2016. Consultado el 30 de abril de 2019 en www.barna.com/research/state-church-2016/

entre los extremos de los campamentos físicamente y espiritualmente enfocados.

En los albores del cristianismo, los creyentes cayeron en su mayoría en una forma de pensar hebrea (una perspectiva oriental) o en una mentalidad griega (centrada en Occidente). Dentro de los 100 años después de los tiempos de los apóstoles, cada punto de vista tenía campeones como Ireneo (oriental)[3] y Clemente de Alejandría (occidental)[4].

A principios del siglo V, llegó a la escena Agustín de Hipona. En su libro *La Ciudad de Dios*, argumentó a favor de la visión amilenialista de que el reinado de mil años de Jesús en la tierra, tal como se describe en Apocalipsis 20[5], no

---

3. Ireneo creía que la revelación recibida por los apóstoles hebreos era suficiente para la instrucción moderna: *"Pero Policarpo no sólo fue instruido por los apóstoles, y conversó con muchos que habían visto a Cristo, sino que también fue instruido por los apóstoles en Asia....siempre enseñó las cosas que había aprendido de los apóstoles, y que la Iglesia ha transmitido, y que son las únicas verdaderas. De esto dan testimonio todas las Iglesias asiáticas, así como los hombres que han sucedido a Policarpo hasta nuestros días"* (Contra las herejías, III.3.4, III.4.3).

4. Clemente creía que la mentalidad cultural griega podía llevar a una persona a la rectitud: *"Por consiguiente, antes del advenimiento del Señor, la filosofía era necesaria para los griegos para la justicia. Y ahora se vuelve conducente a la piedad, siendo una especie de entrenamiento preparatorio para aquellos que alcanzan la fe a través de la demostración"* (Stromateis 1.5).

5. El pasaje dice lo siguiente: "Entonces vi a un ángel que descendía del cielo, con la llave del pozo sin fondo y una gran cadena en la mano. Y tomó al dragón, esa serpiente antigua, que es el diablo y Satanás, y lo ató por mil años, y lo arrojó al pozo, y lo cerró y lo selló sobre él, para que no engañara más a las naciones, hasta que los mil años terminaran. Después de eso, debe ser liberado por un tiempo. Entonces vi tronos, y sobre ellos estaban sentados aquellos a quienes se había confiado la autoridad para juzgar. También vi las almas de los que habían sido decapitados por el testimonio de Jesús y por la palabra de Dios, y de los que no habían adorado a la bestia o a su imagen y no habían recibido su marca en sus frentes o en sus manos. Ellos vinieron a la vida y reinaron con Cristo por mil años. El resto de los muertos no cobraron vida hasta que los mil años terminaron. Esta es la primera resurrección. ¡Bendito y santo el que comparte la primera resurrección! La segunda muerte no tiene poder sobre ellos, sino que serán sacerdotes de Dios y de Cristo, y reinarán con él mil años" (Apocalipsis 20:1-6).

debe interpretarse literalmente.[6] Su argumento, que utiliza un enfoque híbrido de Campamento-2, fue aceptado predominantemente en la mayor parte de la historia de la Iglesia occidental hasta los períodos de la Reforma y del Protestantismo. Desde el período posterior a la Reforma, varios grupos protestantes han pasado a interpretaciones más literales dentro del movimiento premilenial moderno (que argumenta que el reino milenario descrito en Apocalipsis 20 se cumplirá literalmente).

Tratemos de agrupar las perspectivas primarias en Apocalipsis 20 de acuerdo a si interpretan el pasaje literal o figurativamente, y si buscan la realización en el reino físico, celestial o espiritual.

1. Nueva Era/Gnóstico[7]—este campamento espera una realización figurativa en el reino espiritual, enfocada en las implicaciones místicas.
2. Amilenial/postmilenial[8]—estos puntos de vista difieren en cuanto a si el lenguaje del pasaje es literal o figurativo.
3. Premilenial[9]—este campamento espera una realización literal en el reino físico.

---

6. San Agustín. La *Ciudad de Dios*, Libro XX, Capítulo 7. Consultado el 30 de abril de 2019 en www.newadvent.org/fathers/120120.htm

7. Los gnósticos creen que el mundo físico es un reino malvado e inferior. El alma está atrapada en el cuerpo y debe ser liberada a través de la "gnosis" o conocimiento espiritual. Los gnósticos no ven ningún valor en ningún tipo de reino milenario terrenal.

8. Los amilenialistas no creen que el pasaje se refiera a un reinado literal de mil años. Los postmilenialistas creen que esto se refiere a un reino victorioso de la iglesia en la tierra antes de la segunda venida de Cristo.

9. Los premilenialistas interpretan este pasaje literalmente, esperando que Cristo reine por mil años en la tierra en su segunda venida.

Si usted no siente que su propio punto de vista está representado por una de estas etiquetas, no se preocupe, simplemente estamos buscando simplificar la discusión por ahora. Yo mismo no tengo la intención de argumentar rígidamente a favor de una de estas etiquetas sobre otra, excepto recomendar en contra del extremo representado por los gnósticos y los místicos. Aprecio la insistencia de los premilenialistas en buscar el cumplimiento literal de la profecía, pero algunos adherentes pueden ser demasiado rígidos en su enfoque en el reino físico.

En la Introducción, compartí mi perspectiva de que Dios tiene un solo plan de redención, y si adoptara una sola etiqueta, representaría esa creencia. Creo que Dios ha estado usando el mismo plan desde Génesis 3 en adelante para redimir a toda la humanidad. Lo despliega por etapas, pero solo hay un plan.

Debido a que Dios no cambia su naturaleza con el tiempo, podemos estudiar los pasajes bíblicos entrelazados para descubrir una interpretación objetiva del plan progresivo de Dios. Desde el Antiguo Testamento hasta el Nuevo Testamento, cada pasaje de la Escritura se despliega. Podemos seguir fácilmente la progresión de los pactos que Dios hizo con Abraham, con la nación de Israel y con David, y finalmente el nuevo pacto.

El punto principal de la Escritura en este punto de vista es que solo hay un plan de redención para todas las personas a través de toda la historia. A medida que observamos varios pasajes a lo largo de este libro, este es el lente que voy a usar. Para ilustrar la perspectiva del libro a modo de contraste, veamos una de las etiquetas del preterismo interpretativo.

Una de las creencias primarias del preterismo es que el reino de Cristo ya ha comenzado en plena revelación. El preterismo sostiene que Cristo vino en el año 70 d.C. para establecer su reino actual, que es espiritual, no un reino físico sobre ningún territorio terrenal. Los preteristas no pueden reclamar ninguna observación física de la segunda venida, pero señalan la destrucción del Templo en ese mismo período como evidencia. El cese de la adoración en el Templo finalizó el juicio de Dios en Israel, y el Espíritu reside ahora en las almas o «templos» de todos los verdaderos creyentes.

El preterismo completo depende de una interpretación figurativa de Hechos 1:11, que cita a un ángel diciendo: «*Hombres de Galilea, ¿por qué os quedáis mirando al cielo? Este Jesús, que fue tomado de ti al cielo, vendrá de la misma manera que tú lo viste ir al cielo*». Si Cristo hubiera regresado a la tierra físicamente en el año 70 d.C. en cualquier escala, habría sido reportado por la Iglesia primitiva y los historiadores. Pero ya que el preterismo mira a un reino espiritual y no a uno terrenal, ¿no es razonable argumentar a favor de un retorno de Cristo, ya cumplido, solo por el espíritu, para cumplir las profecías de la segunda venida?

Desafortunadamente para los preteristas, un majestuoso y físico retorno de Cristo está muy claramente explicado en muchos pasajes que transmiten fuertemente, si no que exigen una interpretación literal. Hechos 1:11 habla de la logística del regreso de Cristo, comparándolo con la ascensión que los discípulos acababan de presenciar. Otros pasajes afirman que todas las personas en la tierra verán su retorno físico.[10]

Así que el hiperenfoque del preterismo en el reino espiritual se mantiene bajo una obstinada insistencia en ver pasajes a través de una lente figurativa. Mientras que los preteristas no llegan a los extremos de los gnósticos en este sentido, el método de interpretación bíblica es igualmente defectuoso. No voy a discutir ninguna interpretación puramente espiritual de la Biblia. Esto no nos puede ayudar en nuestra meta de perseguir interpretaciones objetivas de pasajes proféticos que se refieren a eventos dentro del reino físico. Por supuesto, algunos pasajes proféticos sí se relacionan con eventos en los reinos celestiales o espirituales, así que necesitamos aplicar el discernimiento. Pasajes claramente entendidos como Hechos 1:11 nos ayudan a reducir los posibles significados de los textos más difíciles después de darnos cuenta de que Cristo está regresando a la tierra físicamente. Una vez que se comienza a desarrollar un panorama general, nuestro trabajo interpretativo se vuelve mucho más fácil.

En otras palabras, usaremos un método interpretativo literal que toma un lenguaje literal o figurativo y lo coloca en un reino. Incluso el lenguaje figurativo en la Biblia a menudo habla de un evento que ciertamente ocurrirá en el reino celestial o en el reino espiritual, por lo que termina ocurriendo «literalmente». Este enfoque permite derivar significados objetivos en cualquier ámbito.

A lo largo de este libro exploraremos varios puntos de vista amilenial y premilenial y cómo se relacionan con el

---

10. Ver Mateo 24:30; Apocalipsis 1:7.

evangelio. Estoy reduciendo el enfoque a estas dos perspectivas ya que son, con mucho, las escuelas más populares de pensamiento del fin de los tiempos en el cristianismo.

Cuando la Biblia menciona el reino de Dios, el lenguaje a menudo hace referencia particular a nuestro reino terrenal; otros pasajes se refieren específicamente a un reino celestial («el reino de los cielos»). Es importante que reconozcamos estos dos tipos diferentes de pasajes del reino, notando qué reino es relevante para cada versículo específico.

En la mayoría de los puntos de vista de interpretación del tiempo-del-fin, un reino físico (donde residimos) y un reino celestial (donde Cristo está gobernando desde ahora mismo) son reconocidos. Ambos trabajan «en paralelo» entre sí, en otras palabras, los dos reinos interactúan. Sin una comprensión de la interacción dual-real en el lenguaje espiritual, estamos sujetos inevitablemente interpretaciones confusas o privadas, seleccionando subjetivamente los pasajes que hablan literalmente del reino físico en la tierra y los que hablan en sentido figurado de otro reino.

Muchos pasajes de la Biblia mencionan eventos que ocurren en el cielo y en la tierra al mismo tiempo, describiendo cómo la guerra espiritual afecta silenciosamente a los eventos terrenales. Este concepto de interacción dual explica muchos eventos del tiempo-del-fin.

Tendemos a enfocarnos en nuestras creencias preconcebidas cuando interpretamos versículos difíciles, ya sea que nos inclinemos hacia una implicación física o espiritual. Pero la Biblia establece que ambos reinos trabajan en paralelo, lo visto y lo no visto juntos.[11] Esto nos ayudará a entender las profecías del tiempo-del-fin.

Gálatas 4:6 muestra los tres reinos interactuando: «*Dios envió el Espíritu de su Hijo a nuestros corazones.*» Esta es una fusión de la actividad espiritual enviada desde el reino celestial a nuestro cuerpo físico.[12] Dos reinos interactúan en el Espíritu Santo.

Este versículo en Gálatas demuestra el reino espiritual encontrándose con nuestro cuerpo físico en nuestro ser interior. Hay numerosos pasajes como este (ver también los ejemplos de la Introducción sobre Dios derramando su Espíritu). ¿Describe el versículo un evento real que está ocurriendo, o se supone que debemos derivar algún significado místico? Si tomamos el enfoque multi-real y una interpretación literal, sabemos que el versículo se refiere a algo que Dios hace en el reino físico.

La idea de que un reino toque a otro puede ser difícil de entender. Podemos encontrarnos con dificultades para comprender plenamente cómo nuestro ser interior se encuentra con el Espíritu Santo. Pero Dios puede simplemente enviar «el Espíritu de su Hijo» en la forma de un versículo bíblico que entra en nuestra conciencia.

---

11. Para ejemplos de múltiples reinos interactuando, vea Job 1:6-12; Daniel 10:10-14; Lucas 22:31-32; 2 Corintios 10:3-4; Gálatas 5:17; Efesios 6:12; Colosenses 1:16; y Hebreos 9:19-26.
12. Note que "corazón" es una metáfora claramente entendida que se encuentra en la Biblia; se refiere a nuestra mente, conciencia o ser interior, no a un órgano de bombeo.

Por confusos que sean para nosotros, los aspectos espirituales del Espíritu Santo que vive en nosotros y las batallas entre los reinos físico y celestial son mucho más fáciles de entender para nosotros que las profecías de eventos futuros. Esto se debe a que no siempre sabemos si un pasaje de profecía está hablando a una visión del reino celestial o del futuro reino físico; después de todo, el evento no ha ocurrido todavía.

Tendemos a declarar un pasaje de la Biblia como figurativo u orientado espiritualmente cuando un significado literal dentro de nuestro reino físico sería difícil de comprender o creer. Este es un impulso razonable. Sería una tarea muy difícil organizar interpretaciones literales de las profecías del tiempo-del-fin en una secuencia coherente de eventos. Las imágenes del Apocalipsis no encajan perfectamente en una línea de tiempo. Pero eso no nos deja totalmente libres, ya que muchas profecías del tiempo del fin se refieren a eventos físicos. ¿Cómo discernimos e interpretamos prácticamente todos estos pasajes? En nuestro caso, primero necesitamos un entendimiento del plan maestro de Dios que debe ser llevado a cabo continuamente hasta el último día, el fin de esta era tal como la conocemos.

Los pasajes difíciles se hacen más claros si tenemos en cuenta el hilo conductor entre el Antiguo y el Nuevo Testamento. Podemos comparar pasajes para la coherencia con el resto de la Escritura. Pasajes evidentes de la Escritura interpretan pasajes difíciles de la Escritura.

Muchas personas leen pasajes difíciles y luego utilizan una noción preconcebida para lograr una interpretación que «tenga sentido». Esto está mal. En vez de eso, debemos poner nuestras opiniones en espera, ir a leer otros pasajes que proveen más claridad, y luego regresar al difícil pasaje para asegurarnos de que encaje con el resto de las Escrituras.

Empecemos con una comparación fácil. Aquí hay dos ejemplos de resurrecciones espirituales usando lenguaje figurativo:

*«Si, pues, habéis **resucitado** con Cristo, buscad las cosas de arriba, donde está Cristo sentado a la diestra de Dios. Pongan sus mentes en las cosas de arriba, no en las de la tierra. Porque habéis muerto, y vuestra vida está escondida con Cristo en Dios. Cuando Cristo, que es tu vida, aparezca, entonces tú también **aparecerás** con él en gloria».*

—Colosenses 3:1-4

*«Pero Dios, siendo rico en misericordia, por el gran amor con que nos amó, aun cuando estábamos muertos en nuestras transgresiones, nos dio vida juntamente con Cristo —por la gracia que ustedes han sido salvos—, y nos **resucitó** con él y nos sentó con él en los lugares celestiales en Cristo Jesús, para que en los **siglos venideros** pudiera mostrarnos las inconmensurables riquezas de su gracia en bondad para con nosotros en Cristo Jesús».*

—Efesios 2:4-7

Note que ambos pasajes hablan de haber sido «levantados» en el pasado refiriéndose a una resurrección de tipo espiritual. Más tarde, en ambos pasajes, hay un cambio hacia un tiempo futuro («aparecerá» y las «edades venideras»).

La palabra «levantado» en estos pasajes viene de una palabra griega que significa «levantado» o «despertado». Esta raíz se diferencia de otros pasajes de la resurrección que usan un significado de palabra de raíz «de pie». Los pasajes que denotan una resurrección física o corporal para mostrar la acción de la resurrección de un cuerpo muerto usan la raíz de «ponerse de pie». En contraste, ambos pasajes anteriores son fácilmente reconocibles como lenguaje espiritualmente «elevado», no como lenguaje físico «elevado» al cielo. «Levantado» es una metáfora, pero se refiere a un evento que realmente ocurrió: un creyente nació de nuevo, llegando a ser bautizado por el Espíritu.

Sería bueno que siempre pudiéramos ver la diferencia entre las profecías físicas y espirituales tan fácilmente. Los mismos principios interpretativos siempre se aplican: primero, mira el uso de la palabra raíz y su uso en otros pasajes; sin embargo, la profecía es un esfuerzo más complicado por la razón que se dijo anteriormente: no siempre sabemos a qué reino se refiere el escritor. Si un pasaje dado no indica claramente un reino específico, entonces sólo podemos ir a otros pasajes para ver si ya hay significados establecidos de palabras, frases o conceptos similares.

Para comenzar a examinar las profecías del tiempo-del-fin, primero debemos leer literalmente, y luego hacer un intento inicial de colocar estos pasajes dentro de un reino. Esta colocación debe ser informada por nuestro conocimiento del contexto de términos idénticos usados en pasajes similares. Si el cumplimiento literal resulta imposible dentro del reino físico o del reino celestial, entonces nos queda tratar el lenguaje figurativamente en un intento de obtener un significado espiritual. En cualquier caso, todas las interpretaciones que se encuentran en este libro encajan en esta idea clave: Dios no cambia. Él tiene un solo plan continuo para la redención, y las profecías de la segunda venida realizarán el mismo cumplimiento literal en la tierra que disfrutaron las profecías del primer advenimiento.

Los pasajes del Antiguo Testamento que fueron literalmente cumplidos en el primer advenimiento a veces contienen profecías adicionales sobre el segundo advenimiento. Debemos evaluar estos pasajes primero, estableciendo si se utiliza lenguaje figurativo o literal. La lógica sostiene que si una profecía del primer advenimiento se cumplió literalmente, entonces la segunda mitad del pasaje no debe cambiar a un significado místico con respecto al segundo advenimiento.

Si vamos a ofrecer opiniones sobre nuestras propias interpretaciones espirituales de temas no esenciales, sólo asegúrese de que no socaven la unidad en el Cuerpo de Cristo según Romanos 14. Se nos ofrecen muchas libertades en Cristo relacionadas con muchos temas. Estas son cuestiones no esenciales. Sin embargo, se espera que tengamos unidad cristiana en el evangelio ya que solo un mensaje del evangelio es correcto. Si nuestras opiniones del tiempo-del-fin comienzan a contradecir el evangelio, necesitamos reevaluar rápidamente nuestras creencias.

¿Está el evangelio basado en la salvación física, la salvación espiritual, o ambas? A menudo nos fijamos en la salvación espiritual, pero el evangelio también promete una futura resurrección corporal al fusionar los reinos terrenal y celestial.

Tenemos que ser conscientes de que algunas etiquetas de los últimos tiempos de interpretación presentan mensajes evangélicos contrarios. Puede ser difícil de creer, suponiendo que el evangelio es increíblemente simple, pero ciertamente hay diferentes mensajes del evangelio que están siendo promovidos hoy en día. Antes de abordar este tema, veamos cómo algunas personas caen en interpretaciones erróneas.

Nociones preconcebidas y métodos interpretativos privados han llevado al desarrollo de numerosas interpretaciones dudosas del tiempo-del-fin. Por ejemplo, Mateo 24:36 dice que nadie puede saber «el día y la hora» de la segunda venida de Cristo. Muchos inflan el concepto de inminencia para significar que el regreso de Cristo será una sorpresa total para los creyentes. Este concepto inflado ajusta todos los demás pasajes sobre el tiempo, insistiendo en que todo el horario es incognoscible. Todo el concepto de un rapto pre-tribulacional se construye sobre esta base inminente. La interpretación privada de este versículo ha construido toda una industria de creencias del tiempo-del-fin.

En lugar de buscar la fuente del «día y la hora» desde una perspectiva hebrea, algunas personas asumen que esto significa que Cristo podría volver en cualquier momento. El elemento de sorpresa total parece necesario. Pero la expresión puede provenir de un idioma hebreo que se refiere a la observación de la luna nueva; el tiempo general es conocido, pero no el tiempo exacto hasta que se presencie realmente. Más específicamente para el fin de los tiempos, la frase se refiere a un novio que viene por su novia al final del compromiso. El padre del novio fija la hora exacta en que estará lista la vivienda de la pareja. Esto significa que la novia conoce el horario general (o la temporada), pero no los detalles. La novia y su familia sólo saben que el novio vendrá en un año, por lo que pueden prepararse generalmente para la llegada.

Este lenguaje no debe dictar ninguna teología ni llevarnos a hacer suposiciones sobre el tiempo del advenimiento de Cristo.

Otro punto de vista basado en una traducción inglesa más correcta es que nadie «percibe» el día y la hora; en el uso perfecto de la palabra, nada ha ocurrido todavía. El conocimiento viene por la percepción (de los signos). Las señales deben venir primero, y luego podemos conocer o percibir. Los ángeles tampoco saben cuándo comenzarán las señales.[13]

Otros puntos de vista basados en Mateo 24 y Marcos 13 afirman que mientras que los incrédulos no se darán cuenta del regreso de Cristo, los creyentes deben buscar señales, como el ejemplo de la higuera, para estar al tanto de la época general de la segunda venida. Nadie sabe cuándo aparecerán los signos y así se iniciará el fin de la era. El comienzo del fin podría ser una sorpresa en cualquier momento bajo este punto de vista, pero luego se volvería obvio sólo para los creyentes.

Noé sabía que el juicio venía antes del momento en que la

---

13. Ver Mateo 24:36; Marcos 13:32.

ira fue derramada en la tierra. El diluvio fue una sorpresa para los incrédulos, pero no para Noé. El Padre dio el tiempo del primer advenimiento de Cristo a los profetas, sacerdotes, magos y pastores. Y así podemos inferir que los elegidos sabrán el tiempo general de la segunda venida. Deberíamos buscar otros pasajes más claros para entender mejor.

Hay muchas interpretaciones de esta breve declaración de Cristo, pero la realidad es que sólo una de ellas es correcta (u otra visión es correcta que no es popular o bien conocida). En lugar de forzar nuestra opinión sobre el pasaje o hacer que esta declaración se ajuste a nuestras creencias, podemos simplemente poner en espera, ir a otros pasajes para ver qué se puede aprender, y luego volver a encontrar significado en «el día y la hora».

Un concepto similar se encuentra en 1 Tesalonicenses 5:2, que dice «el día del Señor vendrá como un ladrón en la noche». A primera vista, podemos asumir que esto apoya la interpretación inminente del pasaje del «día y la hora» con respecto al tiempo de la segunda venida de Cristo. Sin embargo, un par de versos más tarde en el versículo 4, Pablo declara que los creyentes no se sorprenderán (no estarán preparados) ese día. Como se muestra en numerosos pasajes, nosotros, la novia, debemos estar preparados; este es un concepto clave.

Todo un sistema de creencias sobre el fin de los tiempos trata de justificarse a sí mismo basado en versículos aislados como Mateo 24:36 o 1 Tesalonicenses 5:2. Otro versículo usado como apoyo es Apocalipsis 22:20 donde Jesús dice: «Ciertamente vengo pronto». Los Preteristas señalan este versículo, y una posible fecha de publicación antes del año 70 d.C., como evidencia de una tranquila segunda venida. Pero «pronto» también podría traducirse «rápidamente», refiriéndose así a la manera de su regreso y no a su inminencia. En otras palabras, será un proceso rápido cuando él venga, no un proceso largo y prolongado de llegada, con el juicio y la salvación sobre sus talones.[14]

Ezequiel 12:23-28 demuestra que el mundo antiguo no compartía nuestro concepto moderno de términos como «retraso», «rápidamente», o el tiempo general de los eventos futuros. Los conceptos antiguos nos parecen confusos. Vea por ejemplo Ezequiel 12:27; Dios habla acerca de eventos distantes, pero en el siguiente versículo declara que no habrá demora en que estos eventos futuros ocurran. Cuando tomamos estos y todos los pasajes relacionados juntos, podemos inferir con seguridad que Cristo ciertamente vendrá de nuevo, y que será un proceso rápido. Si tratamos de inferir más que eso, estamos en terreno inestable.

Los apóstoles y Cristo mismo declararon que ciertamente regresaría, y mientras tanto debemos ser pacientes como se menciona en la profecía del Antiguo Testamento de Habacuc 2:3.[15] El punto principal de todos estos pasajes relacionados es proporcionar confianza y paciencia de que Cristo seguramente vendrá de nuevo y que actuará rápidamente cuando lo haga.

Mateo 24:36 afirma que esta «generación» no pasará hasta

---

14. Ver Hebreos 10:37 y Romanos 9:27-28.
15. Porque todavía la visión espera su tiempo señalado; se apresura hasta el final, no mentirá. Si parece lento, espéralo; seguramente vendrá; no se demorará".

que las declaraciones (profecías) hechas por Cristo en ese capítulo sean realizadas. Si uno está predispuesto hacia una interpretación de que regresaría a la tierra en un período generacional de 30 a 40 años -que la gente que está a su lado escuchando la profecía de primera mano vería la segunda venida —en este caso, ciertamente debe haber regresado para el año 70 d.C. Otras personas interpretan que «generación» significa «pueblo» o «israelitas», mientras que otros creen que la audiencia de Jesús viviría para ver señales que señalan el regreso de Cristo (pero no el regreso en sí mismo).

Si usamos a Mateo para interpretar a Mateo, notamos que la palabra «generación» aparece varias veces. Mateo 23:36 es un buen ejemplo: «En verdad, en verdad os digo que todas estas cosas vendrán sobre esta generación.»

Los versículos que preceden directamente a Mateo 23:36 hablan a los padres y a los hijos durante un período de tiempo muy largo, no solo a las personas que escuchan a Cristo en ese momento. En este caso, «generación» se refiere a aquellos que mataron a los profetas a lo largo de la historia de la nación. Así que vemos que «generación» en el libro de Mateo no tiene que significar un grupo de personas de 30 a 40 años, sino que se refiere a un grupo de personas durante un vasto período. Mateo 24:34 no debe ser usado para calcular el tiempo; una interpretación más probable es que el pueblo de Israel continuará existiendo hasta el fin de los tiempos. Para confirmar nuestra suposición, tenemos que pasar a pasajes más claros.

Casi cualquier significado puede ser fabricado si uno espiritualiza un pasaje subjetivamente. Tengamos cuidado de no hacerlo intencionadamente. La Biblia nunca promueve la interpretación privada. Confiamos en la obra del Espíritu Santo para formar un Cuerpo colectivo. Una fe, un bautismo, una Iglesia, un Dios (Efesios 4:4-6). Aunque tenemos el don individual de compartir el Evangelio de distintas maneras, no somos libres de interpretar subjetivamente lo que es el mensaje del Evangelio. Si hay un solo Espíritu, solo puede haber un mensaje central. A los profetas ni siquiera se les permitía opinar sobre lo que se les daba. ¿Nos invita Dios a desarrollar diferentes evangelios o diferentes interpretaciones del tiempo-del-fin? No. Sin embargo, hoy en día encontramos muchos evangelios.

*«Porque no seguimos los mitos ingeniosamente concebidos cuando os dimos a conocer el poder y la **venida** de nuestro Señor Jesucristo, sino que fuimos testigos oculares de su majestad. Porque cuando recibió honra y gloria de Dios Padre, y la voz le fue llevada por la gloria majestuosa, "Este es mi Hijo amado, en quien tengo complacencia", nosotros mismos oímos esta misma voz llevada desde el cielo, porque estábamos con él en el monte santo. Y **tenemos la palabra profética más plenamente confirmada**, a la que harás bien en prestar atención como a una lámpara que brilla en un lugar oscuro, hasta que el día amanece y la estrella de la mañana se eleva en sus corazones, sabiendo esto antes que nada, **que ninguna profecía de la Escritura viene de la propia interpretación de alguien**. Porque ninguna profecía fue producida por la voluntad del hombre, sino que los hombres hablaron de Dios al ser llevados por el Espíritu Santo».*

—2 Pedro 1:16-21[16]

---

16. Ver Mateo 17 para el relato completo de la visión de la Transfiguración de la segunda venida.

En el pasaje anterior, Pedro describe el acontecimiento de la Transfiguración en el que tuvo una visión de la segunda «venida» (parusía en el Griego N.T.). El relato completo en Mateo 17 muestra cómo se confundió; pensando que era un evento en tiempo real, instó a sus compañeros discípulos a que le ayudaran a hacer refugios físicos para Moisés y Elías. Pedro también tuvo problemas con un evento sobrenatural en la prisión (Hechos 12:6-9), y no sabía si realmente estaba sucediendo o si era una visión. Pedro estaba confundido las dos veces. Sin embargo, estaba seguro de que la verdadera revelación y profecía viene del Espíritu Santo. El profeta no puede reunir sus propias palabras inspiradas.

Tome nota también de la línea sobre una «palabra profética más plenamente confirmada». Pedro había leído pasajes de los profetas acerca de la segunda venida, pero su visión proveyó una confirmación extra de que estos pasajes eran verdaderos. No sólo leyó acerca de la gloria de Cristo, sino que la vio en una visión. Se sintió tan real que pensó que eso iba a suceder en ese mismo momento. Cuando vio la visión del futuro, supo con absoluta certeza que Cristo regresaría a la tierra en gran gloria, como lo describieron los profetas. La descripción de túnicas brillantes y una cara radiante es lo que estaba escrito en el Antiguo Testamento y coincide con la visión de la Transfiguración que Pedro vio.

Hay muchos otros pasajes difíciles que podríamos explorar, pero no quiero verlos por ahora.[17] En vez de eso,

---

17. Si tienes curiosidad, hay numerosos libros y documentos que exploran puntos de vista opuestos de pasajes controvertidos del tiempo-del-fin. Aquí hay unos cuantos enlaces para que empieces: Chris White. "El Rapto Previa a la Ira Explicado." 23 de noviembre. 2011. http://bibleprophecytalk.com/bpt-keeping-a-consistent-hermeneutic-with-the-rapture/. Accedido junio 3, 2019. Pre-tribulación rapto: "¿Qué es la línea de tiempo de End-Times?" Tengo preguntas.

procedamos examinando pasajes claros que puedan hablar por sí mismos y proveer un entendimiento general de lo que Dios tiene reservado.

A medida que ensamblamos los pasajes claros como el cristal, se desarrollará un panorama general, permitiendo que otras profecías llenen los huecos. Esto es similar a como la mayoría de la gente arma un rompecabezas: empieza con las piezas del borde para establecer los parámetros, y guarda las piezas más difíciles para el final.

Al considerar pasajes complejos con significados desconocidos, la clave es que no deben entrar en conflicto con interpretaciones conocidas de otros pasajes claros. No pueden entrar en conflicto entre sí ya que hay un solo Espíritu que ha inspirado la totalidad de la Palabra de Dios. Toda la Escritura debe estar al unísono. El Espíritu Santo teje sólo un mensaje central a través de la Biblia, como se revela dentro del método interpretativo literal.

Entender lo que significa el reino de Dios o el reino de los cielos es crucial para comprender los acontecimientos del tiempo-del-fin que aún no se ha cumplido. Todos los demás pasajes se alinean una vez que entendemos las diferencias entre el reino venidero y el reino actual que ya ha sido establecido. El reino es un caso de «ahora y aún no». El reino está establecido ahora, pero aún no está plenamente establecido; una paradoja para nosotros.

Antes de que un reino futuro pueda ser establecido, hay

---

https://www.gotquestions.org/end-times-timeline.html. Accedido junio 3, 2019.
Rapto post-tribulación: "Post Tribulación Rapture Belife." Post Tribulation People. http://www.posttribpeople.com/Post-Tribulation-Belief.html. Accedido junio 3, 2019.

un pedazo de tierra para considerar, ya que cualquier reino debe ser construido sobre algún fundamento. Pero, ¿está este fundamento hecho de tierra, de roca espiritual, o de ambos?

CAPÍTULO 2.

EL PACTO POR LA TIERRA

Para obtener una comprensión de los eventos del tiempo-del-fin, el mejor lugar para comenzar está en el libro de Génesis. Examinaremos la caída de Adán en pecado en Génesis 3, y luego pasaremos al pacto que Dios formó con Abraham.

Veamos el versículo 15 como Dios maldice a la serpiente que guio a Adán y Eva al pecado:

«Pondré enemistad entre ti y la mujer, y entre su descendencia y la tuya; él te herirá en la cabeza, y tú le herirás en el calcañar.»

—Génesis 3:15

La mayoría de los estudiosos concuerdan en que Cristo es la semilla de Eva profetizada aquí para «aplastar» o «herir» la cabeza del diablo. Según un punto de vista, Cristo ya venció a la muerte y al diablo. Otra vista mira hacia el día en que la muerte y el diablo sean arrojados al lago de fuego.

La visión dual ofrece un proceso más largo en el que Cristo mismo obtiene primero una victoria personal sobre la muerte y el diablo, y luego una victoria completa sobre sus enemigos, una victoria en la que también nosotros podemos participar. Bajo este escenario de calendario progresivo, la resurrección de Cristo es el primer fruto de la victoria sobre la muerte, pero debemos esperar para unirnos a él en la resurrección victoriosa.

Si Cristo ya ha cumplido Génesis 3:15 o partes de esta profecía aún no se han cumplido, el tema principal de esta profecía es claro: Cristo es nuestra última esperanza de salvación. El momento en que Cristo destruye completamente al diablo depende de la resolución de otras cuestiones relacionadas con el tiempo. Volveremos a este versículo una vez que hayamos desarrollado más información.

A medida que pasamos de Adán pasado Noé al pacto Abrahámico, comenzamos a entrar en una arena de controversia. Los comentaristas ofrecen interpretaciones muy diferentes del pacto de Dios con Abraham, lo cual tiene implicaciones críticas con respecto al nuevo pacto bajo el cual vivimos hoy en día. Debemos obtener un entendimiento preciso del pacto abrahámico para poder entender la naturaleza de nuestra propia salvación y el inminente fin de la era.

Los lectores imprudentes a menudo agrupan todos los pactos del Antiguo Testamento como un contrato general entre Dios y su pueblo. Pero la Biblia describe otros pactos hechos a Noé, Moisés y David. Cada pacto necesita legalmente mantenerse por sí mismo como un acuerdo, juramento o testamento por separado. Los pactos del Antiguo Testamento no se combinan claramente en un solo contrato, ni ese pacto simplemente es reemplazado por el nuevo pacto cuando Jesús llega a la escena. Cada pacto por separado tiene sus propias repercusiones. Nuestra noción preconcebida de un sistema de dos pactos (un solo pacto antiguo invalidado por un nuevo pacto) nos ciega a otras posibilidades. Nuestra comprensión de los eventos del tiempo-del-fin-y del cristianismo mismo-sufra como resultado.

Existen dos tipos básicos de pactos: unilaterales y bilaterales. Ambos tipos son vinculantes, con un incumplimiento de contrato que acarrea una sanción para la parte infractora.

Las penas específicas por romper un pacto dependen de la gravedad del pacto en sí, ya sea un acuerdo casual, un juramento de sangre o algo intermedio. Pero los pactos que Dios hizo con su pueblo eran del vínculo más fuerte posible. Se derramó sangre para sellar los acuerdos. En algunos de estos ejemplos bíblicos, esto implicaba un sacrificio de animales. La implicación fue que la violación de los términos del pacto resultaría en una nueva sangre, una pena de muerte.

En un pacto bilateral, ambas partes acuerdan cumplir ciertas condiciones. Si una de las partes no cumple con sus responsabilidades, el pacto se rompe y la otra parte no está obligada a cumplir con las expectativas restantes. La parte que incumple está obligada a pagar multas por romper el pacto.

Un pacto unilateral es una promesa o juramento fuerte de una parte a otra. Sólo la parte que hace el juramento necesita seguir los términos especificados. Nada se requiere de la otra parte excepto aceptar o rechazar lo que se promete. Si la parte que hace el juramento está incumpliendo, entonces esa parte debe pagar una multa. La amenaza de la pena motiva a la parte que hace el pacto unilateral a cumplir con la obligación y le asegura al receptor que la promesa será cumplida.

La oferta de salvación de Dios es un ejemplo de tal pacto incondicional; un individuo debe recibir la oferta de Dios en fe y así llegar a ser un recipiente de sus bendiciones, o bien rechazar a Dios completamente. Echaremos un vistazo más de cerca a las sorprendentes similitudes entre el pacto abrahámico y el mensaje del evangelio del nuevo pacto más adelante en este libro.

Abrahámico vs Mosaico

El pacto abrahámico contiene varias promesas distintas; sin embargo, el aspecto terrestre del pacto es el más controvertido y el que crea más confusión.[1]

A Abraham se le dieron tres promesas principales en el pacto que Dios hizo con él.

1. Iba a ser el padre de muchas naciones, una gran nación de naciones.
2. Todas las naciones serían bendecidas a través de Abraham. Ahora, el enfoque de esta promesa no es Abraham mismo, sino uno de sus descendientes. Esta promesa apunta al Mesías, el descendiente de Abraham que bendeciría a todas las naciones. Vemos

---

1. Para una descripción bíblica completa del pacto abrahámico, vea Génesis 12:1-3; 13:14-17; 15:5-18; 17:1-10; y 22:16-18.

que esta promesa gana claridad con el establecimiento de las 12 tribus de Israel, y Dios afirma aún más su promesa en un pacto con David. Al leer el Nuevo Testamento, los Evangelios no dejan lugar a dudas de que Jesucristo fue el Mesías, el cumplimiento de esta promesa a Abraham.

3. Abraham y sus descendientes tendrían para siempre una tierra propia. Pero, ¿esta promesa de tierra eterna se refería al suelo literal, al polvo espiritual, o a ambos?

Como se prometió, una multitud de naciones surgió de los descendientes de Abraham. Y la segunda parte de la promesa también se cumplió: la tribu de Judá llevó la simiente de Abraham que finalmente floreció en el hijo de María a través del cual todo el mundo sería bendecido. Pero, ¿qué salió de la promesa de una patria? Aprendemos que la principal bendición de la tierra fue a través de la primogenitura de los hijos de José (primero Efraín y luego Manasés).[2] Desafortunadamente, dentro de unas pocas generaciones, las tribus de Efraín y Manasés -y toda la nación de Israel- vivían como esclavos en Egipto. Así que Dios llamó a Moisés.

Aquí están los pasajes clave para el pacto mosaico: Éxodo 19:4-6; 24:7; Deuteronomio 6:1-6; 7:11-14; 8:17-20; 9:4-7; y capítulo 28.

«Ahora bien, si me obedecéis plenamente y guardáis mi pacto, de todas las naciones seréis mi tesoro. Aunque toda la tierra es mía, tú serás para mí un reino de sacerdotes y una nación santa».

---

2. Ver Génesis 48

—Éxodo 19:5-6

Note la diferencia de lenguaje entre el pacto abrahámico y el pacto mosaico. Las promesas de Dios a Abraham demuestran un pacto unilateral de una sola vía (incondicional en el receptor), pero las promesas de Dios a Moisés formaba parte de un pacto bilateral de dos vías, que dependía de la obediencia de Israel.

El apóstol Pablo explica que las promesas de Dios a Abraham son irrevocables (Romanos 11:28-29). Ni siquiera la creación de un nuevo pacto podría deshacer estas promesas subyacentes a Abraham. Pablo también compara los pactos Abrahámico y Mosaico:

«Para dar un ejemplo humano, hermanos: incluso con una alianza hecha por el hombre, nadie la anula ni le añade nada una vez que ha sido ratificada. Y las promesas fueron hechas a Abraham y a su descendencia. No dice: «Y a los descendientes», refiriéndose a muchos, sino a uno: «Y a tu descendencia», que es Cristo. Esto es lo que quiero decir: **la ley***, que llegó 430 años después,* **no anula un pacto previamente ratificado por Dios***, para hacer nula la promesa. Porque si la herencia viene por la ley, ya no viene por promesa, sino que* **Dios se la dio a Abraham por promesa**«.

—Gálatas 3:15-18

Así que el pacto Abrahámico fue una promesa irrevocable (o juramento) de Dios, donde las bendiciones del pacto de la ley mosaica estaban condicionadas a que los recipientes de la nación de Israel mantuvieran su parte del acuerdo. Dios los bendeciría en la tierra si guardaran sus leyes.

Es inexacto fusionar los pactos del Antiguo Testamento entre Dios y su pueblo, según Pablo. Debemos tomar nota de las diferencias entre el pacto abrahámico, el pacto mosaico y el nuevo pacto. Cada uno de estos pactos tiene consecuencias para nosotros hoy. Las diferencias que distinguen los pactos son cruciales y se relacionan con el significado de la salvación, a la vez que proveen una visión en los eventos más importantes del tiempo del fin. No podemos subestimar o mirar más allá de las promesas hechas a Abraham y simplemente saltar al nuevo pacto.

Así que echemos un vistazo más de cerca. Aquí el Señor reitera sus promesas a Abraham:

«Y él le dijo:'Yo soy el Señor que te saqué de Ur de los caldeos para darte esta tierra para que la poseas'». Pero él dijo: "Señor Dios, ¿cómo voy a saber que lo voy a poseer?"

—Génesis 15:7-8

Las promesas que Dios le hizo a Abraham fueron regalos incondicionales. La única tarea de Abraham era hacer una serie de sacrificios de animales a través de los cuales Dios certificaría su pacto (Génesis 15:9-20). Abraham entró en un estado de sueño mientras que Dios le dio la promesa de la tierra; Abraham no necesitaba estar de acuerdo con nada. Sólo necesitaba creer en Dios.[3]

«Cuando el sol se puso y estaba oscuro, he aquí que una olla humeante y una antorcha encendida pasaron entre estos pedazos. Aquel día el Señor hizo un pacto con Abraham, diciendo: "A tu

---

3. Dios instituyó la ley de la circuncisión como una señal del pacto, pero no en este momento.

descendencia doy esta tierra, desde el río de Egipto hasta el gran río, el río Éufrates'».

—Génesis 15:17-18

«Porque cuando Dios hizo una promesa a Abraham, ya que no tenía a nadie más por quien jurar, juró por sí mismo.»

—Hebreos 6:13

Muchos hoy en día no entienden el significado de Génesis 15:17-18, pero este pasaje puede ayudar a explicar la base de por qué Cristo fue a la cruz. El uso de un sacrificio de sangre para sellar el pacto transmitía un claro significado dentro de esa cultura.

«El que pasa entre las mitades divididas de los animales muertos invoca la muerte si rompe la palabra con la que se ha atado en el juramento.»

-Claus Westermann, Génesis 12-36: Un comentario[4]

Al sellar el pacto a través de un sacrificio de sangre, Dios juró que daría su vida si no honraba su acuerdo de darle a Abraham la tierra prometida. ¿Increíble? Llevemos esto más allá.

Abrahán había preguntado a Dios: «¿Cómo voy a saberlo? Después de este sacrificio de sangre, Abraham sabía que la promesa de Dios era profundamente seria. La creencia en el don de Dios de las promesas formó la fe de Abraham en Dios. ¿Te suena familiar? El mismo concepto de fe por

---

4. Claus Westermann. Génesis 12-36: Un comentario. Augsburg Publishing House, 1981, p. 225.

gracia se sigue utilizando hoy en día. Recuerde, «Dios no cambia» (Malaquías 3:6).[5]

Ahora que tenemos algunos antecedentes, podemos volver a la comparación de Pablo de los pactos Abrahámico y Mosaico en Gálatas 3. Tenga en mente la palabra «herencia», ya que Dios la usa en sus promesas a Abraham. Volveremos a examinar este término más adelante. El lenguaje de la herencia en el Nuevo Testamento invoca estas promesas del Génesis-específicamente la promesa de vida eterna en una patria.

Semilla: ¿Singular o plural?

Cuando se trata de entender el plan de redención de Dios para toda la gente, este pasaje de Gálatas es uno de los más interesantes de la Biblia. Vincula la salvación con el primer plan presentado en el Génesis, y luego la enhebra hasta el final de los eventos del tiempo. Generalmente pensamos en Juan 3:16 como el versículo de salvación por excelencia, pero este pasaje de Pablo explica cómo atar un bonito arco alrededor de toda la Biblia. Por supuesto, si usted insiste en tratar todos los pactos del Antiguo Testamento como un solo contrato evolutivo, la enseñanza de Pablo no tendrá mucho sentido en absoluto. De esa manera, Gálatas 3 proporciona una prueba de fuego útil para sus creencias acerca del evangelio-y por extensión del fin de los tiempos.

Primero, este pasaje derriba muchas creencias dispensacionales completamente.[6] Dios no ofrece un

---

5. También vea Hebreos 6:17 y Santiago 1:17.
6. El dispensacionalismo es la creencia de que Dios se revela en etapas a través de la historia, cambiando o evolucionando también la forma en que extiende la salvación al mundo.

mensaje de ley del evangelio a los santos del Antiguo Testamento y un mensaje de gracia del evangelio a los santos del Nuevo Testamento. De hecho, las promesas dadas a Abraham son la base misma del mensaje de salvación. (La palabra que Pablo usa para describir la promesa a Abraham —herencia— es la misma palabra que usa para describir la salvación del Nuevo Testamento.[7]) Cristo vino a cumplir las promesas de Dios a Abraham. Esto se aclarará cuando veamos el nuevo pacto, el cual está conectado con el pacto Abrahámico.

Observe cómo Pablo distingue entre «descendencia» y «descendientes» en Gálatas 3 cuando se trata de aclarar el pacto Abrahámico. «Semilla» o «descendencia» son sustantivos singulares pero pueden referirse a muchas personas dentro de un mismo grupo de personas. Pero Pablo quiere aferrarse a un sentido solitario de la palabra.

Esto parece un argumento loco a primera vista, hablando de un descendiente de Abraham cuando el contexto original del pasaje del Génesis apunta a un grupo plural. Esto plantea la pregunta de si la contradicción se reduce a una mala traducción del pasaje del Génesis. ¿Deberían los traductores ingleses haber presentado a la descendencia de Abraham como un descendiente singular?

Debemos regresar a los pasajes del pacto Abrahámico en Génesis para ver si Pablo está hablando literalmente o si está usando lenguaje figurado. Hay numerosos pasajes del pacto, así que necesitamos determinar a cuál(es) Pablo se está refiriendo.

---

7. Ver Efesios 1:11-14.

En el texto hebreo original y en la versión 70 griega del Antiguo Testamento, se debe prestar mucha atención a la palabra raíz para semilla (o descendencia) en Génesis 13:15 en comparación con el versículo 16. El versículo 16 claramente se refiere a un grupo más grande de descendientes de Abraham. Pero en el versículo 15, la raíz es singular y de hecho puede señalar a un individuo. Como este es el versículo en el cual la promesa es entregada, el versículo 15 tiene profundas implicaciones para los tiempos finales y la era venidera. Veamos algunas traducciones diferentes de este versículo clave:

JBS (La Biblia del Jubileo 2000): *"porque toda la tierra que tú ves, la daré a ti y a tu **simiente** para siempre."*

NVI (incluyendo el versículo 16): *«Te daré toda la tierra que veas a ti y a tu **descendencia** para siempre. Y pondré a tu descendencia como el polvo de la tierra, para que si alguno puede contar el polvo de la tierra, entonces tu descendencia también pueda ser contada».*

Vea cómo de una palabra raíz que significa «semilla» el traductor puede elegir una palabra como «descendiente» -o «descendientes» como en el ejemplo de la NVI. Esta elección de traducción marca una gran diferencia. Al descentralizar el enfoque de un individuo ungido, es posible adoptar muchas creencias equivocadas acerca de la nación de Israel, la salvación y el fin de los tiempos.

«Descendientes» no es una buena traducción al inglés de la palabra raíz porque fuerza un significado plural donde debería haber ambigüedad. El traductor no debe decidir si el autor del Génesis quiso señalar a una persona o a un grupo de personas. La decisión de eliminar la ambigüedad sugiere un deseo de sombrear el significado del texto para que se ajuste a un sesgo o noción preconcebida existente.

Génesis 22:17-18 ofrece un ejemplo aún más atroz de la parcialidad del traductor en el contexto de un pacto. Al usar innecesariamente una forma plural de la raíz, el traductor amenaza con crear una tremenda cantidad de confusión.

NVI (22:17): *«que te bendeciré en gran manera, y que multiplicaré tu descendencia como las estrellas del cielo y como la arena del mar. Además, tus descendientes conquistarán las ciudades de sus enemigos».*

Por el bien del argumento, no importa si la semilla singular se refiere a Isaac, el hijo de Abraham, o a Cristo, su progenie lejana. El punto principal es que el recipiente de la promesa de Dios no debe ser una nación o un grupo grande de personas. Al elegir «descendientes» en lugar de «descendiente», el traductor debe utilizar la frase «sus enemigos» para imponer el plural-y no «sus enemigos», que aparece en el hebreo original y en el griego LXX.

Así que este caso de sesgo o error del traductor resulta en una noción errónea de que toda la nación de Israel estaba destinada a heredar esta promesa dentro del pacto. Los dispensacionalistas pueden señalar primero la traducción del Génesis de la NVI, luego la interpretación contraria de Pablo y llamarla evidencia de los planes cambiantes de Dios. Pero Cristo no reemplazó la nación de Israel como la heredera primario de la promesa de Dios a Abraham – él fue la semilla profetizada todo el tiempo. Examinaremos muchos más pasajes similares.

Consideremos otro aspecto de Génesis 22:18. Este versículo establece que a través de la descendencia de Abraham todas las naciones serían bendecidas. Un vástago singular -Cristo- encaja mucho mejor en esta descripción que una multitud plural de descendientes. La tierra prometida fue en última instancia la herencia de Cristo; él tuvo éxito en bendecir a las naciones a través de su trabajo en la cruz.

Si Dios ya tenía planes para cumplir sus promesas a Abraham por medio de Cristo, bendiciendo unilateralmente a Abraham y a su descendencia sin condiciones, ¿por qué entonces le dio la ley a Israel? ¿Por qué Dios le dio a Abraham la ley de la circuncisión? Mantenga estas preguntas mientras continuamos.

Los cristianos concuerdan universalmente en que Cristo es el Salvador prometido de la simiente de Abraham. El pacto por la tierra es la principal fuente de debate. Necesitamos entender cómo el pacto de la tierra se relaciona con el reino de los cielos.

Desafortunadamente, el aspecto del pacto de la tierra a menudo se mezcla con el pacto mosaico y la nación de Israel. Pero como ya hemos notado, el pacto mosaico es diferente del pacto abrahámico en muchos aspectos fundamentales.

El nuevo pacto no reemplaza al pacto abrahámico, sino que sigue el mismo modelo. Así como Abraham recibió la promesa de una herencia -un hogar- nosotros heredamos en Cristo un nuevo hogar celestial. Aquí está lo mejor: La herencia prometida de Abraham no es *como l*a herencia que recibimos en Cristo; es la misma herencia.[8]

«En él también vosotros, cuando oisteis la palabra de verdad, el evangelio de vuestra salvación, y creisteis en él, fuisteis sellados con el Espíritu Santo prometido, que es la garantía de nuestra **herencia** *hasta que adquirimos la posesión de ella, para alabanza de su gloria».*

—Efesios 1:13-14

El concepto de herencia aparece en numerosos pasajes de salvación. ¿Qué heredamos? La respuesta es la promesa incondicional de vida eterna en la tierra dada a Abraham que Cristo vino a confirmar y cumplir.

Pedro establece un concepto futuro similar sobre la recepción de nuestra herencia:

«Según su gran misericordia, él nos ha hecho nacer de nuevo a una esperanza viva por medio de la resurrección de Jesucristo de entre los muertos, a una **herencia** *imperecedera, incontaminada e inmarcesible, guardada en el cielo para vosotros, que por el poder de Dios estáis siendo guardados por medio de la fe para una salvación lista para ser revelada en el tiempo postrero».*

—1 Pedro 1:3-5

Más adelante revisaremos el concepto de herencia en conjunción con la tierra y la vida eterna. La clave a recordar por ahora es que se relaciona con un juramento de sangre que Dios hizo a Abraham en el cual prometió un regalo eterno de tierra. Este juramento es «irrevocable» y «no

---

8. Ver Romanos 15:8 y Hebreos 4:2.

puede ser anulado», ya que permanece en el Nuevo Testamento. La herencia sigue siendo válida hoy en día.

CAPÍTULO 3.

LA TIERRA PROMETIDA Y EL REINO DE LOS CIELOS

¿Cuál es el gran problema con el pacto por la tierra? ¿Cómo se relaciona con el nuevo pacto o la vida eterna en el cielo? ¿Existe algún significado espiritual persistente en cierto pedazo de tierra en el Medio Oriente? ¿Construir un templo en el corazón de Jerusalén realmente inauguraría una nueva era? Volvamos a las Escrituras y veamos qué podemos aprender.

Como hemos notado anteriormente, Jerusalén fue destruida en el año 70 d.C., y el pueblo judío fue dispersado. Hay una miríada de pasajes sobre el regreso a la tierra, y sobre otras tantas opiniones acerca de lo que eso podría significar. Algunas personas piensan que Dios ha terminado con los viejos pactos; si estamos bajo el nuevo pacto ahora, las viejas coordenadas de la Tierra Prometida no deberían importar. Otros piensan que hubo gracia poética en el reestablecimiento moderno de Israel, pero la conexión con la tierra es sentimental. Otros piensan que un viaje a Israel es una oportunidad para tener una rica comunión con Dios en un lugar místico.

Hay varios factores a considerar aquí. ¿Se supone que debemos enfocarnos en los descendientes físicos o espirituales de Abraham?

¿En una patria terrenal o celestial? Nuestras respuestas nos ayudarán a determinar si las promesas del pacto de tierras ya se han cumplido o están pendientes.

Al leer los siguientes pasajes, considere las posibles combinaciones de factores. ¿A qué se refieren estas profecías del pacto de la tierra?

1. ¿Un regreso a un pedazo de tierra físico?
2. ¿Un retorno figurativo a un estado de ánimo?
3. ¿El regreso de los descendientes físicos de Abraham a un estado judío en las antiguas fronteras de Israel?
4. El regreso de los descendientes espirituales de Abraham a los límites físicos de la Tierra Prometida?

«*Fortaleceré la casa de Judá,*

y salvaré la casa de José.

Los traeré de vuelta *porque tengo compasión de ellos, y serán como si no los hubiera rechazado,*

porque yo soy el Señor su Dios y les responderé…..

Silbaré para ellos y los recogeré, porque los he redimido,

y serán tantos como antes.

Aunque los esparcí entre las naciones, en países lejanos se acordarán de mí,

*y con sus hijos **vivirán y volverán**.»*

—Zacarías 10:6, 8-9

«**En aquel día**, *la raíz de Isaí, la cual se erguirá como señal para los pueblos de él, serán consultadas las naciones, y su lugar de reposo será glorioso. En ese día el Señor extenderá su mano **por segunda vez para recuperar el remanente que queda de su pueblo**, de Asiria, de Egipto, de Patros, de Cush, de Elam, de Sena, de Hamath, y de las costas del mar.*

*Él hará una señal a las naciones y **reunirá** a los desterrados de Israel,*

*y **juntará a los dispersos** de Judá de los cuatro puntos cardinales de la tierra.»*

—Isaías 11:10-12

«*Porque los hijos de Israel vivirán muchos días sin rey ni príncipe, sin sacrificio ni columna, sin efod ni dioses domésticos. Después los hijos de Israel **volverán y buscarán** a Jehová su Dios, y a David su rey, y temerán a Jehová y a su bondad **en los postreros días**».*

— Oseas 3:4-5

Echa un vistazo más de cerca al último de estos pasajes. Note que «volver» puede ser literal. José dice, «regresa y busca». «Buscar y encontrar» sería probablemente la mejor expresión si el significado deseado fuera un retorno espiritual a Dios. ¿Por qué se menciona primero «retorno» y luego «buscar»? En una interpretación literal, parece que hay algo que los llama a volver como primer paso (tal vez el llamado «silbido» mencionado en Zacarías 10:8); entonces deben buscar la bondad de Dios después de su regreso. Podemos ser tentados a descartar la idea de que estos pasajes se refieren a los gentiles, que un retorno espiritual o que las profecías ya se han cumplido. Pero continuemos por ahora.

«Retorno» puede indicar una acción física y «buscar» una acción espiritual. Tal vez este pasaje tenga doble significado. Después de todo, el libro de José trata de las tribus del norte de Israel que habían sido dispersadas en otras tierras como castigo divino por su infidelidad. Se perdieron física y espiritualmente.

En cuanto a la mención de José de David, ¿está hablando de la resurrección de David en un reino futuro, o de Cristo, que es el heredero del trono de David? David había estado muerto por cientos de años cuando José escribió este pasaje, así que es muy probable que sea una de estas opciones. Este detalle aún no está claro. Tenemos que mirar más allá.

Tomemos una postura ahora mismo y supongamos que estos pasajes apuntan a un retorno físico a un lugar terrenal, no sólo a un retorno espiritual en el corazón, ni a un «retorno» a un reino celestial sustitutivo. Si esta interpretación literal se contradice con otros pasajes, podemos empezar de nuevo y considerar otros significados.

Si José estaba escribiendo acerca de un retorno físico, ¿ha ocurrido ya, o aún no ha ocurrido? ¿Ha terminado Dios con los descendientes de sangre de la nación de Israel como muchos parecen pensar? ¿Cumple la Iglesia aspectos de estas profecías al ser injertada en la nación de Israel? Para responder a estas preguntas, necesitamos mirar de nuevo a Abraham y las promesas que recibió de Dios.

Abraham no recibió su herencia de tierra mientras estaba vivo. ¿Cómo reconciliar este hecho con la promesa incondicional de Dios de que una nueva patria le pertenecería para siempre?[1] La única manera en que Abraham podría recibir esta promesa físicamente de Dios es resucitando y entrando en la Tierra Prometida. Falta una interpretación mística de la promesa de la tierra; los fundadores de la Iglesia consideraron obvio que Dios había prometido tierra física.

«Entonces[Abraham] salió de la tierra de los caldeos y vivió en Harán. Y después de la muerte de su padre, Dios lo sacó de allí y lo llevó a esta tierra en la que ahora vives. **Sin embargo, no le dio ninguna herencia, ni siquiera un pie de largo,** *sino que prometió dársela a él como posesión y a su descendencia después de él, aunque no tenía hijos».*

—Hechos 7:4-5

Aquí en el testimonio de Esteban, vemos que aunque Dios prometió la tierra a Abraham y a su descendencia, Abraham nunca la heredó durante su vida. Tal vez Abraham recibió una herencia espiritual o una recompensa celestial, pero ¿cómo puede tomar posesión física de la tierra ahora que está muerto en este reino terrenal? ¿Cómo puede recibir y disfrutar lo que Dios prometió darle? ¿Puede Dios, de

---

1. O "a las edades" según una traducción literal.

alguna manera, cumplir su promesa, o se liberó a sí mismo cambiando los términos a través del nuevo pacto?

La manera más fácil de resolver estas cuestiones es asumir que la tierra de la promesa de Dios era una metáfora de una herencia espiritual o celestial. Abraham no regresará físicamente de la muerte para vivir en la tierra, ¿verdad? Veamos algunos pasajes más para tratar de resolver esta cuestión.

«Simeón ha relatado cómo Dios visitó primero a los gentiles, para tomar de ellos un pueblo para su nombre. Y con esto concuerdan las palabras de los profetas, tal como está escrito,

Después de esto volveré,

y reconstruiré la tienda de David que ha caído;

Reconstruiré sus ruinas y lo restauraré,

para que el resto de la humanidad busque al Señor y a todos los gentiles que son llamados por mi nombre,

dice el Señor, que da a conocer estas cosas desde la antigüedad».

– Hechos 15:14-18

Este pasaje proviene de Amós 9 (de la LXX). Vamos a leer una porción de Amós 9 no incluida en la cita de los Hechos.

«He aquí que vienen días -declara el Señor- en que el labrador alcanzará al segador y al pisador de uvas al que siembra la

semilla; los montes destilarán vino dulce, y todos los collados fluirán con él.

Yo restauraré la fortuna de mi pueblo Israel,

y reconstruirán las ciudades en ruinas y las habitarán;

plantarán viñas y beberán su vino, y harán huertos y comerán su fruto. Los plantaré en sus tierras,

y nunca más serán desarraigados

de la tierra que les he dado,' dice el Señor tu Dios.'»

—Amós 9:13-15

Algunas personas creen que Dios se asegurará de que la nación de Israel resida permanentemente dentro de la Tierra Prometida, leyendo literalmente el pasaje anterior; otros creen que Dios ya no está personalmente invertido en Israel como una entidad geopolítica, y asumen que la promesa aquí ha sido superada si es que alguna vez fue hecha como una promesa literal en primer lugar. Independientemente de nuestra perspectiva contemporánea, está claro desde el Antiguo y Nuevo Testamento que Israel estaba esperando una restauración física basada en la promesa de tierra dada a Abraham. Israel esperaba un Mesías que trajera un cumplimiento físico de esta promesa, no uno espiritual. Y los primeros líderes de la Iglesia no pusieron su esperanza en un retorno espiritual de Cristo, sino más bien en un retorno físico y literal.

En Hechos 7, Esteban ofrece un resumen histórico de la

nación de Israel. Describe cómo a Abraham y a su descendencia (incluyendo al ungido singular) se les dio una promesa terrenal que ni siquiera Josué ni David cumplirían plenamente. Por un tiempo, Israel ocupó la tierra como inquilino.

Pero no lo poseyeron durante «eones», «hasta la eternidad», o «para siempre», como Dios había prometido. ¿Qué ha pasado aquí? Algunos eruditos dicen que Israel perdió su herencia cuando no cumplió con los términos del pacto mosaico. El punto de vista dispensacional dice que una vez que el pacto mosaico fue roto, Dios comenzó una nueva era y un nuevo plan de salvación, estableciendo la Iglesia y desechando todos los aspectos de los antiguos pactos.

Como ya hemos visto en Gálatas 3, el dispensacionalismo se contradice con una lectura cuidadosa de las Escrituras; más adelante veremos otros pasajes de refutación. Aunque la muerte de Cristo cumplió legalmente un sacrificio de sangre, esto no anuló las promesas a Abraham; según muchos pasajes del Nuevo Testamento, las promesas permanecen abiertas. La herencia de Abraham está aquí explícitamente ligada al reino de los cielos.

Cristo nos simplifica toda la situación en el Sermón de la Montaña, donde se inspira en el Salmo 37.

«Pero los mansos heredarán la tierra y se deleitarán en abundante paz.»

—Salmo 37:11

«Los justos heredarán la tierra y la habitarán para siempre.»

—Salmo 37:29

«Bienaventurados los mansos, porque ellos heredarán la tierra.»

—Mateo 5:5

Parecería que Cristo quiere asegurar a su audiencia que su reino celestial es un cumplimiento de los principios abrahámicos. Pacto: los mansos heredarán la tierra y morarán en ella para siempre. Pero, ¿hablaba Cristo en sentido figurado o literal?

Asumamos que Cristo hizo una declaración literal acerca de la tierra física. Para que esta suposición sea válida, la bendición de Cristo debe cumplir con las otras características del pacto de la tierra que sabemos que es verdadero. Aquí hay cuatro puntos de comparación:

1. Como el pacto Abrahámico, la bendición es eterna, continuando mínimamente hasta el final de una era, o bien eterna.

2. Como el pacto Abrahámico, Cristo no pone condiciones para que los mansos reciban la bendición.

3. La bendición se extiende a cualquiera que posea mansedumbre, no sólo a los descendientes físicos de Abraham.

4. Cristo equipara la herencia de la tierra prometida a la herencia del reino de los cielos en la tierra.[2]

Un problema inmediato con el primer punto es que no hay una palabra clara para «eternidad» o «infinito» en el idioma hebreo. La raíz a menudo significa «edad», por lo que los hebreos usarían la frase «para siempre jamás» para describir el concepto de eternidad. Veamos un pasaje que describe el tiempo y el propósito dentro del pacto abrahámico.

«Él provee alimento para los que le temen;

recuerda su pacto para siempre.

Él ha mostrado a su pueblo el poder de sus obras,

al darles la **herencia** *de las naciones.*

Las obras de sus manos son fieles y justas;

todos sus preceptos son dignos de confianza;

se **establecen para siempre jamás,**

para que se realice con fidelidad y rectitud.

Él envió la redención *a su pueblo;*

ha ordenado **su pacto para siempre.**

Santo y asombroso es su nombre».

—Salmo 111:5-9

El concepto más importante en este pasaje del Salmo 111 es «redención». Dios tiene un plan redentor para salvar a su

---

2. Dentro del Nuevo Testamento, el concepto de tierra es clarificado y desarrollado. Echaremos un vistazo más adelante en este libro.

pueblo y honrar su promesa a Abraham. Dios está haciendo la obra redentora ligada a la herencia.

Ciertos salmos pueden parecerse mucho a alegorías, pero estemos de acuerdo con Pablo en que el pacto con Abraham no fue invalidado y todavía tiene un concepto eterno intacto. También, recuerde que Israel en el tiempo del Salmo 111 no era un imperio eterno (aunque ellos experimentaron algunos puntos altos bajo David y Salomón y recibieron tratamiento favorable de los fenicios con respecto al comercio y los viajes).

En cuanto al segundo punto sobre la naturaleza unilateral de la bendición de Cristo, veamos las promesas originales hechas por Dios a Abraham. La palabra «si» nunca se usa, aunque sí aparece en el pacto mosaico que fue roto por Israel. Recuerde, Pablo claramente diferenció entre los dos pactos principales del Antiguo Testamento y declaró que el Abrahámico no podía ser anulado ya que fue ratificado por Dios mismo, mientras que los pactos de la ley mosaica dependían del cumplimiento por parte de Israel, que estaba ausente.

En nuestro tercer punto de comparación, notamos que la bendición de Cristo parece estar disponible para un grupo más grande de personas que sólo los descendientes de sangre de Abraham. Este cambio se basa en la fusión de hebreos y gentiles para formar una sola congregación del pueblo de Dios. Los escritores del Nuevo Testamento tienden a referirse al pueblo de Dios no sólo como Israel sino como la Iglesia, el cuerpo de Cristo o los hermanos. Este cambio es demostrado por los escritos de Pablo, especialmente en Romanos 9-11. El lenguaje del Antiguo

Testamento usaba frases específicas como «pueblo escogido», pero las promesas a Abraham también se abrieron a un grupo más amplio de naciones que incluían a los gentiles. Romanos 15:8-12 ofrece un resumen de las promesas del Antiguo Testamento a los gentiles y establece el doble propósito de la venida de Cristo en la primera venida: confirmar las promesas a los patriarcas, y llevar a los gentiles a estas promesas.

El libro de los Hechos comienza con el amplio despliegue del Espíritu Santo, que crea una sola congregación: la Iglesia de todos los creyentes. Los gentiles fueron oficialmente «injertados» en la nación de Israel, adoptados como descendientes de Abraham.

Según nuestro cuarto punto de comparación, Cristo quiso equiparar la tierra prometida con la llegada terrenal del reino de los cielos. Hay una fuerte correlación de la tierra con el lenguaje del reino en el Nuevo Testamento. En el viejo testamento

Los creyentes tenían fe en que el pacto de la tierra se cumpliría algún día (específicamente que ellos serían levantados de entre los muertos para vivir en la tierra para siempre). Este concepto fue llevado al Nuevo Testamento, pero la palabra «reino» también aparece frecuentemente en los escritos de Nuevo Testamento. Así que comparemos los pasajes de la «tierra» del Nuevo Testamento con los que se traducen como «reino».

La tierra prometida y el reino de los cielos

Primero, es muy claro que Cristo creó y hereda toda la

tierra.³ Ahora somos llamados coherederos o coherederos (Romanos 8:17) en la salvación. Todos los enemigos (principalmente la muerte y el diablo) necesitan ser conquistados para que los coherederos reclamen su herencia de la tierra y la vida eterna.

*«Entonces llega **el fin, cuando entrega el reino a Dios** el Padre después de destruir toda regla y toda autoridad y poder. Porque **debe reinar hasta que haya puesto a todos sus enemigos bajo sus pies**. El último enemigo en ser destruido es la muerte».*

—1 Corintios 15:24-26⁴

*«Y cada sacerdote está diariamente a su servicio, ofreciendo repetidamente los mismos sacrificios, que nunca pueden quitar los pecados. Pero cuando Cristo ofreció para siempre un solo sacrificio por los pecados, se sentó a la diestra de Dios, **esperando desde entonces que sus enemigos fueran hechos escabel para sus pies**».*

—Hebreos 10:11-13⁵

Cristo mismo venció a la muerte y al diablo (Romanos 6:5-9), permitiéndole sentarse a la diestra de Dios en el Cielo. Todavía no ha entregado el reino para compartirlo con sus coherederos, según estos y otros pasajes. El escritor de Hebreos ofrece este resumen sobre la promesa de la herencia de la tierra:

---

3. Ver Salmo 2:8; Romanos 4:13; Colosenses 1:16; Hebreos 1:2; 2:10.
4. Note que Cristo debe reinar por un tiempo antes de destruir la muerte al final. Entonces el reino es finalmente entregado.
5. Nótese que aunque Cristo toma su asiento por el Padre, sus enemigos aún no han sido subyugados

«Todos estos [santos del Antiguo Testamento] **murieron en fe, no habiendo recibido las cosas prometidas,** *sino habiéndolas visto y saludado de lejos, y reconociendo que eran extranjeros y exiliados en la tierra. Para las personas que hablan, dejen claro que están buscando una patria. Si hubieran estado pensando en esa tierra de la que habían salido, habrían tenido la oportunidad de regresar. Pero, tal como están las cosas,* **desean un país mejor, es decir, uno celestial.** *Por lo tanto, Dios no se avergüenza de ser llamado su Dios,* **porque les ha preparado una ciudad».**

—Hebreos 11:13-16

*«Y todos estos [****santos del Antiguo Testamento****], aunque elogiados por su fe,* **no recibieron lo que se les había prometido,** *ya que Dios había provisto algo mejor para nosotros, para que aparte de nosotros no fueran hechos perfectos».*

—Hebreos 11:39-40

Dios «proveyendo algo mejor» recuerda el lenguaje de Hebreos 8:6, un versículo que habla brevemente de la superioridad del nuevo pacto sobre el antiguo (Mosaico). Lo miraremos más de cerca más tarde. Hay una conexión que hay que ver primero.

Independientemente de si el lenguaje figurativo o literal fue intencionado, Hebreos 11:39 arriba declara claramente que la promesa espiritual o física no fue cumplida a Abraham o a cualquier otra figura del Antiguo Testamento mencionada en el capítulo. Este hecho (apoyado por Gálatas 3 y Hechos 7) demuestra la continuación de la promesa – permanece activa en el Nuevo Testamento.

¿Se retractó Dios de su promesa (juramento)? ¡No![6] ¿Cómo puede entonces Abraham recibir la promesa si nunca la obtuvo durante su vida terrenal? La respuesta, según Hebreos 11, se encuentra en la tierra celestial y en la ciudad preparada.

Este eslabón de la promesa de la tierra a un país celestial es un puente clave del lenguaje del Antiguo y Nuevo Testamento. Las promesas a Abraham y a todos los santos del Antiguo Testamento se cumplirán cuando hereden la ciudad por venir (llamada Nueva Jerusalén) en el país celestial. Sólo necesitan esperar a que los santos del Nuevo Testamento completen a la novia de Cristo en el tiempo ordenado. A lo largo del libro de Hebreos, el autor establece este tema que la promesa de la tierra verá su cumplimiento cuando Dios establezca su reino celestial en la tierra.

El libro de Hebreos comienza nombrando a Cristo como el heredero principal de la promesa a Abraham. Heredó todas las cosas: la tierra y todo lo que hay en ella. «*En estos últimos días nos ha hablado por su Hijo, **a quien constituyó heredero de todas las cosas***» (1:2).

El autor sigue construyendo sobre el tema de la herencia en referencia a las promesas que Dios hizo en el pasado a Abraham.

«*¿No son todos ellos espíritus ministrantes enviados a servir por el bien de los que han de **heredar la salvación**?*»

—Hebreos 1:14

---

6. Ver Romanos 11:29; Gálatas 3:17.

Hebreos 4 habla de reposo; ¿pero es este reposo físico en la tierra o espiritual?

*«Por lo tanto, mientras la **promesa** de entrar en su reposo aún está en pie, temamos que ninguno de ustedes parezca haber fracasado en alcanzarla. Porque **la buena noticia nos llegó igual que a ellos**, pero el mensaje que escucharon no les benefició, porque no estaban unidos por la fe con los que los escuchaban».*

—Hebreos 4:1-2

En 4:2 vemos que la nación de Israel perdió la promesa condicional (contenida en el pacto mosaico) porque carecía de fe. El evangelio presentado bajo Moisés contenía buenas noticias ya que no se trataba sólo de las condiciones de la ley. El pacto mosaico fue atado al Abrahámico como veremos más adelante. Esto es extremadamente importante: el mensaje central del Evangelio nunca ha cambiado y nunca cambiará. Cristo construyó sobre ella, pero el mensaje subyacente es constante.

*«Porque si Josué les hubiera dado descanso, Dios no habría hablado de **otro día después**. Así que, entonces, **queda un descanso sabático** para el pueblo de Dios, porque el que ha entrado en el reposo de Dios también ha descansado de sus obras como Dios lo hizo de las suyas».*

—Hebreos 4:8-10

Esta referencia a Josué muestra que Israel no recibió la promesa total de la tierra cuando entraron a Canaán. Según el 4:1, el descanso prometido sigue en pie. Si la tierra misma no podía dar descanso, debe haber otro descanso más profundo por venir. Este descanso sólo fue posible después de que Cristo terminó su obra en la cruz y cumplió la ley. Una pregunta clave es si recibimos este «descanso» ahora o después de esta vida terrenal. Exploraremos esta pregunta en detalle más adelante. La respuesta corta es que podemos descansar ahora con un descanso permanente por venir.

«Porque cuando Dios hizo una promesa a Abraham, al no tener a nadie más grande por quien jurar, juró por sí mismo, diciendo: "De cierto te bendeciré y te multiplicaré". Y así Abraham, habiendo esperado pacientemente, obtuvo la promesa. «Para la gente que jura por algo más grande que ellos mismos, y en todas sus disputas un juramento es definitivo para su confirmación. Así que cuando Dios quiso mostrar más convincentemente a los **herederos de la promesa el carácter inmutable de su propósito, lo garantizó con un juramento,** *para que por dos cosas inmutables, en las cuales es imposible que Dios mienta, nosotros que hemos huido para refugiarnos, tengamos un fuerte aliento para aferrarnos a la esperanza puesta ante nosotros».*

—Hebreos 6:13-18

¿Se refiere este concepto de «herederos de la promesa» a los hijos de Abraham o a todas las naciones? La promesa a Abraham aclara que todas las naciones serán bendecidas; la salvación es ofrecida a todos, ya sea a través de la sangre o la adopción.

Así que el autor de Hebreos vincula la promesa de Dios con la salvación. La herencia está asociada tanto con la salvación espiritual como con la tierra terrenal prometida. ¿Cómo relacionamos esto? Primero recuerde que Cristo es el heredero de la tierra y el receptor de la promesa de la tierra.[7] Al leer estos pasajes, tenemos la sensación de que hay algo acerca de la promesa que aún no se ha cumplido.

«Os digo que muchos vendrán del este y del oeste y se sentarán a la mesa con Abraham, Isaac y Jacob **en el reino de los cielos**, *mientras que los hijos del reino serán arrojados a las tinieblas de afuera. En ese lugar habrá llanto y crujir de dientes».*

—Mateo 8:11-12

Una vez más, ya sea que leamos esto como literal o figurativo, ¿cuál es el significado? Este pasaje describe a los gentiles saliendo con los patriarcas en el reino mientras que ciertos descendientes de sangre de los patriarcas son desterrados. También, vea las declaraciones interesantes sobre la bebida en el reino (Mateo 26:29).

Después del tiempo de los patriarcas, Dios comenzó a revelar más de su plan maestro a través de los profetas. En la cúspide de la nación de la historia de Israel, David profetizó días futuros de gloria. Y generaciones más tarde, mientras la nación descendía a la idolatría y la ruina, los profetas declararon el fin de la enfermedad y la dolencia, la doma de los animales salvajes, el fin de todas las catástrofes, de todo lo malo. Estas profecías se describirán en relación con otros eventos futuros en el Volumen II. Parecen describir una versión perfecta de vida en la tierra, no una existencia sin cuerpo en algún reino celestial.

Estas promesas y profecías suenan como el cielo en la tierra. ¿Es realmente la intención de Dios restaurar todas las cosas terrenales a un estado de Edén inmaculado? Creemos que

---

7. Ver Salmo 2:8; Romanos 4:13; Colosenses 1:16; Hebreos 1:2; 2:10.

Dios promete la resurrección de los muertos para los santos, pero ¿restaurará la creación misma?

Pedro dijo que Jesús es «*a quien el cielo debe recibir* **hasta el momento de restaurar todas las cosas** *de las que Dios habló por boca de sus santos profetas hace mucho tiempo*».

—Hechos 3:21

Y en Romanos, Pablo ofrece enseñanzas similares:

«*El Espíritu mismo da testimonio a nuestro espíritu de que somos hijos de Dios, y si somos hijos, también herederos de Dios y* **coherederos de Cristo***, a condición de que padezcamos con él,* **para que también nosotros seamos glorificados** *con él.*

Porque considero que los sufrimientos de este tiempo presente no valen la pena compararlos con la gloria que se nos ha de revelar. Porque la creación espera con gran **ansia la revelación** *de los hijos de Dios. Porque la creación fue sometida a futilidad, no voluntariamente, sino por causa de aquel que la sometió, con la esperanza de que* **la creación misma sea liberada de su esclavitud** *a la corrupción y obtenga la libertad de la gloria de los hijos de Dios. Porque sabemos que toda la creación ha estado gimiendo junta en los dolores del parto hasta ahora. Y* **no sólo la creación, sino nosotros mismos,** *que tenemos las primicias del Espíritu, gemimos interiormente mientras* **esperamos ansiosamente la adopción como hijos, la redención de nuestros cuerpos**«.

—Romanos 8:16-23

Cuando Dios entregó el territorio de la tierra prometida a Josué y a los israelitas, cumplió la promesa que había hecho a Moisés, pero su promesa a Abraham aún no se había cumplido. Aun con los cananeos derrotados, el pecado permanecía. Ningún reino terrenal puede someter a una tierra infestada de pecado; sólo un reino celestial puede expulsar la infección. Sin un Rey, Sacerdote y Juez verdaderamente justo, la tierra permanecerá sumida en un estado pecaminoso.

La ley mosaica le mostró a Israel cómo tener una relación con Dios y con los demás viviendo justamente. Ellos acordaron guardar las leyes de este pacto, para apartarse del pecado. Pero en vez de eso se rebelaron una y otra vez.

*«Mira, yo [Moisés] te he enseñado estatutos y reglas, como el Señor mi Dios me ordenó, para que las hagas en la tierra en que entraste para tomar posesión de ella. Guárdalos y hazlos, porque esa será tu sabiduría y tu entendimiento **a los ojos de los pueblos**, los cuales, cuando oigan todos estos estatutos, dirán: «Ciertamente esta gran nación es un pueblo sabio y entendido». **Porque, ¿qué gran nación hay que tenga un dios tan cerca de él como el Señor nuestro Dios está con nosotros, cada vez que lo invocamos?** ¿Y qué gran nación hay que tenga estatutos y reglas tan justas como toda esta ley que he puesto hoy delante de ti?».*

—Deuteronomio 4:4-8

Aquí vemos un uso muy importante de la ley. Es el evangelio. La palabra de Dios es su mensaje a su pueblo y al resto del mundo. Así como Israel fue llamado a iluminar a las naciones vecinas, nosotros revelamos a Dios a la gente que nos rodea. Así que mientras la ley es útil para frenar el comportamiento egoísta, por favor a Dios, y para mantener el orden civil, también reflejamos la naturaleza de Dios a través de nuestro comportamiento.

Los israelitas como un todo no reflejaban la naturaleza de Dios y no eran capaces de poseer la tierra bajo el antiguo pacto condicional. Solo Dios puede limpiar la tierra y ofrecer un verdadero descanso. Él usa un nuevo pacto incondicional para la redención; este nuevo pacto es una continuación de las promesas a Abraham.

A través del pacto mosaico, Dios proveyó a su pueblo con un conjunto de leyes basadas en la gracia; al seguir estas instrucciones, Israel experimentaría la bendición y protección de Dios en la tierra. A través del pacto abrahámico, Dios hizo un juramento de gracia incondicional; estableció leyes que gobernaban sus acciones hacia Abraham y su descendencia. Esta interacción de la ley y la gracia crea mucha confusión con los cristianos, pero hay una explicación simple que refleja la luz del evangelio.

Ambos pactos, el Abrahámico y el Mosaico, están conectados en el sentido de que cada uno de ellos contiene una promesa de tierra. Cuando las condiciones del pacto mosaico fueron violadas y el contrato roto, Dios decidió hacer un nuevo pacto. Pero en lugar de reafirmar las condiciones anteriores, el nuevo pacto de Dios se extiende más atrás y asume el formato unilateral del pacto abrahámico. Una vez más ofrece una promesa incondicional de vida eterna en la Tierra Prometida. Y esta vez extiende directamente la oferta a todo el mundo.

CAPÍTULO 4.

EL NUEVO PACTO

¿Qué significan los escritores bíblicos cuando hablan de un «pacto» genérico o de un «viejo pacto» en contraste con el pacto nuevo o final?

El nombre mismo del Antiguo Testamento crea cierta confusión. «Testamento» y «pacto» tienen el mismo significado. Esto nos impulsa a equivocarnos al agrupar el pacto abrahámico y el pacto mosaico en uno solo. Por extensión, podríamos entonces asumir que el Nuevo Testamento o nuevo pacto reemplaza al pacto abrahámico. Pero los mismos escritores del Nuevo Testamento continuaron esperando que Dios cumpliera las promesas contenidas en el pacto abrahámico, tratando estas promesas como profecías de los eventos del tiempo-del-fin.

Así que si los escritores bíblicos no tienen en mente todos los pactos del Antiguo Testamento cuando usan la frase «el (antiguo) pacto», ¿cómo podemos estar seguros de qué pacto se está hablando? Aquí hay algunas pistas para ayudarnos a discernir su intención:

Cuando encuentre el término «pacto» dentro de una

declaración, espere que el escritor tenga en mente el pacto mosaico si hay menciones de condiciones y bi-diálogos, responsabilidades direccionales. Busque referencias a una «promesa», «herencia» u otro lenguaje incondicional en relación con el pacto abrahámico.

El término «pacto de sangre», sin embargo, invoca un vínculo entre el pacto mosaico y el pacto abrahámico. Éxodo 24:7-8 nos da un ejemplo de la sangre rociada del pacto que Dios hizo con Israel como confirmación de las promesas y requisitos descritos en Éxodo 19-24. Encontramos la gracia de Dios referenciada antes de que la ley sea dada y los pactos hechos. Dios declaró «mi» pacto en Éxodo 19:5[1] Note que no declaró «nuestro» pacto. Ambos pasajes parecen conectar a Dios dando sus promesas a Israel como el primer paso antes de que puedan estar de acuerdo en cumplir cualquier ley o condición.

Éxodo 19-24 es donde una gran porción de la ley fue dada a Israel, así que tenemos estos pasajes de los sujetalibros referidos arriba para entender la relación de la ley con la gracia. La gracia fue declarada antes de que la ley fuera entregada y confirmada después.

Vemos una conexión entre todos los pactos, ya sean condicionales o incondicionales. Se remontan a Abraham y a la promesa de la tierra como vemos en todos los libros de Moisés. La gracia y la ley se interrelacionan.

«También establecí mi pacto con ellos para darles la tierra de Canaán, la tierra en la que vivían como extranjeros.»

---

1. Vemos el término "mi" pacto en Zacarías 9:11. Cristo también usó el mismo término en la Última Cena

—Éxodo 6:4

«*entonces recordaré mi pacto con Jacob, y recordaré mi pacto con Isaac y mi pacto con Abraham, y recordaré la tierra.*»

—Levítico 26:42

Ley y Gracia

¿Ha sido cumplida por Cristo la «ley» que Israel recibió a través del pacto mosaico? ¿Hizo Cristo la ley nula? ¿O la ley permanece en su lugar, esperando nuevas acciones de Cristo? Note lo que Jesús dijo con respecto a sus intenciones:

«*No penséis que he venido a abolir la Ley o los Profetas; no he venido a abolirlas sino a cumplirlas*».

—Mateo 5:17

La ley y la gracia son conceptos bíblicos críticos. A menudo pensamos que son contradictorios, pero la verdad es que funcionan en conjunto. La ley no es obsoleta, como el Nuevo Testamento deja claro, y no ha sido abandonada; Dios todavía mantiene la ley hoy en día. Pero la ley no ahoga la gracia; no recibimos la herencia de la tierra o la vida eterna por medio de las buenas obras o nuestra adhesión a la ley. Así que si la ley perdura, pero no puede entregar nuestra herencia, ¿cuál es su relevancia para el tiempo-del-fin?

Los siguientes tres puntos sobre la ley son importantes de considerar:

1. Israel continuamente rompía el pacto que habían

hecho a través de Moisés.

2. La ley de Dios revela su naturaleza. Como Dios no cambia, su ley permanece intacta.

3. Como Israel antes que nosotros, estamos por debajo de la norma perfecta de Dios. Sólo Cristo cumplió la ley del Padre.

Así como necesitamos distinguir entre los pactos Abrahámico y Mosaico, necesitamos separar la ley natural de Dios (las verdades generales que definen quién es Dios y cómo elige relacionarse con su creación) de la ley Mosaica (los comportamientos específicos que demostraron la devoción de Israel a Dios). Las leyes entregadas a Israel en el Monte Sinaí se basaban en leyes subyacentes que ya existían. Al aclarar estos términos separados, podemos entender por qué Cristo vino a la tierra e identificar lo que cumplió. Entonces sabremos si alguna ley espera un cumplimiento del tiempo-del-fin.

«Es porque el Señor no fue capaz de traer a este pueblo a la tierra que juró darles que los ha matado en el desierto.»

–Números 14:16

Según este pasaje en Números, Dios había jurado dar la tierra a los que salieron de Egipto. Pero excepto Caleb, Josué y la generación más joven, los que salieron de Egipto no entraron en la tierra prometida. ¿Rompió Dios su juramento? No, sólo las personas que rompieron el pacto fueron eximidas de la promesa. Dios mantuvo su parte del pacto mosaico.

Aquí hay otros pasajes que describen a Israel en relación con el pacto mosaico.

«Entonces los hombres dirán:'Porque han abandonado el pacto de el Señor, el Dios de sus padres, que hizo con ellos cuando los sacó de la tierra de Egipto...».

—Deuteronomio 29:25

*«Israel ha pecado, y ellos también han **transgredido mi pacto** que yo les ordené. Incluso han tomado algunas de las cosas bajo la prohibición y han robado y engañado. Además, también los han puesto entre sus propias cosas».*

—Josué 7:11

*«Y ahora estoy a punto de ir por el camino de toda la tierra, y sabéis en vuestro corazón y en vuestra alma, todos vosotros, que ni una sola palabra ha faltado de todas las cosas buenas que el Señor vuestro Dios prometió de vosotros. Todos han sucedido por ti; ninguno de ellos ha fallado. Pero así como todas las cosas buenas que el Señor tu Dios prometió acerca de ti se han cumplido, así el Señor traerá sobre ti todas las cosas malas, hasta que te haya destruido de esta buena tierra que el Señor tu Dios te ha dado, **si transgredes el pacto** del Señor tu Dios, que él te mandó, y vas y sirves a otros dioses y te inclinas ante ellos. Entonces la ira del Señor se encenderá contra ti, **y perecerás pronto de la buena tierra que él te ha dado**«.*

—Josué 23:14-17

Esta terrible advertencia en Josué es claramente una extensión del lenguaje condicional del pacto mosaico. La promesa de la tierra no se cumplió plenamente en los tiempos de Josué. Se mantuvieron las condiciones. Esto es crucial de entender: las promesas irrevocables a Abraham no fueron realizadas por Josué o David.

Israel se inclinó ante otros dioses una y otra vez, y así se cumplió esta profecía en Josué 23: El pueblo de Dios fue exiliado de la tierra que había recibido de Dios. Habríamos experimentado el mismo castigo que el antiguo Israel, así que no hay razón para añadir nuestra propia burla o condenación. Nadie ha podido guardar la ley perfecta de Dios excepto la persona de Cristo.

Y sin embargo encontramos pasajes como Lucas 1:6 que describen a ciertas personas como irreprensibles ante Dios. No debemos inferir que vivieron una vida perfecta, ya que esto crearía un conflicto con otros pasajes claros que dicen que nadie más que Cristo guardó la ley. Lucas 1:6 debe estar de acuerdo con las enseñanzas de Romanos 3:10 y 3:23 que todos han pecado y están destituidos de los mandamientos de Dios.

«Así que la ira del Señor ardía contra Israel, y dijo: [Esta]'Su nación ha transgredido mi pacto que ordené a sus padres y no ha escuchado mi voz'.»

—Jueces 2:20

«Él dijo:'He sido muy celoso por el Señor, el Dios de los ejércitos; porque los hijos de Israel han abandonado tu pacto, han derribado tus altares y han matado a tus profetas con la espada, y sólo yo he quedado; y ellos buscan mi vida para quitármela.'»

—1 Reyes 19:10

«*Ellos rechazaron los estatutos [de Dios] y su pacto* que hizo con sus padres, y sus advertencias con las que les advirtió, y siguieron la vanidad y se volvieron vanos, y fueron tras las naciones que los rodeaban, de las cuales el Señor les había mandado que no hicieran lo mismo que ellos».

—2 Reyes 17:15

«*No obedecieron la voz del Señor su Dios, sino que **quebrantaron su pacto**, todo lo que Moisés siervo del Señor les había mandado; no quisieron escucharlo ni hacerlo*».

—2 Reyes 18:12

«*No **cumplieron el pacto de Dios***

pero se negó a caminar de acuerdo a su ley......

*Su corazón no era firme hacia él; **no eran fieles a su pacto***».

—Salmo 78:10, 37

«Se han vuelto hacia las iniquidades de sus antepasados que se negaban a oír mis palabras, y han ido en pos de otros dioses para servirles; la casa de Israel y la casa de Judá **han roto mi pacto** que hice con sus padres».

—Jeremías 11:10

«Porque así dice el Señor Dios:'Yo también haré contigo lo que tú has hecho, tú que has despreciado el juramento rompiendo el pacto'».

—Ezequiel 16:59

«*Trajiste a extranjeros, incircuncisos de corazón e incircuncisos de carne, para que estuvieran en mi santuario para profanarlo, en mi casa, cuando ofrecisteis mi comida, la grasa y la sangre; porque **invalidaron mi pacto**, además de todas vuestras abominaciones*».

—Ezequiel 44:7

«*¡Pon la trompeta en tus labios! Uno como un buitre está sobre la casa del Señor, porque **han transgredido mi pacto** y se han rebelado contra mi ley*».

— Oseas 8:1

Hay muchos otros versículos acerca de cómo Israel falló en guardar la ley y por lo tanto rompió el pacto de Dios con ellos. Esteban resume la situación para nosotros:

«*Ustedes, gente de cuello tieso, incircuncisos de corazón y de oídos, **siempre resisten al Espíritu Santo. Como tus padres**, tú también. ¿A cuál de los profetas no persiguieron vuestros padres? Y mataron a los que anunciaron de antemano la venida del Justo, a quien ahora has traicionado y asesinado, a ti que **recibiste la ley** como liberada por los ángeles **y no la guardaste**»*.

–Hechos 7:51-53

Esteban declara que el Espíritu Santo estuvo activo en los tiempos del Antiguo Testamento. Pentecostés fue por lo tanto una efusión del mismo Espíritu que ya estaba actuando en el mundo, no un Espíritu dispensacional diferente enviado solo para los creyentes del Nuevo Testamento.[2]

«Los apóstoles y los ancianos se reunieron para considerar este asunto. Y después de mucho debate, Pedro se levantó y les dijo: Hermanos, sabéis que en los primeros días Dios eligió entre vosotros, que por mi boca los gentiles oyeran la palabra del evangelio y creyesen. Y Dios, que conoce el corazón, dio testimonio de ellos, **dándoles el Espíritu Santo justo como lo hizo con nosotros, y no hizo distinción entre nosotros y ellos, habiendo limpiado sus corazones por fe.** *Ahora, pues, ¿por qué pones a prueba a Dios poniendo un yugo sobre el cuello de los discípulos que ni nuestros padres ni nosotros hemos podido soportar? Pero* **creemos que seremos salvos por la gracia del Señor Jesús, como ellos**«.

—Hechos 15:6-11

Esteban, Pedro y los escritores de Hebreos declaran que el mensaje del evangelio del Nuevo Testamento fue dado a sus antepasados del Antiguo Testamento y que el mismo Espíritu Santo había estado presente con ellos. Entonces, como ahora, el camino hacia la justicia era seguir el ejemplo de fe de Abraham.[3] No podemos alcanzar la posición correcta ante Dios a través de la ley. Nuestra prioridad clave es creer en las promesas de gracia de Dios, para recibir el don de la fe. Sí, la fe es un regalo de Dios, no simplemente una creencia. Discutiremos esto con más detalle en los capítulos 8 y 10.

En ninguna parte de las Escrituras se muestra que el pacto

---

2. Compárese con Hebreos 4:2, que examinamos en el capítulo anterior.
3. Ver Romanos 4:16.

con la tierra abrahámica haya sido quebrantado. Esta promesa de gracia permanece. Pero los términos del pacto mosaico se han roto una y otra vez, como acabamos de ver. Esto plantea un problema. Aunque no podemos guardar la ley, Dios no puede desecharla. Él no puede ofrecernos un evangelio sin ley. El vivir con justicia no nos salva -solo la gracia puede hacer eso-, pero la ley todavía está presente en el nuevo pacto de Dios con su pueblo.

Pablo nos ofrece algunas palabras inspiradas acerca de la ley y la gracia en relación con los judíos y los gentiles. Él demuestra cómo el mismo evangelio es dado a toda la gente.

«Pero ahora la justicia de Dios se ha manifestado aparte de la ley, aunque la ley y los profetas dan testimonio de ello: la justicia de Dios por medio de la fe en Jesucristo para todos los que creen. Porque no hay distinción; porque todos pecaron, y están destituidos de la gloria de Dios, y son justificados por su gracia como don, por la redención que es en Cristo Jesús, a quien Dios propuso como propiciación por su sangre, para ser recibido por la fe. Esto era para mostrar la justicia de Dios, porque en su paciencia divina había pasado por alto los pecados anteriores. Era para mostrar su justicia en el tiempo presente, para que él pudiera ser justo y justificador del que tiene fe en Jesús.

«Entonces, ¿qué será de nuestra jactancia? Se excluye. ¿Por qué tipo de ley? ¿Por una ley de obras? No, pero por la **ley de la fe.** *Porque sostenemos que el hombre es justificado por la fe sin las obras de la ley. ¿O es Dios el Dios de los judíos solamente? ¿No es también el Dios de los gentiles? Sí, también de los gentiles, ya que Dios es uno— que* **justificará a los circuncidados por la fe y a los incircuncisos por la fe.** *¿Derrotamos la ley por esta fe? De ninguna manera! Por el contrario,* **nosotros defendemos la ley***».*

—Romanos 3:21-31

«¿Es entonces la ley contraria a las promesas de Dios? ¡Por supuesto que no! Porque si se hubiera dado una ley que pudiera dar vida, entonces la justicia sería por la ley.....

«No hay judío ni griego, no hay esclavo ni libre, no hay hombre ni mujer, porque todos vosotros sois uno en Cristo Jesús. Y si eres de Cristo, entonces eres descendiente de Abraham, herederos según la promesa».

—Gálatas 3:21, 28-29

La frase «herederos según la promesa» significa que la salvación está ligada al juramento de Dios a Abraham. Dios nos ofrece gracia aún antes de que aprendamos sus normas de ley o justicia. (Note que la ley de Dios todavía existe a pesar de nuestra ignorancia. Aunque él pueda revelar su gracia sin revelar inicialmente su ley como en sus interacciones con Abraham, su gracia y su ley están entrelazadas.) A través de la gracia recibimos la salvación, tanto el sentido espiritual de ser traídos a la justicia de Dios como la promesa física de una herencia: una vida eterna resucitada en la Tierra Prometida. Las promesas de Dios a Abraham son la base de la salvación que él pone a disposición de los descendientes físicos y espirituales de Abraham -todos los cuales solo pueden recibir ese don a través de la fe.

Estos pasajes de Pedro y Pablo en Hechos 15, Romanos 3 y Gálatas 3 explican que sólo hay un camino para ser salvo: por gracia, por fe. Este mismo mensaje resuena en todo el Antiguo Testamento. Judíos y griegos, hebreos y gentiles, todos son herederos de la promesa de gracia por la fe, como se describe con más detalle en Romanos 9-11.[4]

La ley sin fe es inútil, pero eso no significa que la ley sea desechable. Dios no puede ofrecernos la salvación sin la ley.

¿Qué hay de la naturaleza incondicional de la gracia? Si el cumplimiento de la promesa de vida eterna depende de la justicia perfecta, ¿por qué Dios no le dio la ley a Abraham? Porque Dios entendió que la justicia de Abraham nunca sería suficiente. No le correspondía a Abraham satisfacer los requisitos de la ley. Eso podría caer ante Cristo; él guardó la ley de Dios porque nosotros no pudimos. Ahora, por gracia, somos traídos a la justicia perfecta de Cristo nosotros mismos. Así que, en esencia, la ley nos salva, pero debemos confiar únicamente en la gracia y en la justicia de Cristo a nuestro favor.[5]

Cristo comparte con nosotros la herencia que le fue concedida como Descendiente de Abraham. Él es el Otorgante y el Otorgante (de manera similar, Cristo es el Señor e Hijo de David como se muestra en Lucas 20:41-44). Abraham demostró que creía que Dios, por gracia, cumpliría sus promesas y le daría a Abraham una herencia eterna de tierras. La misma fe que Abraham ejemplificó nos es dada también a nosotros; en fe, creemos que el Descendiente de Abraham bendijo la tierra de acuerdo a la promesa y nos invita a vivir con él por siempre como coherederos de la tierra.

---

4. También vea Romanos 8:16-17.
5. Ver Romanos 8:3-4.

El tema de la herencia es un hilo conductor que recorre toda la Escritura:

– Génesis 15:7; 17:5-8

– 1 Crónicas 29:14-18

– Salmo 2:8; 37:29; 105:6-11; 115:16

– Isaías 45:18

– Ezequiel 47:13-23; 48:29

– Mateo 5:5; 19:27-29

– Romanos 4:13-18; 8:16-17; 15:8-9

– Gálatas 3:13-29

– Efesios 2:11-22; 3:6

– Colosenses 1:12-16

– Hebreos 1:2

Estos pasajes proveen un entendimiento fundamental del significado de la primera y segunda venida de Cristo.

Sabemos que Dios creó la tierra para este propósito[6] no solo para guardarla para sí mismo en la persona de Cristo, sino para compartirla con nosotros y habitarla con nosotros. Esta es la razón de la creación. Dios comparte la herencia debida a su Hijo, haciéndonos coherederos (Romanos 8:16-17); seremos contados como descendientes de

---

6. Ver Isaías 45:18; Colosenses 1:16; Hebreos 2:10.

Abraham (Gálatas 3:29) siempre y cuando compartamos la fe de Abraham (mencionada en Romanos 4:16).

Este nuevo testamento se basa en el pacto de sangre de Génesis 15; la herencia que recibimos no cambia ni reemplaza las promesas abrahámicas.

El plan de herencia devuelve a «todo Israel» (todos los santos del Antiguo y Nuevo Testamento) a un mundo edénico. A través de la Escritura, este proceso de redención se describe usando términos como restauración, renovación y regeneración.[7] La tierra y los santos por igual serán transformados. Las descripciones de este futuro Paraíso no incluyen al diablo o a la muerte; éstos se cuentan entre los enemigos que serán derrotados para siempre.

«Todo Israel» es compartir la herencia que Dios prometió a Abraham hace mucho tiempo; esta categoría incluye a cualquier gentil que a través del don de la fe acepte este evangelio eterno de salvación. Cristo cumplió la ley de una vez por todas en la cruz, mientras que la oferta de gracia de Dios ha permanecido desde Génesis 3:15.

Aquí están algunos de los pasajes que hablan de los gentiles que son adoptados en Israel:

– Juan 4:20-22; 10:16

– Romanos 9:4-8, 24-26; 10:8-13, 17-20; 11:11-32; 15:8–12

– Gálatas 3

---

7. Ver Romanos 8:16-25.

– Efesios 2:11-22; 3:6

«*...para que en Cristo Jesús **la bendición de Abraham** venga a los gentiles, para que podamos recibir el Espíritu prometido por la fe.*»

—Gálatas 3:14

«*Esto significa que no son los hijos de la carne los que son hijos de Dios, sino que los **hijos de la promesa son contados como descendientes**.*»

—Romanos 9:8

Todas las personas que reciben la fe por gracia en «la bendición de Abraham» están unidas en un solo evangelio. La bendición se remonta a la promesa de que todas las naciones serán bendecidas por el Descendiente de Abraham.

Un pasaje de apoyo muy importante se encuentra en Romanos 15. Pablo explica un doble propósito de la primera venida de Cristo: vino a confirmar las promesas de Dios a Abraham (y a los otros patriarcas) y a invitar a los gentiles a responder a las siguientes preguntas a este mensaje de gracia. Las promesas a Abraham formaron el evangelio que todavía tenemos hoy.

«*Porque os digo que Cristo se hizo siervo de los circuncidados para mostrar la verdad de Dios, para **confirmar las promesas** hechas a los patriarcas y para **que los gentiles glorifiquen a Dios** por su misericordia...*»

—Romanos 15:8-9a

Pablo escribe extensamente sobre esto en Romanos 9-11. Es muy claro que la Iglesia se ha convertido en el paraguas de «todo Israel», ya que la salvación se basa en la promesa de que el Salvador vendría a través de la semilla de Abraham para bendecir a todas las naciones.[8]

Todo Israel, los santos del Antiguo y Nuevo Testamento por igual, serán salvos bajo el mismo mensaje del evangelio.

«Para que no seáis sabios delante de vosotros mismos, no quiero que ignoréis este misterio, hermanos: ha llegado a Israel un endurecimiento parcial, hasta que haya entrado la plenitud de los gentiles. Y así todo Israel se salvará, como está escrito,

El Libertador vendrá de Sión,

desterrará la impiedad de

Jacob; y este será mi pacto

Con ellos, cuando les quite sus pecados'».

—Romanos 11:25-27

Aquí Pablo aborda el misterio de que «todo Israel será salvo». Él incluye a las 12 tribus y a los gentiles, a quienes describe como las ramas salvajes injertadas en la rama natural, todos recibirán la promesa.[9] Sólo un remanente de los descendientes de sangre de Israel será salvado de acuerdo a Romanos 9:27, así que la declaración de Pablo aquí con respecto a «todo Israel» no se refiere a todos los individuos judíos, sino más bien a la familia espiritual más

---

8. "Todo Israel" incluye a los judíos y a los creyentes gentiles, incluyendo a los de las tribus norteñas "perdidas".

9. Ver Efesios 3:1-10.

amplia de Israel. «Todo» significa todo tipo de personas en la tierra.

Cristo aludió a un «todo Israel» adoptivo en Juan 10:16, edificando a partir de una metáfora común del Antiguo Testamento que comparaba a Israel con las ovejas. «*Y tengo otras ovejas que no son de este redil. Debo traerlos también, y ellos escucharán mi voz. Así que habrá un rebaño, un pastor.*» Junto con el pueblo judío del reino del sur, Cristo incluye a los gentiles y a la gente de las tribus perdidas del norte; juntos comprenden «todo» Israel.

CAPÍTULO 5.

LA HERENCIA DE CRISTO

Debemos recordar que el pacto condicional que Dios hizo con Moisés y la nación de Israel no reemplazó ni anuló la promesa abrahámica.[1] Así que mientras Cristo cumplió los términos de la ley para redimirnos, no estaba necesariamente enfocado en la ley mosaica en particular, sino en la promesa a Abraham que aún no se había cumplido junto con la ley natural del Padre. Para cumplir la promesa a Abraham, Cristo declaró su derecho a recibir la herencia. Esto explica la preponderancia de la lengua del coheredero o heredero conjunto.[2]

Cristo merece la herencia a través de la ley; como heredero legítimo, anula cualquier reclamo del acusador (Satanás). Y así Cristo, la simiente de Abraham, está listo para recibir la herencia prometida a Abraham.

Como el heredero mencionado en la promesa abrahámica incondicional, Cristo cumple la ley del Padre y luego hereda toda la tierra. Aunque la tierra pertenece a Dios, la intervención de Cristo demuestra que Dios no creó

---

1. Ver Gálatas 3 y Romanos 11:28-29.
2. Ver Romanos 8:16-17.

simplemente la tierra para sí mismo, pero deseaba vivir con nosotros y compartir las condiciones de la humanidad.[3]

En los tiempos finales, Cristo regresará a la tierra para recibir la porción de tierra prometida a Abraham como su herencia (llamada el país celestial o reino de los cielos), cumpliendo así literalmente la promesa. Y entonces Cristo a su vez compartirá su herencia con sus coherederos.

Abraham recibió la promesa de Dios de que él, Abraham, heredaría la tierra en la que habitaría para siempre. La única manera en que Dios puede literalmente cumplir esta promesa es resucitar a Abraham y permitirle entrar en la tierra terrenal. La promesa de la tierra no sería mucho si solo fuera para cubrir unas pocas generaciones de descendientes desde Josué hasta la diáspora. Pablo aclara esto aún más:

*«Porque la promesa a Abraham y a su **descendencia** de que **sería** heredero del mundo no vino por la ley, sino por la justicia de la fe. Porque si son los **adherentes** de la ley los que han de ser los herederos, la fe es nula y la promesa es nula. Porque la ley trae ira, pero donde no hay ley no hay transgresión.*

*Por eso depende de la fe, para que **la promesa descanse en la gracia y se garantice a todos sus descendientes** -no solo a los que se **adhieren** a la ley, sino también a **aquel que comparte la fe de Abraham**, que es el padre de todos nosotros, como está escrito: «Te he hecho padre de muchas naciones», en presencia del Dios en quien él creyó, **que da vida a los muertos** y llama a la existencia a las cosas que no existen. Con la esperanza creía en contra de*

---

3. Ver Hebreos 2:10-18; 4:15; 5:7-9.

la esperanza, que se convertiría en el padre de muchas naciones, como se le había dicho, "así será tu descendencia."

—Romanos 4:13-18

De nuevo, Pablo usa el singular cuando podría haber usado un sustantivo plural diferente para «descendencia» siendo el heredero del mundo. Sólo hay un «él» en Romanos 4:13, así que o bien es Abraham o bien Cristo quien hereda el mundo según el texto. Colosenses 1:16; Hebreos 1:2; 2:10 declaran que Cristo tiene el derecho a la tierra, así que aunque no esté claro como el cristal en Romanos, «él» debe significar Cristo a la luz de toda la Escritura. A Abraham se le prometió una porción de la tierra, así que es un coheredero, como nosotros lo somos.

Otro punto que Pablo hace es que el grupo plural de «adherentes» no hereda la tierra basada en la ley mosaica; los coherederos reciben su promesa como un regalo, no por sus obras.

Un «Adherente», de hecho, guardó la ley, pero ese no es el punto principal de este pasaje. No compartimos con Cristo el guardar la ley – compartimos la fe de Abraham, llegando a ser coherederos por gracia. También, necesitamos tener en mente que Abraham creyó en la resurrección de los muertos.[4] Él creyó que Dios podría resucitar a su hijo Isaac de entre los muertos (Génesis 22) y que él mismo sería resucitado de entre los muertos algún día para entrar en la Tierra Prometida (Hebreos 11:10-16).

---

4. Ver Hebreos 11:19.

Somos declarados justos no por nuestras propias obras sino por la perfección de Cristo bajo la ley:

«Por lo tanto, como una transgresión llevó a la condenación de todos los hombres, así también un acto de justicia lleva a la justificación y a la vida de todos los hombres. Para como por la desobediencia de un hombre los muchos fueron hechos pecadores, así también por la obediencia de un hombre los muchos serán hechos justos».

—Romanos 5:18-19

Somos salvos por fe bajo la promesa, que es la gracia, pero somos hechos justos bajo la ley. Lea la totalidad de Romanos 4-5 para un gran resumen de lo que hemos visto hasta ahora.

La interacción entre la ley y la gracia puede ser difícil de entender debido a cómo el pacto mosaico parece solaparse con la promesa de tierra del pacto abrahámico. Pero podemos distinguirlos en consecuencia:

- La porción de tierra del pacto mosaico con Israel era condicional.

- La promesa abrahámica de la tierra siempre permaneció incondicional.

- Israel no logró obtener el cumplimiento de la promesa de la tierra.

- Cristo cumplió las condiciones de la ley que precede a la ley mosaica.

- Cristo es el heredero principal de la promesa de la

tierra a Abraham.

- **Cristo recibió ambos reclamos: la promesa a la tierra y el cumplimiento de la ley para obtener la tierra**.

- Cristo es el cumplimiento de la bendición prometida de Abraham a todas las naciones.[5]

- Abraham obtuvo fe creyendo en las promesas de Dios y obedeciendo las instrucciones de Dios. Todas las naciones son bendecidas debido a la gran fe de Abraham; pero esta fe fue un regalo, no algo que él reunió dentro de sí mismo a través de la determinación pura. Y podemos seguir su ejemplo para obtener la fe hoy.

- Somos coherederos con Cristo en la redención de la tierra y la resurrección de nuestros cuerpos (Romanos 8:16-23); coherederos con Cristo, recibimos una herencia de acuerdo a las promesas que Dios hizo a Abraham (Gálatas 3:29).

El Nuevo Pacto

El nuevo pacto está relacionado con el pacto abrahámico y reemplaza al pacto mosaico. Hay muchas profecías en el Antiguo Testamento que hablan de un nuevo pacto que Dios prometió hacer con su pueblo.

*"Y un Redentor vendrá a Sion, a aquellos en Jacob que se apartan de la transgresión «, declara el Señor. "Y en cuanto a mí, **este es***

---

5. Esta promesa de bendecir a todas las naciones se desarrolla aún más en la bendición de Judá y en el pacto davídico.

mi pacto *con ellos", dice el Señor: "Mi Espíritu que está sobre ti, y mis palabras que he puesto en tu boca, no se apartarán de tu boca ni de la boca. de tu descendencia, o de la boca de la descendencia de tus hijos", dice el Señor," a partir de ahora y para siempre".*

—Isaías 59:20-21

Esto profetiza cómo Cristo traería el nuevo pacto para redimir a Israel.

Otro pasaje muestra que el nuevo pacto de Dios podría incluir de nuevo su ley, pero esta vez su pueblo estaría completamente equipado para caminar en justicia.

«*Y **te daré un corazón nuevo**, y un **espíritu nuevo pondré dentro de ti**. Y quitaré el corazón de piedra de tu carne y te daré un corazón de carne. Y **pondré mi Espíritu dentro de ti**, y haré que andes en mis estatutos y que **obedezcas mis reglas**»*.

—Ezequiel 36:26-27

Jeremías 31:31-40 es a menudo aclamado como la profecía oficial para el nuevo pacto, así que miremos. Ofrece una clara referencia a la esclavitud en Egipto y al pacto que siguió, así que podemos estar seguros de que Dios está hablando del pacto mosaico, no de las promesas abrahámicas.

«*He aquí vienen días, declara el Señor, en que **haré un nuevo pacto** con la casa de Israel y la casa de Judá, **no como el pacto que hice con sus padres** el día que los tomé de la mano para sacarlos de la tierra de Egipto, **mi pacto que ellos rompieron**, aunque yo era su marido, declara el Señor. Porque este es el pacto que haré con la casa de Israel después de aquellos días, declara el Señor:*

Pondré mi ley dentro de ellos, *y la escribiré en sus corazones. Y yo seré su Dios, y ellos serán mi pueblo».*

—Jeremías 31:31-33

Como se puede imaginar, los cristianos no están de acuerdo en cómo interpretar este pasaje. ¿Ha cumplido Dios ya esta profecía injertando a la Iglesia en la nación de Israel, o hay un cumplimiento literal para los descendientes de la sangre real ¿aún por venir? Afortunadamente, este no es el único pasaje a considerar.

Veamos ahora Hebreos 8. Aquí es donde encontramos una cita directa de Jeremías 31. Aquí hay varios versículos clave sobre qué partes de la profecía de Jeremías 31 han sido cumplidas o no, canceladas o mantenidas abiertas:

«Sirven como copia y sombra de las cosas celestiales. Porque cuando Moisés estaba a punto de levantar la tienda, fue instruido por Dios, diciendo:'Mirad que todo lo hagáis conforme al modelo que os fue mostrado en el monte'. Pero como es, **Cristo ha obtenido un ministerio** *que es* **mucho más excelente que el antiguo***, ya que el pacto que* **él media** *es mejor, ya que es promulgado sobre* **mejores promesas***. Porque si ese primer pacto hubiera sido impecable, no habría habido ocasión de buscar un segundo.....*

«Al hablar de un nuevo pacto, hace que el primero sea obsoleto. Y lo que se está volviendo obsoleto y envejeciendo está a punto de desaparecer».

—Hebreos 8:5-7, 13

El «primer» pacto indicado aquí debe ser el pacto mosaico

porque el escritor de Hebreos usa diferentes palabras para el pacto abrahámico: la «promesa» o la «herencia». Pablo también diferenció entre los dos de esta manera en Gálatas 3. Combinar los dos en un solo pacto es nuestro propio error moderno.

El autor de Hebreos dice que el nuevo pacto descrito en Jeremías 31 está actualmente en marcha. Cristo está «mediando» el nuevo pacto en tiempo presente (Hebreos 8:8-12).

Dios sólo tiene un plan de redención, un evangelio y un Espíritu. Él no tiene un plan separado para la salvación y la reunión espiritual del Israel disperso. Jeremías profetizó del día en que el pueblo de Israel regresaría a Dios después de recibir su Espíritu en sus corazones -un método de salvación que es idéntico a cómo los gentiles reciben el don del Espíritu Santo y se vuelven a Dios. El mismo Dios; el mismo plan de salvación; la misma obra del Espíritu Santo para salvarnos a todos.

*«Por eso [Cristo] es el **mediador de un nuevo pacto**, para que los llamados reciban la **herencia eterna prometida**, ya que ha ocurrido una muerte que los redime de las transgresiones cometidas bajo el primer pacto».*

—Hebreos 9:15

Este versículo vincula el nuevo pacto con la promesa de la tierra abrahámica y la vida eterna; Hebreos 9:15 es de suma importancia en términos de entender la salvación. Cristo mismo instituyó el nuevo pacto y es el único mediador para la redención. Cristo anunció el nuevo pacto durante la Cena del Señor en el aposento alto.

«Porque yo recibí del Señor lo que también os he dado, que el Señor Jesús, la noche en que fue entregado, tomó pan, y habiendo dado gracias, lo partió, y dijo: "Esto es mi cuerpo, que es para vosotros. "Hagan esto en memoria de mí». De la misma manera también tomó la copa, después de la cena, diciendo: "Esta copa es el nuevo pacto en mi sangre. Haced esto todas las veces que lo bebáis, en memoria de mí», porque todas las veces que comáis este pan y bebáis esta copa, anunciaréis la muerte del Señor **hasta que él venga.**

Quienquiera, por lo tanto, que coma el pan o beba la copa del Señor de una manera indigna, será culpable respecto del cuerpo y la sangre del Señor. Que una persona se examine a sí misma, entonces, y coma del pan y beba de la copa».

—1 Corintios 11:23-28

Este pasaje aclara que el nuevo pacto continuará hasta que Cristo regrese a la tierra.[6]

Al participar en la Cena del Señor, nos recordamos unos a otros que Cristo está regresando de nuevo para completar todo lo que se ha prometido y para concedernos nuestra parte en la herencia, que incluye la tierra y la vida eterna. La promesa del nuevo pacto de unidad en Cristo se cumplió en Pentecostés, donde el Espíritu Santo fue derramado a todos, hebreos y gentiles por igual; todos están injertados en la misma herencia prometida.[7]

Según Ezequiel 36:16-23, Dios retiró las bendiciones del pacto mosaico de Israel debido a su pecado. La reputación

---

6. También vea Mateo 26:29, Marcos 14:25 y Lucas 22:18.
7. Ver Romanos 11:11-24.

de Dios necesitaba ser mantenida. Por lo tanto, se necesitaba un nuevo pacto, como se describe en Ezequiel 37.

*Entonces me dijo: «Profetiza al aliento; profetiza, hijo de hombre, y di al aliento: Así dice el Señor Dios: «Ven de los cuatro vientos, oh aliento, y **respira sobre estos muertos, para que vivan**». Y profeticé como él me mandó, y el aliento entró en ellos, **y vivieron y se pusieron de pie**, un ejército sumamente grande.*

«Entonces me dijo: Hijo de hombre, estos huesos son toda la casa de Israel. He aquí, dicen, "Nuestros huesos están secos, y nuestra esperanza se ha perdido; en verdad estamos cortados'". Por tanto, profetiza, y diles,

*Así dice el Señor Dios: He aquí, **yo abriré vuestros sepulcros y os levantaré de vuestros sepulcros**, pueblo mío. **Y yo os llevaré a la tierra de Israel**. Y sabréis que yo soy el Señor, cuando abra vuestros sepulcros y os levante de vuestros sepulcros, pueblo mío. Y **pondré mi Espíritu dentro de vosotros**, y viviréis, y os pondré en vuestra tierra. Entonces sabréis que yo soy el Señor; he hablado, y lo haré, declara el Señor.....*

*«Entonces diles: Así dice el Señor Dios: He aquí que yo tomo al pueblo de Israel de las naciones entre las cuales se han ido, y lo **reúno de todas partes**, y lo llevo a su tierra. Y los haré una nación en la tierra, en las montañas de Israel. Y un rey será rey sobre todos ellos, y ya no serán más dos naciones, y ya no estarán divididos en dos reinos. No se contaminarán más con sus ídolos y sus cosas detestables, ni con ninguna de sus transgresiones. Pero yo los salvaré de todas las rebeliones en que pecaron, y **los limpiaré**; y ellos serán mi pueblo, y yo seré su Dios.*

«Mi siervo David será rey sobre ellos, y todos tendrán un solo pastor. Ellos caminarán en mis reglas y tendrán cuidado de obedecer mis estatutos. **Habitarán en la tierra** *que di a mi siervo Jacob, donde vivieron vuestros padres. Ellos y sus hijos y los hijos de sus hijos* **morarán allí para siempre***, y mi siervo David será su príncipe para siempre. Haré un pacto de paz con ellos. Será* **un pacto eterno** *con ellos. Y los pondré en su tierra y los multiplicaré, y pondré mi santuario en medio de ellos para siempre.* **Mi morada será con ellos***, y yo seré su Dios, y ellos serán mi pueblo. Entonces las naciones sabrán que yo soy el Señor que santifico a Israel,* **cuando mi santuario esté en medio de ellos para siempre***».*

—Ezequiel 37:9-14, 21-28

Si no creemos que el reino celestial llegará físicamente a la tierra en el futuro, entonces este pasaje no tendrá mucho sentido. Nos quedan interpretaciones figurativas que hablan de un retorno espiritual, o del renacimiento de Israel como nación geopolítica en 1948, o caemos en el vacío místico por completo.

Es difícil tomar este pasaje literalmente, con su descripción de la resurrección física; sin embargo, el libro de Apocalipsis arroja mucha luz sobre Ezequiel. Podemos leer, por ejemplo, cómo Dios morará con su pueblo (Apocalipsis 21-22). ¿Apuntan Apocalipsis y Ezequiel a un cielo donde Dios y su pueblo estarán juntos para siempre en otro reino? ¿O estos libros declaran que Dios vendrá a la tierra para residir con su pueblo, cumpliendo así literalmente todas las promesas? ¿Por qué Cristo heredó la tierra? Ciertamente, no para volarlo y trasladarnos a un reino diferente.[8] (Más adelante exploraremos este tema más a fondo.)

La efusión del Espíritu

Anteriormente, observamos la profecía del puente que vincula a Joel 2:28 con Hechos 2:17: «*Y en los últimos días, Dios declara que **derramaré mi Espíritu sobre toda la carne***». ¿Cómo separa el nuevo pacto al Israel nacional del Israel espiritual? No hay distinción para propósitos de salvación. Todas las personas son salvadas de la misma manera.

El papel clave del Espíritu es permitir la vida eterna, que es un acto diferente a la concesión de la vida física. Debemos estar llenos con el Espíritu para nacer de nuevo por la fe, como se menciona en toda la Escritura. En capítulos futuros, que tratan de la resurrección de los justos, discutiremos el papel del Espíritu en más detalle.

En el Antiguo Testamento, nos encontramos con el Espíritu mientras habita en el Lugar Santísimo, un lugar único y fijo. A medida que el concepto del Espíritu Santo se expande en las Escrituras, el Espíritu se derrama sobre toda la carne y viene a morar en los templos humanos. A través del nuevo pacto, la gloria de Dios se extiende por toda la tierra para lograr la redención de todos los pueblos en su lugar de residencia. Cristo cumplió la ley por medio de la expiación en el evento único de la cruz; desde ese momento en adelante, la ubicación única de un tabernáculo o templo no fue necesaria para la mediación entre Dios y su pueblo. Cristo es ahora el mediador en toda la tierra.

---

8. Vea Isaías 45:18.

El nuevo pacto confirma la promesa de Dios a Abraham de que todos los pueblos del mundo que comparten la misma fe recibirán el mismo regalo: la resurrección corporal en la herencia de la tierra. El regalo de la salvación y la entrada en la Tierra Prometida del cielo se ofrece gratuitamente a los descendientes físicos de Abraham; no necesitan guardar la ley mosaica, ya que la ley se ha cumplido para todos los pueblos.

El nuevo pacto también vincula a los descendientes espirituales de Abraham bajo el mismo don de la salvación. Si Jeremías 31 se ha cumplido a través de la inclusión de los gentiles o apunta a una realización futura para el pueblo judío, la misma salvación está disponible para todos los pueblos. El nuevo pacto fue confirmado por Cristo, que cumplió la ley. Cristo vino para cumplir la ley (Mateo 5:17) y confirmar las promesas de Dios (Romanos 15:8).

La gente debate si nuestra herencia de salvación implica una resurrección física o espiritual. Pero es claro que Israel es salvo bajo el nuevo pacto, no a través del pacto mosaico. Dios se divorció de Israel (Jeremías 3:6-18), pero Apocalipsis nos habla de un nuevo contrato matrimonial que se celebrará en el futuro.

No podemos salvarnos a nosotros mismos guardando la ley; sólo el regalo de fe de Dios nos salvará al adoptarnos en su promesa original a Abraham. Esta promesa ha sido llevada a cabo y ligada al nuevo pacto.[9]

Cristo vino a cumplir las promesas de Dios a los patriarcas.

---

9. Ver Hebreos 9:15.

Dios nunca abandona a los descendientes físicos de Abraham.[10]

«¿Quién es un Dios como tú, perdonando

la iniquidad y pasando por alto la transgresión?

por **el remanente de su herencia?**

No retiene su enojo para siempre,

porque se deleita en la misericordia.

Él volverá a tener compasión de nosotros;

pisoteará nuestras iniquidades.

Tú arrojarás todos nuestros pecados

en las profundidades del mar.

Mostrarás fidelidad a

Jacob y amor a Abraham,

como lo has jurado a

nuestros padres desde los días de la antigüedad».

—Micah 7:18-20

---

10. El Volumen II explorará este punto con mayor detalle.

CAPÍTULO 6.

LA SEGUNDA VENIDA DE CRISTO

En muchos libros de texto de álgebra, las soluciones aparecen en la parte posterior del libro. Pero los estudiantes descubren rápidamente que copiar estas respuestas no les ayudará a entender cómo resolver ecuaciones algebraicas. Lo que un estudiante debe hacer es aplicar lo que ha aprendido a un problema, y luego ver si su solución se alinea con la hoja de respuestas. Si no, sabrá reexaminar su metodología.

De la misma manera, no seremos capaces de darle mucho sentido a las profecías del tiempo-del-fin pasando directamente a los versículos apocalípticos. Para entender lo que implica el tiempo de tribulación o «tiempo de angustia de Jacob» (Jeremías 30:7), primero necesitamos establecer un marco para guiar nuestros esfuerzos interpretativos. Frente a muchas variables confusas, necesitamos identificar la constante en la ecuación, y luego definir la variable de acuerdo a lo que se conoce. En otras palabras, todas nuestras interpretaciones y suposiciones del tiempo-del-fin deben ser medidas contra el contexto de lo que Dios ha estado logrando a través de la historia humana.

Así que necesitamos empezar por el principio, aprendiendo lo básico de cómo Dios se reveló a sí mismo a su pueblo y estableció una relación con ellos. Entonces necesitamos mirar hacia adelante, aprendiendo lo que podamos acerca de la herencia que Dios ha prometido a través de sus pactos, antiguos y nuevos.

Habiendo hecho este trabajo fundamental en los capítulos anteriores, estamos listos para ver algunas profecías específicas del tiempo-del-fin. Pero algunos pasajes del tiempo-del-fin son más claros que otros, así que comencemos con estos y mejoremos nuestro marco interpretativo en preparación para los pasajes más complejos que vendrán.

El fin de la era

«En cuanto a la venida de nuestro Señor Jesucristo y nuestra reunión con él, os pedimos, hermanos, que no os inquietéis fácilmente ni os alarméis por alguna profecía, informe o carta que supuestamente haya venido de nosotros, diciendo que el día del Señor ya ha llegado».

—2 Tesalonicenses 2:1-2

Un concepto similar se encuentra en 2 Timoteo 2:18, declarando el hecho de que la resurrección aún no ha ocurrido. Pablo diferencia la resurrección física de la «resurrección» espiritual en muchos pasajes.

¿Por qué la gente en los días de Pablo se preguntaba si el día del Señor ya había ocurrido? Seguramente el regreso de Cristo no sería fácil de pasar por alto. Los primeros padres de la Iglesia habrían registrado una reaparición física de

Cristo, no importa cuán breve sea. Sin embargo, los rumores se extendieron. Luego, en el año 70 d.C., el Templo fue destruido y el pueblo judío fue dispersado. Esto les pareció a muchos de los primeros cristianos como el profetizado fin de los tiempos. Pero aunque la destrucción del Templo fue un seísmo, que incluso Cristo mismo predijo, en ninguna profecía específica que la destrucción del Templo presagia el regreso físico de Cristo. Tan traumático como el evento fue para el pueblo judío, no marcó el fin de la historia humana o la llegada del juicio final de Dios para toda la tierra. Tampoco cambió fundamentalmente lo que Dios ya estaba haciendo a través de su Espíritu en el mundo.

Unos pocos cientos de años más tarde, Eusebio y Agustín tomaron la idea de que la destrucción del Templo había marcado algún tipo de punto de inflexión espiritual profundo, tratándolo como un evento que terminaba en una era climática en la historia de la humanidad. El historiador Josefo adoptó una perspectiva similar, lo que es comprensible dada su herencia judeo-romana. Y aún hoy, muchos preteristas y amilenialistas señalan la profecía de Cristo en Mateo 24:1-2 como evidencia de que el nuevo pacto causó que la Iglesia usurpara el lugar de Israel. Según este punto de vista, la destrucción del Templo fue el juicio de Dios que marcó el fin de la era del Antiguo Testamento y el comienzo de la era de la Iglesia a través del retorno espiritual de Cristo.

Pero como hemos visto, Cristo regresará físicamente a la tierra. ¿Cómo es que tantos creyentes a través de la historia han pasado por alto esta clara enseñanza bíblica?

Mateo 24 y el libro de Apocalipsis son difíciles de entender al principio. Se colocan más fácilmente en secuencias de tiempo basadas en otros pasajes. Necesitamos estudiar toda la Biblia, -no sólo pasajes como Mateo 24 en aislamiento. Y mientras que las voces antiguas como las de Eusebio y Agustín pueden proporcionarnos buenas perspectivas, debemos examinar críticamente cada enseñanza antes de aceptarla como verdad. Su teología de reemplazo como se describió anteriormente no es compatible con el escrutinio bíblico.

La segunda venida de Cristo será seguramente el acontecimiento histórico más importante desde la creación misma; según la profecía, cuando Cristo regrese, él hará la restauración de todas las cosas.[1] Cristo permitió la redención cuando vino a la tierra por primera vez, pero esta segunda venida marcará el clímax de la redención. Podemos ver que el tema de la restauración es central para la mentalidad judía en Lucas 2:38; más tarde, después de la resurrección de Cristo, sus apóstoles están seguros de que la restauración final está cerca:

«*Y cuando se juntaron, le preguntaron: Señor, ¿restaurarás el reino a Israel en este momento?*».

—Hechos 1:6

Cristo estaba a punto de ascender al cielo, pero los apóstoles estaban obsesionados con su reino terrenal. No le preguntaron a Cristo sobre el cielo, no entendieron que tenía que regresar al Padre, y no entendieron cómo el cielo

---

1. Ver Hechos 3:21.

vendría a la tierra para llevar a cabo la restauración que anhelaban.

Si los apóstoles creían que un reino espiritual o celestial era el cumplimiento final de los pactos del Antiguo Testamento, habrían estado saltando arriba y abajo en el relato de Hechos 1. Pero los apóstoles nunca demuestran tal sentimiento en ningún momento en el Nuevo Testamento. Ellos sabían que un reino eterno iba a ser establecido físicamente en la tierra. Ir al cielo en un reino diferente no fue la salvación que esperaban. Es muy importante que nosotros entendamos esta mentalidad que vinculaba la promesa de la tierra con el reino venidero.

Los tres grandes

El enfoque de los apóstoles, sin duda, está en los «Tres Grandes» eventos del tiempo-del-fin. Enumerados a continuación, estos deben servir como guías para ayudarnos a trazar la secuencia de eventos en Mateo 24 y Apocalipsis.[2]

1. **Segunda Venida**: el regreso físico de Cristo a la tierra (Hechos 1:9-11; Hebreos 9:28)

2. **Resurrección**: una resurrección corporal como la de Cristo (Filipenses 3:21) para los santos (Daniel 12:1-3)

3. **Juicio**: La evaluación de Dios de nuestra fe, que tendrá lugar después de la segunda venida (Mateo

---

2. Recuerde que debemos empezar con pasajes claros que nos ayuden a interpretar lo que no está claro. Algunos de los pasajes a continuación incluyen descripciones de múltiples eventos concurrentes relacionados. Estos pasajes en racimo son particularmente iluminadores.

16:27; Juan 5:24-29; 1 Corintios 4:5)

Primero Cristo vendrá de nuevo a la tierra, luego los justos recibirán la resurrección corporal, y finalmente Dios juzgará a cada persona resucitada. (Estos juicios son evaluativos, para recompensas dadas o retiradas).

Todos los demás eventos antes y después de la segunda venida necesitan ser vistos a la luz del regreso de Cristo. El regreso de Cristo es el foco primario ya que es el incidente que incita a nuestra resurrección y al juicio de Dios. Juntos, estos tres grandes eventos del tiempo-del-fin informan nuestra perspectiva sobre todas las otras ocurrencias profetizadas. A medida que buscamos determinar el lugar, el momento y la importancia de cada evento del tiempo-del-fin, los tres grandes nos dan nuestros amarres. Veremos cómo el regreso, la resurrección y el juicio se relacionan con el nuevo pacto y la promesa de la tierra más adelante.

Cristo está regresando a la tierra de nuevo. Esto será un retorno físico, no un retorno espiritual. Esto no ha ocurrido todavía. Hechos 1:11 muestra que su próxima venida reflejará su ascensión al cielo (donde reside hoy en un cuerpo resucitado).

«Y si voy y os preparo un lugar, vendré otra vez y os tomaré para mí, para que donde yo estoy, vosotros también estéis».

—Juan 14:3

Cristo declaró que está regresando a la tierra para que podamos estar juntos con él. Dios y su pueblo viviendo juntos es un tema común en toda la Escritura. Esta morada ocurrirá cuando los reinos terrenal y celestial se encuentren

(Efesios 1:10), culminando al final de los tiempos (Apocalipsis 21:3-6).

«Entonces aparecerá en el cielo la señal del Hijo del Hombre, y entonces todas las tribus de la tierra llorarán, y verán al Hijo del Hombre viniendo sobre las nubes del cielo con poder y gran gloria. Y enviará a sus ángeles con gran voz de trompeta, y juntarán a sus escogidos de los cuatro vientos, desde un extremo del cielo hasta el otro».

—Mateo 24:30-31

Pedro, Santiago y Juan vieron un vistazo de esta «gran gloria» descrita en Mateo 24:30 previamente en la visión del evento de la transfiguración.[3] Vieron ropa blanca, brillo y un rostro radiante. Tales elementos también aparecen en las visiones de los profetas del Antiguo Testamento (incluyendo Daniel 10:2-14) y en las visiones apocalípticas de Juan (Apocalipsis 1:12-16).

Muchos otros pasajes describen el regreso físico de Cristo. Él vendrá con ángeles, los justos muertos serán levantados, y habrá una reunión de todos los santos en un solo lugar para que finalmente podamos morar con él para siempre; estos mismos temas se repiten una y otra vez.

Muchos pasajes se correlacionan con Mateo 24:30-31 y su descripción de ángeles, una trompeta, una voz y nubes en el evento de la segunda venida/resurrección. Estos incluyen los siguientes:

– Mateo 13:24-43; 16:27

---

3. Ver Mateo 17:1-9.

- Marcos 8:38

- Lucas 21:27

- Juan 5:28

- 1 Corintios 15:52

- Filipenses 3:14

- 2 Tesalonicenses 1:7

- Judas 1:14-15

- Apocalipsis 1:7

Estos pasajes describen al pueblo de Dios que se encuentra con Cristo en el aire, pero ¿qué sucede después? ¿Nos iremos todos al cielo o de vuelta a una tierra recién restaurada? Aquí es donde mucha gente se confunde.

¿Reunidos o tomados?

Hay un pasaje muy interesante en 1 Tesalonicenses que incluye los mismos elementos familiares de la segunda venida (trompeta, ángeles, etc.). A medida que lea, vea si una interpretación figurativa o literal tiene más sentido. Incluso si parte del lenguaje es figurativo, ¿está Pablo tratando de describir los aspectos físicos del regreso de Cristo?

«*Porque **ya que creemos que Jesús murió y resucitó**, aun así, por medio de Jesús, Dios traerá consigo a los que se han dormido. Por esto os anunciamos por palabra del Señor, que los que vivimos, los que quedamos hasta la venida del Señor, no precederemos a los que han dormido. Porque el Señor mismo descenderá del cielo* *con voz de mando, con voz de arcángel y con trompeta de Dios. Y los muertos en Cristo resucitarán primero. Entonces nosotros los que vivimos, los que quedamos, seremos **arrebatados** junto con ellos en las nubes para **encontrarnos** con el Señor en el aire, y así estaremos siempre con el Señor».*

—1 Tesalonicenses 4:14-17

Pablo no especifica si iremos a algún reino celestial o de regreso a la tierra para estar con Cristo en este pasaje, pero hay algunos otros detalles importantes aquí que podemos comparar más tarde con otros pasajes.

Primero, note cómo Pablo inmediatamente establece el tono al declarar una creencia sincera. Basado en su firme entendimiento de que Cristo resucitó físicamente de entre los muertos, también tiene confianza en que todos los creyentes que se durmieron (murieron) también serán resucitados físicamente.[4]

También note las palabras «para encontrarnos» en el versículo 17. La palabra raíz para «encontrarse» se encuentra tres veces en el Nuevo Testamento. Aquí están sus otras dos apariciones (del griego):

*«A medianoche se oyó un grito: '¡Ahí viene el novio! ¡Salgan a **recibirlo**!'».*

—NVI Mateo 25:6

---

4. Pablo habla de la resurrección de los muertos más que nadie, como veremos en el capítulo 7.

*«Y los hermanos que estaban allí, cuando oyeron hablar de nosotros, llegaron hasta el Foro de Appio y las Tres Tabernas para **encontrarse** con nosotros. Al verlos, Pablo dio gracias a Dios y se armó de valor».*

—Hechos 28:15

La raíz griega traducida «to meet» se ajusta a nuestro uso normal de la frase en inglés. Encontrar a alguien en la puerta es generalmente darle la bienvenida a un edificio. Conocer a alguien para cenar puede implicar ir a un restaurante que está a medio camino entre las partes involucradas.

¿Así que Cristo viene a encontrarnos a mitad de camino en nuestro viaje de la tierra al cielo? ¿O están resucitando los creyentes vivos para encontrar a Cristo en su camino del cielo a la tierra? En los pasajes del «encuentro» de Mateo y de los Hechos, hay un regreso al punto de partida después del encuentro. Y en el pasaje de 1 Tesalonicenses, el punto de referencia es la posición de Pablo, no la posición de Cristo. Cristo vendrá para resucitar y transformar a los santos en la tierra. ¿Por qué Cristo traería a los espíritus de los santos muertos a la tierra si todos regresan al cielo? Más adelante obtendremos más pistas de por qué nos encontraríamos con Cristo en el aire y no en la tierra, y por qué Dios no nos transportaría simplemente a algún reino celestial.

Otra palabra de raíz para enfocar en el pasaje de 1 Tesalonicenses 4 es traducida como «atrapado». Este es el evento del rapto. Hay muchos desacuerdos acerca de donde precisamente caerá el rapto en relación a la tribulación, pero no necesitamos preocuparnos por el tiempo en este punto. Por ahora simplemente queremos entender la palabra raíz en sí misma. «Atrapado» significa agarrar, atrapar, arrebatar o agarrar.

*«Y ten misericordia de los que dudan; salva a otros **sacándolos** del fuego; a otros, ten misericordia con temor, odiando incluso el vestido manchado por la carne.»*

—Judas 1:22-23

Este pasaje en Judas es una metáfora que usa la misma palabra raíz que se traduce como «atrapado» en 1 Tesalonicenses 4. Judas usó la palabra griega en lenguaje figurado, instruyendo a los creyentes a ayudar en la salvación al mantener a alguien alejado de la condenación. (Una vez más, pasemos por alto las diversas interpretaciones físicas y espirituales del infierno por ahora).

Judas usaba «atrapado» figurativamente, mientras que Pablo usaba la misma palabra raíz de manera literal. Sin embargo, el concepto básico es el mismo: Cristo y los creyentes pueden realizar cada uno obras de salvación mediante el «arrebatamiento». Cristo literalmente salva a la gente de la muerte mientras que los creyentes pueden ayudar a salvar a la gente de la muerte también (probablemente difundiendo el evangelio, dado el contexto del Nuevo Testamento de Judas). Los malvados son destruidos, o tomados, una raíz diferente a la que se usa para describir al justo que está siendo salvado (arrebatado) de la destrucción.

Los partidarios de un rapto antes de la tribulación a

menudo señalan a Lucas 17:33-37 como una ilustración de lo que podría parecer cuando Dios espía a su pueblo. Pero este pasaje en realidad describe un evento opuesto. Los textos bíblicos muestran que los salvos (raptados) son los que quedan atrás para estar con Cristo en su reino terrenal. La parábola de Cristo del trigo y la cizaña (Mateo 13:24-43) revela el mismo concepto. El evento del rapto no es que los creyentes sean «llevados» al cielo. «Tomado» tiene una connotación negativa aquí. En vez de eso, somos agarrados (arrebatados) del camino del daño, mientras que los «tomados» en Lucas 17 son descartados o desechados como basura.

Las profecías del Antiguo Testamento, las declaraciones de Cristo en el Discurso del Olivar y en los terrenos del Templo, y la visión de Juan en Apocalipsis 19:11-18 mencionan la destrucción de muchas personas en la segunda venida del Mesías. Así que cuando leemos acerca de creyentes siendo arrebatados en el aire, esta es la salvación del juicio sobre la tierra. Estos pasajes describen cómo los carroñeras aves como buitres y águilas llegarán para limpiar el desorden después de la destrucción. Nos perdonan, nos mantienen a salvo, nos entregan, no nos toman ni nos tiran.

Cuando se correlaciona Lucas 17 con otros pasajes, el caso para un rapto pre-tribulacional parece delgado. La doctrina depende de un significado equivalente de que los creyentes sean «tomados» con «atrapados». Ser tomado es caer en el juicio y la destrucción; ser atrapado es ser entregado.

«Habrá dos mujeres moliendo juntas. Una será tomada y la otra

izquierda». *Y ellos le dijeron: «¿Dónde, Señor?» Él les dijo: «Donde está el cadáver, allí se reunirán los buitres.»*

—Lucas 17:35-37

El pasaje en Lucas 17:22-37 describe claramente el regreso de Cristo, el cual es muy diferente del entendimiento previo al rapto tribal. Los malos son tomados y los buenos son dejados para estar con Cristo. Las personas que son tomadas en este pasaje están siendo destruidas; son descritas como un cadáver o un cuerpo muerto.

«Tomado» recuerda la cizaña de Mateo 13:38-42, que es arrojado fuera del reino en una ilustración de condenación.

«Izquierda» recuerda el trigo de Mateo 13:30, o los que «quedan» en 1 Tesalonicenses 4:17; estos son los raptados, los que reciben la salvación.

Tiempo de fin de tiempo

Mateo 24 no puede ser entendido sin leer otras declaraciones que Cristo hizo en Lucas 17 y 21. Su profecía en Mateo 24 no pretende ser una narración cronológica continua. Note cómo la destrucción del Templo es profetizada primero, seguida por una descripción del fin de la era en respuesta a las preguntas de los discípulos; Cristo no dice explícitamente que la destrucción del Templo incitará al fin de la era o sucederá simultáneamente. Así que nuestro enfoque aquí será en las múltiples otras profecías que aparecen en Mateo 24.

Los malvados serán destruidos y el juicio ocurrirá después del retorno visible de Cristo. Hechos 1:11 afirma con certeza que Cristo está regresando físicamente. Mateo 24:30-31 y pasajes relacionados revelan que habrá ruidos fuertes y efectos visuales que capturarán la atención del mundo entero – entonces nos reuniremos «en las nubes» (el concepto del Antiguo Testamento de donde Dios mora en gloria). Bajo la protección de Cristo, seremos salvados de la ira que viene sobre la tierra. Cuando el peligro haya pasado, entonces regresaremos a la tierra junto a nuestro salvador.

El pasaje de 1 Tesalonicenses 4 no ofrece ningún tiempo específico que coloque el regreso de Cristo y la resurrección de los creyentes muertos (santos) antes o después de un período de tribulación. Pero esta es una información vital si en realidad estamos llamados a estar preparados para la llegada del novio. Así que debemos mirar a otros pasajes en busca de claridad sobre la resurrección de los muertos u otros eventos del tiempo-del-fin para entender mejor cómo encajan en una línea de tiempo.

El tiempo lo es todo. En lugar de ver pasajes más difíciles, veamos algunos pasajes cortos y básicos sobre el tiempo.

«*Marta le dijo: "Sé que resucitará en la resurrección del último día".*

—Juan 11:24

«*Hay un juez para el que me rechaza y no acepta mis palabras; las mismas palabras que he dicho los condenarán* **en el último día.**»

—Juan 12:48

Aquí tenemos la resurrección y el juicio en el último día. ¿Qué es «el último día»? No encontraremos la respuesta completa en estos versículos cortos, pero sí comenzamos a tener la sensación de que el fin de la era está ligado al regreso de Cristo.

Los pasajes sobre el advenimiento de Cristo a menudo presentan la palabra griega *parusía*, a veces traducida como su «venida». Esta palabra connota específicamente una llegada real, como se ve en 1 Juan 2:28. Así que, según una traducción literal, Cristo no sólo aparece a la vista, sino que se presenta con pompa y autoridad. La segunda venida de Cristo es un acontecimiento real que todos los ojos verán.

Un término relacionado visualmente describe las apariciones de Cristo después de su resurrección.[5] Tomado fuera de contexto, algunos pueden pensar que la venida de Cristo habla de apariciones espirituales, simbólicas o metafóricas y significa algo más que un retorno físico. Sin embargo, el uso de palabras raíz relacionadas con «óptica» y «epifanía» transmite la idea de que los ojos físicos lo verán. Pasajes como Mateo 24:30, Lucas 17:24; 17:30 y Apocalipsis 1:7 transmiten una llegada física de Cristo.

Es por eso que Hechos 1:11 es tan crucial para nuestro entendimiento de los eventos del tiempo-del-fin; nos desanima de sobre-espiritualizar la segunda venida (aunque hay algunas metáforas que entender). Estos pasajes de adviento que siguen a continuación a menudo se relacionan con el momento del regreso, la resurrección y el juicio.

Hechos 1:11 describe la manera en que Cristo regresará a la

---

5. Ver Lucas 24:34 y Hechos 1:3.

tierra – el mismo evento único que aparece en los siguientes pasajes:

– Job 19:25

– Isaías 26:21; 35:4; 40:10; 59:17-20; 62:11

– Daniel 7:22

– Mateo 16:27; 24:30-31; 25:31

– Lucas 17:24-30; 21:25-28

– 1 Corintios 4:5; 15:23

– Filipenses 3:20

– Colosenses 3:4

– 1 Tesalonicenses 2:19; 3:13; 4:16-17; 5:1-4, 23

– 2 Tesalonicenses 1:7, 10; 2:8

– 1 Timoteo 6:13-16

– 2 Timoteo 4:1, 8

– Tito 2:13

– Hebreos 9:27-28

– 1 Pedro 1:7; 5:4

– 1 Juan 2:28; 3:2

– Judas 1:14

Para discernir el tiempo de los eventos del tiempo-del-fin, una táctica extremadamente útil es encontrar versículos que mencionen dos o tres de los Tres Grandes eventos en el mismo pasaje corto y ver cómo se relacionan entre sí. Esto establece los principales eventos del tiempo-del-fin que ocurrirán en el último día de esta edad.

Hay solo unos pocos pasajes cortos en el Nuevo Testamento que hablan de los tres eventos clave en el mismo grupo[6]. Los más comúnmente encontrados son agrupaciones de dos de los tres grandes eventos en pasajes cortos.

– Resurrección en la segunda venida: Job 19:25-27; Isaías 26:19-21; 1 Corintios 15; Colosenses 3:4; 1 Tesalonicenses 4:13-17

– Juicio en la segunda venida: Mateo 16:27; 25:31-34; 1 Corintios 4:5; 2 Timoteo 4:1-8; Hebreos 9:27-28; 1 Pedro 5:1-4; 2 Pedro 3:1-13

– Resurrección y juicio: Daniel 12:1-3; Lucas 14:13-14 (ejemplo de parábola); Hechos 17:31-32; 24:14–15)

Las asociaciones entre estos tres eventos sugieren un calendario con intervalos muy cortos. El autor de un pasaje de racimo puede estar enfocado en un evento pero a menudo lo asocia con otro de los Tres Grandes que acaba de ocurrir o que seguirá rápidamente.

Si sólo un pasaje oscuro hace referencia a los tres eventos, o si solo pudiéramos encontrar un par de pasajes ambiguos que hacen referencia a dos de los eventos, podríamos ser escépticos con respecto a su proximidad. Sin embargo,

---

6. Ver Juan 5:24-29; Filipenses 3:10-21; 1 Pedro 1:3-9.

como se muestra en las referencias anteriores, la evidencia es abrumadora de que los tres eventos ocurrirán en rápida sucesión.

Los eruditos en la escuela de la interpretación literal saben que hay una segunda venida, la resurrección física y el juicio divino. ¿Cómo sabemos la secuencia de estos eventos? Porque los eventos se agrupan frecuentemente en el mismo pasaje.

«De cierto, de cierto, de cierto os digo, que todo aquel que oye mi palabra y cree en el que me envió tiene vida eterna. Él no entra en juicio, sino que ha pasado de muerte a vida.

*«De cierto, de cierto, de cierto os digo, **que viene una hora, y ya está aquí**, cuando los muertos oirán la voz del Hijo de Dios, y los que oyen vivirán. Porque así como el Padre tiene vida en sí mismo, así también ha concedido al Hijo tener vida en sí mismo. Y le ha dado autoridad para ejecutar el juicio, porque es el Hijo del Hombre. No os maravilléis de esto, porque **viene una hora** en que **todos los que están en los sepulcros oirán su voz y saldrán**, los que han hecho **el bien a la resurrección de la vida**, y los que han hecho el mal a la resurrección del juicio».*

—Juan 5:24-29

Jesús declara que el sonido de su voz en la segunda venida precede a la resurrección de los justos (que es el don de la vida eterna). Su voz llama a la gente a salir de la tumba (como Lázaro).[7] Debe notarse que los justos reciben el

---

7. Juan 11:17 nos dice que Lázaro había estado en la tumba por cuatro días. Esto es relevante para el poder de resurrección de Cristo porque según el Talmud, "la corrupción se instala al tercer día después de la muerte" (Tholuck después de Wetstein). Todos los otros relatos bíblicos de la resucitación (incluyendo la resurrección de Cristo) se llevaron a cabo en tres días. Lázaro habría sido

regalo de salvación de la vida como recompensa. Cristo regresa, los muertos oyen su voz, y la resurrección está en marcha.

Mientras que la resurrección debe esperar la segunda venida de Cristo, noten que la salvación espiritual se describe en presente: «La hora está llegando y ya está aquí». En este momento presente, los espiritualmente muertos pueden escuchar la voz de Cristo y ser salvos. Sin embargo, el empuje principal del resto del pasaje está más enfocado en la resurrección física. Aquellos que escuchen su voz ahora y los que escuchen su voz al ser resucitados serán salvos. (Pasaremos más tiempo en el capítulo 7 comparando la salvación espiritual con la salvación física.)

Sería muy fácil espiritualizar todo este pasaje con tumbas no literales o con significados metafóricos de la voz de Jesús, pero Cristo obviamente creyó en una resurrección física. Debatió sobre los saduceos, que no creían en la resurrección física porque no estaba claramente descrita en los primeros cinco libros de la Biblia (el Pentateuco era la única Escritura que leían los saduceos). Pero Cristo señaló que Moisés describió a Dios como el Dios de los patriarcas vivientes:

«Vinieron a él algunos saduceos, los que niegan que hay resurrección, y le hicieron una pregunta, diciendo: "Maestro, Moisés nos escribió que si el hermano de un hombre muere, teniendo esposa pero sin hijos, el hombre debe tomar a la viuda y criar a su hermano. Había siete hermanos..., y de la misma manera los siete no dejaron hijos y murieron. Después la mujer

---

considerado fuera de su alcance, su alma pereció. Pero Lázaro fue criado de todos modos, dando esperanza a todos.

también murió. En la resurrección, pues, ¿de quién será esposa la mujer?" «Porque los siete la tenían por esposa».

*Y Jesús les dijo: "Los hijos de este siglo se casan y se dan en matrimonio, pero los que son considerados dignos de alcanzar esa edad y la resurrección de entre los muertos no se casan ni se dan en matrimonio, porque **ya no pueden morir**, porque son **iguales a los ángeles** y son hijos de Dios, **siendo hijos de la resurrección**. Pero que los muertos resucitan, mostró Moisés, en el pasaje de la zarza, donde llama al Señor el Dios de Abraham y el Dios de Isaac y el Dios de Jacob".* «Ahora no es Dios de los muertos, sino de los vivos, porque todos viven para él.»

—Lucas 20:27-38

Aquí hay otro pasaje que incluye todos los eventos de los Tres Grandes:

«Bendito sea el Dios y Padre de nuestro Señor Jesucristo! Según su gran misericordia, él nos ha hecho nacer de nuevo a una esperanza viva por medio de **la resurrección de Jesucristo de entre los muertos, a una herencia imperecedera**, incontaminada e inmarcesible, guardada en el cielo para vosotros, que por el poder de Dios estáis siendo guardados por medio de la fe **para una salvación lista para ser revelada en el tiempo final**. En esto te regocijas, aunque ahora por un rato, si es necesario, has sido afligido por varias pruebas, **para que la probada autenticidad de tu fe** -más preciosa que el oro que perece aunque sea probado por el fuego- pueda resultar en alabanza, gloria y honor **en la revelación de Jesucristo**. Aunque no lo hayas visto, lo amas. Aunque no lo veáis ahora, creéis en él y os regocijáis con un gozo inexpresable y lleno de gloria, obteniendo el resultado de vuestra fe, la salvación de vuestras almas».

—1 Pedro 1:3-9

Este pasaje puede parecerle algo confuso. No presenta sus eventos destacados en un orden específico, y las palabras clave podrían no ser aún aparentes para un lector que no esté familiarizado con este pasaje. Sin embargo, al leer este pasaje de cerca, podemos ver que la «revelación de Jesucristo» en la «última vez» son declaraciones clave que dictan el tiempo de otros eventos relacionados.

Tenemos todos los elementos de los Tres Grandes en este pasaje de Pedro:

- La Epístola de 1 Pedro comienza diciendo que la resurrección de Jesús de entre los muertos es la piedra angular de la herencia del lector. Esta declaración se lleva a cabo a través del resto del pasaje.

- La inmortalidad, traducida aquí como algo «imperecedero», es la herencia que se guarda en el cielo para nuestra futura salvación en la revelación (aparición) de Cristo.

- Pasaremos la prueba de juicio si nuestra fe es genuina.

- La «revelación de Jesucristo» es la segunda venida.

- Una vez que Cristo viene, concede la inmortalidad; los dos están estrechamente asociados en su tiempo. Una vez que la fe de una persona es juzgada verdadera, se le concede la herencia, pero este juicio está predeterminado, no un juicio de las obras en la sala del trono (ver capítulos 14 y 15).

Aquí hay algunos pasajes más sencillos con referencias de dos de los tres grandes eventos.

*«Porque el Hijo del Hombre **vendrá** con sus ángeles en la gloria de su Padre, y **entonces pagará** a cada uno según lo que haya hecho.»*

—Mateo 16:27[8]

*«Serás bendecido, porque no pueden pagarte. Porque serás **recompensado en la resurrección de los justos**».*

—Lucas 14:14

Aquí los justos son resucitados y recompensados (un buen tipo de juicio) en el mismo momento. Esta enseñanza viene de una parábola, pero es verdadera a la manera en que Cristo generalmente describió el tiempo de los eventos del tiempo-del-fin.

*«Por tanto, no juzguéis nada antes de la hora señalada; **esperad a que venga el Señor**. Él traerá a la luz lo que está escondido en las tinieblas y expondrá los motivos del corazón. **En ese momento cada uno recibirá su alabanza de Dios**».*

—1 Corintios 4:5

*«Os exhorto en presencia de Dios y de **Cristo Jesús**, que ha de **juzgar a los vivos y a los muertos**, y por su aparición y su reino....»*

—2 Timoteo 4:1

---

8. Esto es similar a Apocalipsis 22:12 y a varios pasajes de Isaías.

*«¡He competido bien; he terminado la carrera; he guardado la fe! Finalmente, **la corona** de la justicia está reservada para mí. El Señor, el Juez justo, **me lo concederá en aquel día**, y no sólo a mí, sino también a todos los que han puesto su afecto **en su aparición**».*

—2 Timoteo 4:7-8

*«Así como la gente está destinada a morir una sola vez, y después de eso enfrentar el juicio, así Cristo fue sacrificado una sola vez para quitar los pecados de muchos; y **aparecerá una segunda vez**, no para llevar el pecado, sino para **traer la salvación a los que lo están esperando**».*

—Hebreos 9:27-28

La salvación puede ser usada como un término para resurrección y vida eterna en la tierra, pero no está claramente definida en el pasaje de arriba. Sin embargo, incluye un lenguaje muy claro sobre la segunda venida y el juicio. Este pasaje combina salvación y juicio y los presenta como eventos precipitados por la segunda venida.

Desde la ascensión, Cristo aún no ha aparecido en el cuerpo. La salvación física sucede en la resurrección cuando vemos a Cristo; llegaremos a ser como su cuerpo resucitado y glorificado, como vemos en Filipenses 3:20-21.

Podemos ver a través de la asociación que la segunda venida, la resurrección y el juicio por la herencia de la vida eterna ocurrirá en sucesión inmediata. La segunda venida es el evento clave, instigando a los otros dos. Algunos de los pasajes anteriores declaran estas cosas claramente, y a veces se utiliza un lenguaje implícito, pero no hay conflictos o contradicciones en estos pasajes.

Todo lo relacionado con el fin de los tiempos depende de estos Tres Grandes eventos, ya sea que conduzcan o resulten del segundo advenimiento y de la resurrección corporal de los justos.

Segunda Venida en el Antiguo Testamento

Los pasajes del Antiguo Testamento sobre la segunda venida son difíciles de entender para los pensadores griegos. Así pues, los cristianos modernos están tentados de pasar por alto la confusión y adoptar uno de estos puntos de vista:

1. **Dispensacionalismo o Teología del Reemplazo**: los proponentes de estos puntos de vista simplemente declaran que el nuevo pacto reemplaza al antiguo. Las promesas de Abraham son canceladas, ya cumplidas o reemplazadas. Problema resuelto.

2. **Poesía**: en lugar de sacar conclusiones literales sobre los eventos descritos en los pasajes proféticos, los proponentes argumentan que la profecía del Antiguo Testamento debe ser leída como poesía, interpretando estos pasajes a través de la lente de la metáfora y el simbolismo. Problema resuelto.

Cuando hemos sido cegados por nociones preconcebidas, nos encontraremos forzando interpretaciones incómodas en pasajes claros. A veces desarrollamos estas nociones a través de nuestras tradiciones eclesiásticas, algunas de las cuales pueden no resistir el escrutinio. Se necesita mucha valentía y determinación para poner a prueba las respuestas que nos han dado. Recuerde comparar sus interpretaciones con lo que es claramente cierto acerca de los Tres Grandes eventos del tiempo-del-fin.

Sin embargo, algunos versículos son difíciles de entender sin importar cuán cuidadosamente los leas. ¿Se supone que debe dar un significado literal o figurativo a las palabras? En Zacarías 14:4, los pies del Señor están en el Monte de los Olivos. Sabemos que Cristo dejó físicamente la tierra del Monte de los Olivos y regresará de una manera opuesta a su ascensión.[9] Entonces, ¿es Zacarías 14:4 una profecía literal de una segunda venida física?

Si tomamos este versículo literalmente, describe el futuro establecimiento del reino celestial de Cristo en la tierra. Si lo tomamos en sentido figurado, podría referirse al continuo reinado de Cristo en los lugares celestiales, un reino con un místico Monte de los Olivos. O podría referirse a la época de la Iglesia; dependiendo de nuestra creatividad, podríamos hacer que significara casi todo lo que queramos creer. Sin embargo, como leemos a continuación, en los versículos de Zacarías 14:16-21, encontramos referencias a fiestas específicas y a la participación de naciones que antes estaban en guerra con Israel. Estos detalles son difíciles de entender como referencias a la era de la Iglesia o como metáforas de profecías previamente cumplidas. Hay otras opciones también: tal vez este pasaje ya ha sido literalmente cumplido, o tal vez este pasaje ha sido anulado por el nuevo

---

9. Ver Hechos 1:11

pacto, y por lo tanto irrelevante. La interpretación es la clave.

Los dos advenimientos de Cristo son parte del plan continuo de salvación de Dios. Algunos pasajes del Antiguo Testamento describen estas apariciones de Cristo en términos tan similares que casi parecen estar sucediendo al mismo tiempo. En Zacarías 9, por ejemplo, el versículo 9 describe la entrada triunfal, mientras que el versículo 10 habla del reino físico de Cristo sobre la tierra.

«¡Alégrate mucho, hija de Sión! Grita, hija de Jerusalén! Mira, tu rey viene a ti, justo y salvador, gentil y montado en un burro, en un potro, el potro de un burro».

—Zacarías 9:9

«Quitaré los carros de Efraim y los caballos de guerra de Jerusalén, y se romperá el arco de batalla. Él proclamará la paz a las naciones. Su gobierno se extenderá de mar a mar y desde el río hasta los confines de la tierra».

—Zacarías 9:10

El versículo 9 fue cumplido en el reino físico durante la vida de Cristo en la tierra después de su primera venida (Mateo 21:1-11). El versículo 10 describe la naturaleza de su reinado para seguir a la segunda venida. Parece imposible afirmar que aunque el verso 9 ocurrió en la tierra, el verso 10 se relaciona con un reino celestial o un reino espiritual de paz.

Lucas declara que Cristo citó este pasaje de Isaías que se refiere a sí mismo. No citó todo el pasaje, ya que sabía exactamente qué partes se relacionaban con su primera venida, y qué partes se relacionaban con su segunda venida.

«El Espíritu del Señor Dios está sobre mí,

porque el Señor me ha ungido para llevar la buena nueva a los pobres;

me ha enviado a atar a los quebrantados de corazón,

a proclamar la libertad a los cautivos,

y la apertura de la prisión a los que están

atados; para proclamar el año de gracia del Señor,

y el día de venganza de nuestro Dios...»

—Isaías 61:1-2

Leemos en Lucas 4:18-21 que leyó el pergamino, pero se detuvo a mitad de la oración después de decir que estaba proclamando «el año de gracia del Señor», luego «enrolló el pergamino, se lo devolvió al encargado y se sentó». Los ojos de todos los que estaban en la sinagoga estaban fijos en él, y él comenzó diciéndoles: "Hoy se ha cumplido esta Escritura en vuestro oído".

El «año de gracia del Señor» se relacionaba con la primera venida de Jesús. Jesús no leyó la última parte del versículo en Isaías 61:2 porque el «día de venganza de nuestro Dios» se refiere a su segunda venida. Sólo cumplió la primera parte del pasaje en la audiencia de su audiencia.

Los ejemplos proporcionados por Isaías y Zacarías

muestran claramente las diferencias entre la primera y la segunda venida. El humilde Mesías proclama y trae la salvación en la primera venida, mientras que el Rey trae la venganza y reina sobre la tierra en la segunda.

El libro de Apocalipsis es experto en organizar las profecías del Antiguo Testamento, ya que correlaciona gran parte de su cuerpo en sincronización con el Antiguo Testamento. Hay cientos de referencias del Antiguo Testamento en Apocalipsis, incluyendo muchas sobre el segundo advenimiento.[10]

A veces es fácil encontrar lenguaje figurativo en el Nuevo Testamento, y a veces no. Primera de Corintios 15 es casi imposible de leer con una interpretación figurativa (aparte de metáforas simples como «pies»). La resurrección física es primordial y no se puede perder en este pasaje.

«Pero en realidad Cristo ha resucitado de entre los muertos, las primicias de los que se han dormido. Porque así como por un hombre vino la muerte, por un hombre ha venido también la resurrección de los muertos. Porque así como en Adán todos mueren, así también en Cristo todos serán vivificados. Pero cada uno en su propio orden: Cristo las primicias, luego en su venida los que pertenecen a Cristo. Entonces llega el fin, cuando entrega el reino a Dios el Padre después de destruir cada regla y cada autoridad y poder. Porque debe reinar hasta que haya puesto a todos sus enemigos bajo sus pies. El último enemigo en ser destruido es la muerte».

—1 Corintios 15:20-26

---

10. En el Volumen II se examinarán más de cerca las referencias del Antiguo Testamento de Apocalipsis.

No se necesita ningún comentario si creemos que este pasaje se cumplirá literalmente (con excepciones para los «pies» y otras metáforas claras). El versículo 20 establece el tono como la base de una resurrección física. Seremos resucitados o transformados para recibir la inmortalidad en la segunda venida. No hay referencia aquí a un período de tribulación, así que no podemos asumir ningún momento para el período de tribulación.

Una lectura puramente figurativa de este capítulo no tiene ningún sentido. Sólo puede haber una interpretación correcta de este pasaje. Hechos 1:11, este pasaje de 1 Corintios 15, y otros pasajes literales de los Tres Grandes no dan lugar a una culminación figurativa de nuestra era.

Siempre habrá muchas oportunidades para debatir temas controvertidos como el período de tribulación, pero no discutamos las piedras angulares del fundamento de la fe.

Podemos obtener algún significado espiritual de 1 Corintios 15 y pasajes similares. Sin embargo, cuando las interpretaciones literales ponen el foco en el reino físico y el reino celestial trabajando en paralelo hacia una fusión en la tierra, todos los pasajes del tiempo-del-fin comienzan a alinearse y a tener sentido como un todo. Somos salvos espiritualmente ahora y seremos salvos físicamente en la tierra en el futuro. Tan pronto como entendamos este concepto paradójico de la resurrección, más piezas del rompecabezas caerán en su lugar. El regreso físico de Cristo y la resurrección corporal de los justificados van de la mano.

CAPÍTULO 7.

LA RESURRECCIÓN DE LOS JUSTOS

La resurrección de los justos (también conocidos como los santos o los justos) es parte de un proceso de juicio; la relación entre la resurrección y el juicio será discutida más adelante en los capítulos 14 y 15. Por ahora nos enfocaremos en la resurrección.

El regalo de salvación de Dios implica la recepción de un cuerpo inmortal. Dependiendo de si el recipiente todavía está vivo al regreso de Cristo, Dios levantará a la persona de entre los muertos o transformará el cuerpo mortal del individuo a una versión inmortal.

Esto suena como una tontería para nuestros oídos modernos. La mayoría de la gente habla del espíritu o alma cuando describe la vida después de la muerte, pero la Biblia describe la materia física transformada y glorificada. Si esto te suena extraño, no estás solo; hace dos mil años, el rey Agripa estaba igual de incrédulo en el testimonio de Pablo.

*«Y ahora estoy aquí en juicio por mi esperanza en la **promesa hecha por Dios a nuestros padres**, a la que nuestras doce tribus esperan llegar, mientras adoran fervientemente día y noche. Y por*

*esta esperanza ¡Soy acusado por los judíos, oh rey! ¿Por qué creen que es increíble que **Dios levante a los muertos**?»*

—Hechos 26:6-8

Aquí Pablo asocia la promesa a Abraham y a los otros Patriarcas con la resurrección, sin mencionar directamente la promesa de la tierra. Sin embargo, la herencia contiene una promesa de tierra y vida eterna según otros pasajes.

El aspecto físico de la salvación se trata de obtener la inmortalidad. No recibiremos este regalo hasta la segunda venida durante el regreso físico de Cristo cuando la resurrección de los justos tenga lugar. Hay varias predicciones en el Antiguo Testamento de la resurrección, pero no siempre asocian el tiempo con la segunda venida del Mesías desde el primer advenimiento; todavía no había ocurrido. Daniel 7 y 12 discuten y correlacionan los tres grandes eventos de los últimos días: el regreso de Cristo, la resurrección de los santos y el juicio divino. Job 19 representa la resurrección en la venida del Redentor.

Los pasajes clave de la resurrección incluyen los siguientes:

– Job 19:26

– Salmos 16:10; 17:15; 49:15

– Isaías 26:19

– Ezequiel 37:7-14

– Daniel 12:2-3

– Lucas 14:14; 20:36

- Juan 5:28-29; 6:40; 11:24

- Hechos 24:15

- 1 Corintios 15:23, 52

- Filipenses 3:21

- Colosenses 3:4

- 1 Tesalonicenses 4:16

- 1 Pedro 1:3-9; 5:4

- 1 Juan 3:2

Cristo vino la primera vez para expiar nuestros pecados y conquistar la muerte por sí mismo para poder derrotar a la muerte por nosotros más tarde.[1] Él vendrá una segunda vez para establecer su reino celestial en la tierra restaurada. Note el plan del Maestro para unir el cielo y la tierra en Efesios 1.

*«En él tenemos redención por su sangre, el perdón de nuestras ofensas, según las riquezas de su gracia, que él nos prodigó, en toda sabiduría y perspicacia, dándonos a conocer el misterio de **su voluntad**, según **su propósito**, que él estableció en Cristo como un **plan para la plenitud de los tiempos, para unir en él todas las cosas, las del cielo y las de la tierra**. En él hemos obtenido una **herencia**, habiendo sido predestinados según el propósito del que hace todas las cosas según el consejo de su voluntad, para que nosotros, que fuimos los primeros en esperar en Cristo, seamos para alabanza de su gloria. En él también vosotros, cuando oísteis*

---

1. Ver Romanos 6:5-9.

*la palabra de verdad, el **evangelio de vuestra salvación**, y creísteis en él, fuisteis sellados con el Espíritu Santo prometido, que es la garantía de **nuestra herencia hasta que adquirimos la posesión de ella**, para alabanza de su gloria».*

—Efesios 1:7-14

A lo largo de la Biblia, desde el Antiguo Testamento hasta el Nuevo, la única esperanza ofrecida a la humanidad descansa en el acontecimiento de la resurrección y en la invitación a entrar en el reino de los cielos en la tierra. No hay ningún otro mensaje completo del Evangelio que se encuentre en la Biblia; cada pasaje de esperanza comparte este significado último. Usted podría llamar a esto la revelación total porque culmina con el cumplimiento de todas las promesas hechas a Adán y Eva de abajo hacia arriba. Nadie se queda colgado con promesas incumplidas.

Resurrección: ¿Física o Espiritual?

La salvación se menciona en el pasado, presente y futuro, así que necesitamos considerar el tiempo de la salvación, pero también necesitamos diferenciar la salvación espiritual de la salvación física. La salvación física siempre se representa en el evento de la resurrección futura de todos los creyentes, que es la plena realización de la salvación. Discutiremos este tema más a fondo en este capítulo.

El evento de resurrección es el segundo del grupo de los Tres Grandes. Esto se presenta como un evento real en el sentido físico más verdadero. Ciertamente hay lugares en la Escritura donde la palabra «salvación» se usa en sentido figurado; sin embargo, el mensaje principal de la Biblia es una descripción del plan de redención de Dios. Él provee los medios para la vida eterna, permitiéndonos morar juntos con él para siempre. Esta es la restauración de todas las cosas: Dios y su pueblo juntos de nuevo en un sentido físico, no como espíritu o conciencia o algo místico. Nuestra redención está enfocada principalmente en la resurrección física de nuestros cuerpos.

Varios pasajes se enfocan en la salvación espiritual, como hemos visto antes. Estos pasajes tienen la intención de proveer un gran consuelo para los creyentes en su estado actual. Somos bendecidos en la seguridad de que nuestra salvación se mantiene en el cielo. Este conocimiento nos infundirá esperanza hasta que finalmente seamos salvos en el día de la redención.[2] No necesitaríamos esperanza en absoluto si fuéramos completamente salvos hoy.

La palabra «resurrección» en el Nuevo Testamento viene de la anastasis, una palabra griega que significa «levantarse» (Juan 11:23-24). Los pasajes que describen una salvación o resurrección espiritual no usan esta raíz en particular.

En 2 Timoteo 2:18 Pablo aclara que la resurrección corporal es un solo evento futuro. Todavía no había ocurrido en el momento de la composición de la carta, y no era una resurrección mística, ya que algunos en los días de Pablo estaban predicando.

1 Juan 3:2 también declara que la aparición de Cristo está en el futuro, y seremos transformados en ese tiempo. Anteriormente en la carta, 1 Juan 2:28 correlaciona la aparición física de Cristo con su venida (parusía). La segunda venida y la «aparición» física son sinónimos en

---

2. Ver Romanos 8:23-25

los pasajes de adviento mencionados aquí. Así que la resurrección sucederá cuando Cristo venga físicamente de nuevo como el Rey Real.

«...para conocerlo a él y el poder de su resurrección, y compartir sus sufrimientos, asemejándome a él en su muerte, a fin de que por cualquier medio posible pueda alcanzar **la resurrección de entre los muertos.** *No es que ya lo haya conseguido o que ya sea perfecto, sino que sigo adelante para hacerlo mío, porque Cristo Jesús me ha hecho suyo. Hermanos, no considero que lo haya hecho mío. Pero una cosa hago: olvidando lo que queda atrás y esforzándome en lo que queda adelante, sigo adelante hacia la meta para el premio de la llamada ascendente de Dios en Cristo Jesús...«*[3]

—Filipenses 3:10-14

La resurrección corporal ocurre en el futuro en la «llamada ascendente» (segunda venida). Pablo declara que no ha obtenido una resurrección de «pie», así que no está hablando de la salvación espiritual en este pasaje; él está enfocado predominantemente en la resurrección corporal en Filipenses 3 y todos sus pasajes de salvación relacionados. La única excepción es 2 Corintios 6:1-2. Aquí Pablo habla de la salvación espiritual solamente, en un contexto de ser guardado por el Espíritu en tiempo presente.

Las resurrecciones espirituales usan diferentes raíces griegas tales como aquellas que significan «subido» o «elevado» en las traducciones de Efesios 2:4-7 y Colosenses 3:1-4 (que examinaremos en breve).

---

3. "Perfecto" se refiere al cuerpo glorificado.

La paradoja del "ahora y no todavía"

Somos salvos, y aún no lo somos. Necesitamos entender este concepto de «ahora y no todavía» si queremos entender el fin de los tiempos. La salvación es una paradoja que Dios usa en toda la Escritura. Hay muchos pasajes que hablan de la salvación física a través de la resurrección corporal, otros hablan de la salvación espiritual, y afortunadamente, algunos hablan de ambos tipos para ayudar a diferenciar los dos.

«Porque la gracia de Dios ha aparecido, **trayendo salvación** *para todas las personas, entrenándonos a renunciar a la impiedad y a las pasiones mundanas, y a vivir vidas autocontroladas, rectas y piadosas en la era presente,* **esperando** *nuestra bendita esperanza,* **la aparición** *de la gloria de nuestro gran Dios y Salvador Jesucristo».*

—Tito 2:11-13

Ahora hemos recibido la salvación espiritual basada en la primera venida, como lo implica el versículo 11.

Todavía no somos salvos en última instancia; debemos esperar la bendita esperanza mencionada en el versículo 13, que viene en la segunda venida. La esperanza bendita es la «aparición» de Cristo, que es su retorno físico declarado en tiempo futuro.

La aparición de Cristo nos permitirá verlo con nuestros ojos; ésta es la parusía, el momento en que llega la salvación física.

El punto principal a considerar en este pasaje de Tito es

que Dios nos ha traído la salvación hoy mientras esperamos la salvación final: la futura aparición física de Cristo (ver Romanos 8:11, 23 para la redención de nuestro cuerpo).

*«Amados, ahora somos hijos de Dios, y **lo que seremos no ha aparecido todavía**; pero sabemos que **cuando él aparezca** seremos como él, **porque lo veremos** como él es.»*

—1 Juan 3:2

La salvación vino en la primera aparición de Cristo y vendrá de nuevo en su forma definitiva en la segunda. Ahora somos hijos de Dios debido a la primera venida, pero no maduraremos hasta que experimentemos la transformación en la segunda venida, cuando recibiremos un cuerpo glorificado.

*«Pero Dios, siendo rico en misericordia, por el gran amor con que él nos amó, aun cuando estábamos muertos en nuestras transgresiones, nos hizo vivos junto con Cristo -por la gracia que **ustedes han sido salvos**– y nos resucitó con él y nos sentó con él en los lugares celestiales en Cristo Jesús, para que en las **edades venideras**[4] pudiera mostrar las inconmensurables riquezas de su gracia en bondad para con nosotros en Cristo Jesús».*

—Efesios 2:4-7

Note que el pasaje de Efesios 2 habla de ser «resucitado» en tiempo pasado, refiriéndose a una resurrección espiritual. Más adelante en el pasaje, hay un cambio al tiempo futuro de las «edades venideras». El tiempo futuro se basa en Efesios 1:7-14, que se refiere a la fusión del cielo y la tierra que tiene lugar en «la plenitud del tiempo». Este es el

---

4. Ver Efesios 1:7-14.

evento en el cual Dios nos concederá nuestra parte en la herencia del reino de los cielos.

La palabra «levantado» en Colosenses 3:1-4 (ver abajo) y Efesios 2:4-7 viene en ambos casos de una raíz literalmente traducida como «levantado». Como se mencionó anteriormente, la resurrección corporal se basa en una raíz griega diferente, la anastasis (ponerse de pie).

No es difícil diferenciar entre lenguaje literal y figurativo cuando se trata de la resurrección. Recibimos los dones de la salvación espiritual y física en diferentes momentos -ahora y todavía no- pero aquí en el mismo reino terrenal hasta la fusión del cielo y la tierra. Los pasajes que hablan de ser levantados o elevados al cielo en un sentido espiritual están escritos en tiempo pasado o presente. Estos declaran que el Espíritu Santo es un sello o garantía hasta la segunda venida; tu espíritu se mantiene con Cristo en el cielo hasta que regrese a la tierra en la fusión.[5]

En pasajes que describen el regreso físico y visible de Cristo a la tierra (Mateo 24:30), a menudo encontramos referencias a nuestra propia resurrección corporal (por ejemplo, ver Job 19:25-27). «Aparecer» se usa en tiempo futuro en los pasajes de la segunda venida mencionados en 2 Tesalonicenses 2:8, 2 Timoteo 4:8, Tito 2:13, Hebreos 9:28, 1 Pedro 5:4, y 1 Juan 3:2. Vea también Colosenses 3 para una descripción de lo que sucederá cuando Cristo aparezca.

*«Si, pues, habéis **resucitado** con Cristo, buscad las cosas de arriba, donde está Cristo sentado a la diestra de Dios. Pongan sus*

---

5. Ver Efesios 1:13-14.

*mentes en las cosas de arriba, no en las de la tierra. Porque habéis muerto, y vuestra vida está escondida con Cristo en Dios. **Cuando Cristo**, que es tu vida, **aparece, entonces tú también aparecerás con él en gloria**«.*[6]

—Colosenses 3:1-4

Este pasaje en Colosenses claramente usa lenguaje figurativo en el versículo inicial, usando el término «levantado» en tiempo pasado. Pero un evento real tuvo lugar cuando el lector fue bautizado y nacido de nuevo. Pablo está haciendo referencia a un evento espiritual de «elevación», y luego habla de la aparición (segunda venida) en un tiempo futuro basado en los muchos pasajes que hablan de «aparecer» en el sentido físico, como después de la resurrección corporal de Cristo de la tumba cuando visitó a los discípulos.

El término «en gloria» se refiere a cómo moraremos juntos en la presencia de Dios. Recibiremos toda su gloria. La gloria «derramada» del Espíritu ha estado habitando en el pueblo de Dios desde Pentecostés; Pablo describió esto como un sello para lo que está por venir. Antes de Pentecostés, la gloria de Dios en la tierra estaba confinada al Lugar Santísimo. Pero esto, también, no era más que una muestra parcial de la gloria de Dios.

Juan 17:5 describe la gloria que se encuentra en la presencia de Dios. Tito 2:13 describe la gloria que acompañará el regreso futuro de Cristo. 1 Juan 3:2 no usa el término «gloria» sino que declara que seremos como él en su presencia.

---

6. Colosenses 3:6 se refiere a la ira de Dios para asociarla con la segunda venida.

«Cuando el Hijo del Hombre **venga en su gloria**, y todos los ángeles con él, entonces se sentará en su trono glorioso.»

—Mateo 25:31

«Y ahora, Padre, glorifícame en tu propia presencia con la **gloria** que tenía contigo antes de que el mundo existiera.»

—Juan 17:5

«Cuando Cristo, que es tu vida, aparezca, entonces tú también **aparecerás** con él **en gloria**.»

—Colosenses 3:4

«Por eso exhorto a los ancianos de entre vosotros, como a un compañero anciano y testigo de los sufrimientos de Cristo, así como a participar de la **gloria que va a ser revelada**».[7]

—1 Pedro 5:1

«Porque no seguimos los mitos ingeniosamente concebidos cuando os dimos a conocer el poder y la venida (parusía) de nuestro Señor Jesucristo, sino que fuimos testigos oculares de su majestad. Porque cuando recibió honra y **gloria** de Dios Padre, y la voz le fue llevada por la gloria majestuosa: «Este es mi Hijo amado, en quien tengo complacencia,» nosotros mismos oímos esta misma voz llevada desde el cielo, porque estábamos con él en el monte santo».[8]

—2 Pedro 1:16-18

---

7. Pedro vio un destello de gloria de primera mano durante la primera venida, pero verá toda la gloria con nosotros en la "revelación", o segunda venida.
8. Ref. Mateo 17 visión de transfiguración de la segunda venida.

*«...esperando nuestra bendita esperanza, la **aparición de la gloria** de nuestro gran Dios y Salvador Jesucristo....»*

—Tito 2:13

Pablo dice que debemos esperar para ver la aparición de Cristo con nuestros propios ojos en el futuro. No tendríamos que esperar si ya estuviéramos «salvados» hoy.

Hay muchos pasajes que diferencian la salvación física de la salvación espiritual. El Apéndice 2 proporciona un resumen de los pasajes de salvación, categorizando aquellos que se refieren a la salvación espiritual en tiempos verbales pasados o presentes, así como los pasajes que se refieren a la resurrección en tiempo futuro.

Algunos de estos pasajes mencionan tanto la salvación en tiempo pasado o presente como la salvación futura (el evento en el cual los creyentes son resucitados); estos pasajes tienden a enfatizar la resurrección sobre la salvación espiritual ya alcanzada. Los dones de salvación que recibimos hoy a menudo mencionan el vínculo con la esperanza para la segunda venida.

Sellados por el Espíritu

En 1 Timoteo 6:13-16, Pablo exhorta a sus lectores a perseverar «hasta la aparición» de Cristo, asegurándoles que «se manifestará a su debido tiempo». Sólo podemos reconciliar los pasajes de salvación con el concepto de «ahora y aún no». Cuando nacemos de nuevo, Dios nos sella y nos llena de su Espíritu. Desde ese momento en adelante, tenemos esperanza basada en la salvación física que recibiremos en la futura aparición de Cristo.

Juan 6:40 muestra el aspecto de la fe en el don de la naturaleza de Cristo trabajando en tiempo presente para alcanzar la salvación más tarde a través de la resurrección:

«Porque esta es la voluntad de mi Padre: que todo aquel que mira al Hijo y cree en él, tenga vida eterna, y yo lo resucitaré en el día postrero».

Aquí vemos a Cristo asociando la fe actualmente sostenida con la transmisión de la vida eterna en el último día. Note lo que Cristo no dice: en ningún momento dice que somos salvos hoy, ni que tenemos vida eterna hoy, ni que estamos eternamente seguros hoy, ni puso ningún enfoque especial en el tiempo presente.

Pedro dice que somos «guardados en el cielo», mientras que Pablo describe los sellos y garantías del Espíritu, que están relacionados con lo que Cristo está preparando en el cielo para revelar en la tierra en «ese día» (2 Timoteo 1:12). La esperanza en la redención futura no es esperanza si ya la tenemos (Romanos 8:24). Esperamos pacientemente el cumplimiento (Romanos 8:25).

Los pasajes sobre la espera en la tierra o el almacenamiento celestial de bendiciones para ser traídas a la tierra no tienen sentido si nosotros recibimos un cuerpo de espíritu en el cielo inmediatamente después de la muerte. Si tuviéramos un alma que fuera a la bienaventuranza en el cielo cuando muriéramos, no habría necesidad de todos estos pasajes que nos instan a esperar pacientemente el regreso de Cristo. Estos pasajes, en cambio, nos dirían que pongamos nuestra esperanza en lo que recibimos cuando lleguemos al cielo después de nuestra muerte. Ningún pasaje de la Escritura contiene tal enseñanza.

Debemos tener cuidado con el mensaje de seguridad eterna de «una vez salvado, siempre salvado». Tenemos seguridad hoy en día, pero necesitamos entender plenamente los significados de «alma» y «espíritu» en comparación con un cuerpo resucitado. La esperanza es uno de los aspectos clave de la fe; esperar el futuro demuestra nuestra fe. Si dejamos de vigilar, nuestra fe también se deteriorará.

Si interpretamos los pasajes de la resurrección en términos figurativos, ya sea que esperemos un retorno espiritual o físico de Cristo, tenemos el mismo problema potencial que tratar con respecto a los tiempos verbales futuros en los textos. No tendríamos que esperar la segunda venida o cualquier rapto o aparición si estuviéramos ausentes del cuerpo e inmediatamente «presentes» con el Señor.

El templo del Espíritu Santo es nuestro cuerpo hoy; como vemos en Efesios 2:19-22, esto es una obra en progreso. Todavía no vemos claramente («cara a cara») como Pablo describe en 1 Corintios 13:8-12. Debemos esperar a que aparezca, para el momento en que «venga lo perfecto «.[9]

El Espíritu que recibimos de Cristo garantiza nuestro futura resurrección. 2 Corintios 5:5 habla de la inmortalidad en el contexto de la resurrección, y Pablo usa un lenguaje muy similar en Efesios 1:13-14. No recibimos garantías por cosas que ya son perfectas o que ya hemos obtenido. Aún no somos perfectos.

---

9. Ver Filipenses 3:10-14 y Hebreos 11:40 para el lenguaje "perfecto"; ser hecho perfecto es obtener un cuerpo resucitado.

Somos «consolados» por la garantía del Espíritu en 2 Corintios 1:20-22 basada en las bendiciones que nos esperan en el «día del Señor» (2 Corintios 1:14). El Consolador es profetizado extensamente en Juan 14:15-31 y Juan 16:4-14. Las explicaciones que los discípulos buscaban cuando Cristo estaba físicamente presente con ellos no llegaron hasta después de que el Consolador entró en ellos en Pentecostés. La respuesta que recibieron fue difundir el evangelio y esperar más tiempo para que el reino apareciera (o fuera revelado) y para que las bendiciones de Dios se establecieran plenamente.

«...sabiendo que el que resucitó al Señor Jesús nos resucitará también a nosotros con Jesús y nos llevará con ustedes a su presencia.»

—2 Corintios 4:14

Segundo Corintios 4 y 5 sacan significativamente de 1 Corintios 15, el cual trata con la resurrección extensivamente. Pablo usa diferentes términos en 2 Corintios para describir el mismo evento que enseñó en su carta anterior. La palabra «tienda» en 2 Corintios 5:1 se refiere a nuestro cuerpo. Pablo habla de la mejora que obtenemos al mudarnos de una tienda de campaña mortal a un edificio celestial—, es decir, a un cuerpo inmortal.

«Porque sabemos que si la tienda que es nuestro hogar terrenal es destruida, tenemos un edificio de Dios, una casa no hecha de manos, eterna en los cielos. Porque en esta tienda gemimos, anhelando ponerla en nuestra morada celestial, si es que al ponérnosla no nos encontramos desnudos. Porque mientras estamos en esta tienda, gemimos, estando agobiados, no para que

nos desvistan, sino para que estemos más vestidos, a fin de que **lo que es mortal pueda ser absorbido por la vida.** *El que nos ha preparado para esto mismo es Dios,* **que nos ha dado el Espíritu como garantía.** *Así que siempre tenemos buen coraje. Sabemos que mientras estamos en casa en el cuerpo estamos lejos del Señor, porque caminamos por fe, no por vista. Sí, somos valientes, y preferimos estar lejos del cuerpo y en casa con el Señor. Así que ya sea que estemos en casa o fuera, nuestro objetivo es complacerlo. Porque todos debemos comparecer ante el tribunal de Cristo, para que cada uno reciba lo que le corresponde por lo que ha hecho en el cuerpo, sea bueno o malo».*

—2 Corintios 5:1-10

Pablo quería derramar su cuerpo terrenal y estar con su Señor. Esta es la confesión de Pablo, no un argumento para una nueva doctrina. Él provee muchos detalles en otros pasajes que explican la resurrección (especialmente 1 Corintios 15), y nunca describe una vida después de la muerte en el cielo, arpa en mano o de otra manera. Simplemente declara la preferencia de ser inmortal con el Señor sobre ser mortal. Todos deberían querer lo mismo. El tiempo no se indica específicamente en este pasaje, ya que no era necesario, ya que él previamente declaró el tiempo en su primera carta a los Corintios.

Los pasajes paulinos deben ser considerados como un todo; a la luz del orden de los tres grandes eventos que él define en otra parte, este pasaje individual no debe estar defendiendo un rapto privado o un escenario de juicio privado. Un versículo similar a menudo sacado de contexto es Filipenses 1:23, en que Pablo expresa de nuevo su deseo de «partir y estar con Cristo». No debemos leer esto como un argumento a favor de una vida después de la muerte «ausente del cuerpo, inmediatamente presente con el Señor». Pablo aclara ambos pasajes en otro pasaje usando una terminología muy similar.

En 1 Corintios 5, él explica cómo el cuerpo y el espíritu están relacionados. Mientras que los pasajes anteriores hablaban acerca de estar con el Señor en espíritu después de la muerte, aquí Pablo describe el estar con otros creyentes en espíritu mientras aún vivían. Básicamente, Pablo estaba en dos lugares al mismo tiempo. Su cuerpo estaba ausente, pero su espíritu estaba presente en la asamblea. Esto explica cómo el cuerpo de Pablo podría estar en la tumba al morir y su espíritu en el cielo. No hay mención de una entidad de cuerpo o alma que vaya al cielo.

«Porque aunque ausente en cuerpo, estoy presente en espíritu; y como si estuviera presente, ya he pronunciado juicio sobre el que hizo tal cosa. Cuando estén reunidos en el nombre del Señor Jesús y mi espíritu esté presente, con el poder de nuestro Señor Jesús....»

—1 Corintios 5:3-4

No hay ningún problema teológico en que Pablo declare que quería ser preservado con Cristo en el momento de su muerte, ya que ciertamente sabía que su espíritu regresaría a Dios en el momento de su muerte. Pablo era un experto en el Antiguo Testamento. Él estaba bien versado en los pasajes del estado de reposo del Seol.[10] Pablo nunca enseñó que una persona podría pasar por alto el juicio y recibir la bienaventuranza instantánea en el reino celestial. El hecho

---

10. Incluso los escritores del Nuevo Testamento entendieron que el Seol era el lugar donde los espíritus descansan después de la muerte. Vea Hechos 2:22-35, por ejemplo, con respecto a los espíritus de David y Cristo.

mismo de que estos pasajes de Filipenses 1:23 y 2 Corintios 5:8 son usados tan a menudo para justificar que la mitología nos advierta en contra de forzar creencias preconcebidas en textos bíblicos; una mejor práctica es leer los pasajes circundantes, buscar más detalles, y permitir que lo que leemos desafíe nuestras suposiciones.

Para aclarar el contexto de Filipenses 1:23, un poco más tarde en Filipenses 2:16, Pablo dice que está «*reteniendo la palabra de vida, para que* **en el día de Cristo tenga razón para gloriarme**». Pablo entonces comienza a guiar a una discusión de la resurrección en el capítulo 3. La esperanza de Pablo estaba en la resurrección que sólo ocurre en la segunda venida de Cristo (declarado como el «llamado ascendente»). Filipenses 3:20-21 describe cómo esperamos en la tierra la aparición de Cristo, en cuyo momento seremos resucitados y se nos dará un cuerpo glorificado.

Filipenses 3:20-21 completa el tema que comenzó en los capítulos 1 y 2, pero mucha gente toma a Filipenses 1:23 completamente fuera de contexto. El tema principal de la epístola se centra en el fin de los tiempos, no sólo en la muerte y lo que viene después. Sólo le tomó a Pablo unos cuantos capítulos para desarrollar el tema de su resurrección.

Tanto el Antiguo como el Nuevo Testamento enfatizan la importancia de ver con nuestros propios ojos lo que aparece ante nosotros. Esta es una manera hebrea o oriental de pensar donde la fisicalidad es central. Una forma de pensar occidental o griega se centra más en la espiritualización. Platón en particular promovió la idea de que el reino físico es corrupto y sólo el reino de los espíritus es bueno.

Por los tiempos verbales de Filipenses 3:10-14, sabemos que la perfección vendrá en el futuro cuando la resurrección tenga lugar. El versículo 12 dice: «*No es que ya haya obtenido esta [resurrección de los muertos] o que ya sea perfecto, sino que sigo adelante para hacerla mía, porque Cristo Jesús me ha hecho suya*».

La gente que cree que tiene un alma inmortal que irá al cielo ya sea en la muerte o en el rapto no debe entender lo que 1 Corintios 13:12 significa. Ese momento futuro de claridad de visión no tiene lugar en otro reino; Pablo describe un encuentro «cara a cara» en la tierra. A través de sus epístolas, Pablo se enfoca en ser sellado ahora, con la perfección que vendrá en la resurrección.

2 Corintios 5:7 está enclavado en medio de un pasaje de resurrección. «*Caminamos por la fe, no por la vista*» en este momento. Pero en el futuro, ya veremos. Este pasaje no es obvio para aquellos que creen en un alma que va a algún cielo celestial, ya que pueden pensar que la fe es una obra completa. Sin embargo, la esperanza está unida a la fe, por lo que necesitamos entender la salvación como una obra en progreso que debe realizarse en el futuro.[11]

El concepto de algo mortal que se viste de inmortalidad (como en 1 Corintios 15:54) se repite en 2 Corintios 5:4 con la frase «*para que lo que es mortal sea absorbido por la vida*».[12] Entonces el versículo 5 establece que el Espíritu es

---

11. Ver Romanos 8:23-25 para un mensaje claro.
12. Vea Isaías 25:8.

nuestro garante de lo que vendrá en el futuro en la segunda venida cuando Dios salve a su pueblo. Romanos 8:11 también habla del evento futuro de que el mortal gane la inmortalidad pero sea preservado en el Espíritu hoy.

Dios quiere que sepamos que estamos seguros hoy (sellados ahora) a través de los continuos dones del Espíritu Santo a través de su Palabra e instituciones. Él nos da esperanza para el futuro cuando lo veamos «plenamente», cara a cara.[13] El concepto de visión parcial hoy, y luego visión completa mañana, es extremadamente importante.

Nuestra salvación está actualmente asegurada. Esa es la primera mitad del mensaje del evangelio, pero mucha gente se detiene en ese punto. Como resultado, vemos múltiples mensajes evangélicos predicados o evangelizados hoy en día:

1. **Salvado hoy**: Si una persona da su vida a Cristo hoy, es «salvada». Si esa persona muriera hoy, estaría en el cielo hoy. Este evangelio parcial tiene dos ramificaciones: el argumento de «una vez salvado, siempre salvado» para la seguridad eterna, y la idea de la salvación condicional en la que una persona puede perder su salvación si rechaza a Dios más tarde.

2. **Depende del tiempo**: El derecho de una persona a la salvación no se determina hasta que muere. La vigilancia constante, la confesión y otros actos continuos deben ser realizados para ser guardados en la gracia de Dios. Uno puede esperar por la gracia

---

13. Ver Job 19:26-27; Salmo 17:15; 1 Juan 3:2.

de Dios que la salvación permanezca al final (ya sea que un cuerpo espiritual o físico sea salvado).

3. **Paradoja**: Una persona es sellada ayer y guardada hoy para ser salvada en el futuro. Este es el modelo bíblico bajo el método literal interpretativo. Ya que la resurrección es una piedra angular, absolutamente seremos salvos en el futuro. La Biblia también es muy clara en cuanto a que tenemos la bendita seguridad de saber que estamos guardados, preservados, consolados y sellados hoy. Todas las garantías. Estos términos son obras primarias del Espíritu.

Necesidad de la Resurrección Física

Sin la resurrección absoluta, nuestra esperanza es en vano, como dice Pablo. La fe que Abraham y todos los demás tenían a lo largo de la Biblia estaba fuera de lugar si la fe sólo se espiritualiza y no cumple con los planes físicos de Dios. Si Abraham no se levanta de entre los muertos para entrar en la tierra prometida, la promesa irrevocable de Dios no se cumplirá. La resurrección también facilita el plan de Dios para que la tierra sea habitada.[14] Dios podría llevarnos en espíritu al cielo cuando muramos, pero esto no cumpliría sus promesas a su pueblo ni sus intenciones para su creación. Y así él traerá el cielo a la tierra para que disfrutemos en su presencia (gloria) en la restauración de todas las cosas.

Las promesas bíblicas son consistentes al declarar que Dios traerá regalos, coronas y preparaciones con él en el día de la

---

14. Vea Isaías 45:18.

resurrección. La Nueva Jerusalén está viniendo a la tierra; no vamos a ningún otro reino o planeta. Vea cómo la ciudad prometida en Hebreos 11:16 es traída al pueblo de Dios en Apocalipsis 21:2 y no al revés. La gente y el lugar están conectados. La Nueva Jerusalén no es una ciudad por sí misma sin los santos, y los santos no son la Nueva Jerusalén sin un lugar donde vivir. Sobre-espiritualizar la ciudad celestial disminuye la profecía de que la gente morará con Dios en gloria.

Efesios 1:10 y 1 Corintios 15 exponen los planes para la fusión física y celestial. O hay una resurrección física, o los planes de Dios fallan. No hay término medio. Es todo o nada.

*«Ahora bien, **si Cristo es proclamado como resucitado de entre los muertos**, ¿cómo pueden algunos de ustedes decir que no hay resurrección de los muertos? Pero si no hay resurrección de los muertos, entonces ni siquiera Cristo ha resucitado. Y **si Cristo no ha resucitado**, entonces nuestra predicación es en vano, **y vuestra fe es en vano**. Incluso se nos encuentra tergiversando a Dios, porque testificamos acerca de Dios que él resucitó a Cristo, a quien no resucitó si es verdad que los muertos no resucitaron. Porque si los muertos no resucitan, ni siquiera Cristo ha resucitado. Y **si Cristo no ha resucitado, tu fe es vana y todavía estás en tus pecados**. Entonces también los que han dormido en Cristo han perecido. **Si en Cristo sólo tenemos esperanza en esta vida, somos los más dignos de compasión»**.*

—1 Corintios 15:12-19

Primera de Corintios 15 es uno de los mejores capítulos de salvación en la Biblia, ya que explica la física detrás de la comprensión del Antiguo y Nuevo Testamento. Pablo pregunta en esencia: «¿Por qué molestarse en ser cristiano si no se cree en la resurrección de los muertos para la salvación? Pablo encuentra lamentable el enfocarse sólo en el significado espiritual en esta vida. Nunca se le ocurrió que podría simplemente recibir un cuerpo de espíritu en el cielo cuando murió. No habría encontrado ninguna esperanza en tal concepto. La resurrección física era la única esperanza que conocía; de lo contrario, una persona permanecía como «perecida». Anticipó la futura fusión de los reinos físico y celestial, como veremos en otros versos que escribió aquí en el capítulo 15 y en otras partes.

Sin la resurrección de los muertos, nuestra fe es en vano. No hay razón justificable para ser un creyente si Cristo no resucitó de los muertos, o si no creemos que resucitaremos de los muertos. El cristianismo sería sólo otra filosofía o sistema de creencias para competir con cualquier otra religión que ofrezca una vida después de la muerte para el alma en el cielo. Pero Pablo nunca describe un «cuerpo-espíritu» —supuso que una persona muerta permanece muerta hasta la resurrección— (una filosofía de «solo en esta vida»).

Los diferentes conceptos de la resurrección resultan en diferentes versiones del cristianismo.

1. **Enfoque espiritual**: No hay resurrección física. Nuestro espíritu o alma va al cielo cuando morimos, así que realmente no necesitamos un cuerpo físico o un cuerpo transformado. Obtenemos algún tipo de cuerpo espiritual o nos convertimos en un ser espiritual. El lenguaje de la resurrección en la Biblia

se asume que es figurativo.

2. **Enfoque físico**: Nuestro cuerpo será levantado físicamente, así como el cuerpo de Cristo fue levantado. Nuestro espíritu regresa a Dios al morir y se mantiene hasta el día de la resurrección. El lenguaje bíblico usa un lenguaje de «descanso» para describir ese período intermedio mientras esperamos la resurrección. El Espíritu Santo es un sello o una garantía que nos preserva hasta ese día.

3. **Híbrido**: La resurrección ocurre en fases. Obtenemos un nuevo cuerpo espiritual en el cielo cuando morimos, entrando en un estado de bienaventuranza. Más tarde, recibiremos algún otro tipo de cuerpo glorificado. Esto puede suceder en el rapto, el día del juicio, o el día de la resurrección.

La opción híbrida no se menciona en la Biblia, excepto en un pasaje altamente simbólico del Apocalipsis que se discutirá en el Volumen II.

CAPÍTULO 8.

DESCANSAR Y ESPERAR

¿Qué significa ser levantado físicamente, aparecer con Dios en gloria, o ver a Dios tal como es? ¿Cómo serán nuestros cuerpos en la resurrección? Como los cuerpos de los ángeles.[1] Nuestros cuerpos serán transformados para ser como el cuerpo resucitado de Cristo, como Pablo enseñó en 1 Corintios 15 y aquí en Filipenses:

*«Pero nuestra ciudadanía está en el cielo, y de ella **esperamos a un Salvador, el Señor Jesucristo, que transformará nuestro humilde cuerpo para que sea como su cuerpo glorioso,** por el poder que le permite incluso sujetar todas las cosas a sí mismo».*

—Filipenses 3:20-21

Si estos pasajes significan que tendremos un nuevo cuerpo espiritual en el cielo, ¿a qué espera? No tiene sentido esperar a que Cristo venga si vamos a recibir un cuerpo-espíritu cuando muramos. Pero, por supuesto, estos pasajes no enseñan nada de eso. Pablo nunca habla de este concepto de espíritu-cuerpo.

---

1. Ver Mateo 22:30 y Lucas 20:36.

El atractivo de este concepto de cuerpo-espíritu se reduce probablemente a la falta de paciencia. La gente quiere la salvación ahora, siempre preguntando: «¿Ya llegamos?» Pero las Escrituras dicen que debemos esperar el juicio y la resurrección; solo entonces recibiremos nuestras recompensas. La corona de la vida (vida eterna) es el premio principal que recibimos.

Muchos pasajes del tiempo-del-fin enfatizan la necesidad de esperar. Esta espera tiene lugar en la tierra, sin hacer cola fuera de las puertas perladas.

Una vez que el período de espera finalmente termina, entonces se repartirán las recompensas.[2] Esto también sucederá en la tierra.

«La creación espera con ansia la revelación de los hijos de Dios».

—Romanos 8:19

*«Y no sólo la creación, sino nosotros mismos, que tenemos las primicias del Espíritu, gemimos interiormente mientras **esperamos ansiosamente la** adopción como hijos, **la redención de nuestros cuerpos**.»*

—Romanos 8:23

*«...para que no te falte ningún don, mientras **esperas la revelación** de nuestro Señor Jesucristo.»*

—1 Corintios 1:7

*«Por tanto, no juzguéis **antes de tiempo**, antes de que venga el*

---

2. Ver "Recompensas en la segunda venida" en el Apéndice 3.

Señor, el cual sacará a la luz las cosas que están escondidas en la oscuridad y revelará los propósitos del corazón. **Entonces cada uno recibirá** su recomendación de Dios».

—1 Corintios 4:5

«Pero nuestra ciudadanía está en el cielo, y **de ella esperamos** un Salvador, el Señor Jesucristo.»[3]

—Filipenses 3:20

«...y **esperar a su Hijo del cielo**, a quien resucitó de entre los muertos, Jesús **que nos libra de la ira venidera**.»

—1 Tesalonicenses 1:10

«...**esperando** nuestra bendita esperanza, **la aparición** de la gloria de nuestro gran Dios y Salvador Jesucristo.»

—Tito 2:13

«Así que Cristo, habiendo sido ofrecido una sola vez para llevar los pecados de muchos, **aparecerá una segunda vez**, no para tratar con el pecado, **sino para salvar** a quienes ansiosamente están **esperando por él**.»

—Hebreos 9:28

«...**esperando** desde ese momento **hasta** que sus enemigos se conviertan en un estrado para sus pies.»

—Hebreos 10:13

«...**esperando** y acelerando **la llegada del día de Dios**, por el cual

---

3. Aquí estamos esperando en la tierra, no preparándonos para ir a un reino diferente. El don de la resurrección viene del cielo a la tierra.

los cielos serán incendiados y disueltos, y los cuerpos celestiales se derretirán al arder!»

—2 Pedro 3:12

*«Pero de acuerdo a su promesa estamos **esperando** cielos nuevos y **una tierra nueva en la cual mora la justicia**. Por lo tanto, amados, ya que están esperando esto, sean diligentes para ser encontrados por él sin mácula o mancha, y en paz».*

—2 Pedro 3:13-14

Se han escrito muchos libros sobre el estado de los muertos y el estado espiritual. Es interesante ver la progresión histórica de los diferentes puntos de vista y mitologías religiosas con respecto a los muertos, junto con la resurrección y los conceptos espíritu-cuerpo. Al principio había dos puntos de vista principales que competían entre sí, y luego uno surgió como el punto de vista dominante de la Iglesia. Al ver el registro histórico, podemos ver claramente cómo las cosas se desviaron tanto de la enseñanza bíblica original.

La Biblia es muy clara en cuanto al estado de los muertos: dormidos hasta la resurrección. William Tyndale hizo un argumento muy simple y lógico sobre la resurrección y el estado de los muertos que resume el concepto bíblico muy concisamente. Tyndale comienza con sarcasmo en este diálogo, pero luego termina con declaraciones muy sólidas. Fíjense en la última frase en particular.

"No, Pablo, no has aprendido; ve a Maestro Más, y aprende un nuevo camino. No seremos muy miserables, aunque no resucitemos; porque nuestras almas van al Cielo tan pronto como

morimos, y están allí en tan gran gozo como Cristo que ha resucitado. Y me maravilla que Pablo no hubiera consolado a los tesalonicenses con esa doctrina, si la hubiera conocido, que las almas de sus muertos hubieran estado en gozo; como lo hizo con la resurrección, que sus muertos resucitaran. Si las almas están en el cielo, en la gloria de los ángeles, según tu doctrina, muéstrame cuál debe ser la causa de la resurrección.[4]

El inglés antiguo es un poco duro, así que aquí hay un resumen moderno:

¿Qué necesidad hay de la resurrección si una persona cree que va al cielo cuando muere y luego recibe inmediatamente un cuerpo-espíritu glorificado? ¿Por qué tener una resurrección? ¿Por qué Pablo no consoló a los Tesalonicenses con afirmaciones como «No te preocupes, tu ser querido está ahora en la dicha disfrutando del cielo en un cuerpo espiritual»?

Pablo claramente declaró que la única esperanza que tenían los Tesalonicenses era esperar la resurrección física —la misma resurrección que Cristo había recibido. Sin embargo, hoy le decimos a la gente en un funeral: «El tío Joe está en un lugar mejor ahora jugando al golf con San Pedro y la tía Josephina», o algo parecido. Decimos esto para que los afligidos se sientan mejor. Esta es nuestra cultura.

La idea de que el Tío Joe está consciente ahora mismo con un cuerpo nuevo que no tiene cáncer es muy reconfortante. Sin embargo, esto perpetúa una forma mitológica de pensar. ¿No pasa por alto el día del juicio final? ¿Debería

---

4. William Tyndale. Una respuesta al Diálogo de Sir Thomas More, bk. 4, cap. 4, pág. 118. Parker 1850.

cualquier buena persona tener derecho a recibir un cuerpo espiritual inmediatamente después de la muerte, o tal recompensa viola el orden bíblico?

No suena tan bien decir: «El tío Joe está en perfecto descanso esperando la resurrección cuando Cristo vuelva». La mayor parte del mundo occidental cree en el reino de los espíritus como el destino inmediato de las «buenas» personas, mientras que el escenario bíblico literal es, con mucho, una posición minoritaria hoy en día.

Estamos inclinados a pensar como el mundo al creer que nuestra alma irá al cielo cuando muera, dado lo ansiosos que estamos de estar con el Señor. Pero este concepto híbrido de resurrección socava la importancia de la resurrección física y disminuye las promesas clave de Dios a su pueblo.

El Antiguo Testamento identifica claramente al Seol como el lugar de descanso del alma; el Nuevo Testamento usa la palabra griega «Hades» para referirse al mismo lugar. La promesa de la resurrección física de los muertos se repite una y otra vez a lo largo de ambos Testamentos. Los cuerpos que yacen en la tumba serán despertados del reposo por una voz. Cristo traerá los espíritus preservados de los santos a la tierra y restaurará nuestros cuerpos en el día de la resurrección. Este es el mensaje claro de la salvación final.

¿Pero qué hay de otras ideas tradicionales sobre la vida después de la muerte? ¿No flotará nuestra alma al cielo después de la muerte? ¿Qué hay de nuestro encuentro con el padre Abraham o San Pedro, nuestra mansión celestial, nuestro arpa de oro, o nuestro lugar en el coro celestial? Si estas creencias tradicionales sobre la vida después de la muerte no provienen de las Escrituras, ¿cuáles son sus fuentes históricas?

Las creencias acerca de una vida después de la muerte inmediata en el reino celestial se derivan de fuentes egipcias, babilónicas y griegas (ver citas a continuación). Éstos se abrieron paso primero en el Talmud babilónico y luego en la Iglesia a través de la influencia cultural de Alejandría, Atenas y Roma. Ningún pasaje de la Biblia establece ninguna actividad alegre del espíritu-cuerpo-ni de ningún otro tipo de actividad. La persona está simplemente «descansando». Las Escrituras son literalmente silenciosas de otra manera.

Entonces, ¿qué pasa cuando mueres? No tenemos suficiente espacio para repasar la historia detallada de todos los diferentes puntos de vista tradicionales. Pero podemos ver algunos pasajes clave para obtener la perspectiva bíblica literal. Esta perspectiva bíblica se basa, por supuesto, en un enfoque en la resurrección de los muertos, no en un cuerpo espiritual inmortal o en almas flotantes.

La Biblia dice que, al morir, el espíritu de una persona regresa a Dios. La Biblia es mayormente no descriptiva acerca de lo que le sucede a la conciencia durante el período entre la muerte y justo antes de la resurrección. «Dormir» o «descansar» son los términos más utilizados. En algunos casos, la Escritura declara abiertamente que los muertos no hacen nada. El cuerpo sigue siendo un cadáver en la tumba durante este período.

Un buen pasaje clarificador se encuentra en Isaías 38:9-20. Aquí el rey Ezequías describe lo que espera experimentar en el Seol; esta es la perspectiva típica del Antiguo Testamento.

¿Qué tiene que decir el Nuevo Testamento sobre el estado actual de Ezequías y otros santos del Antiguo Testamento?

«Dios levantó a [Cristo], desatando los dolores de la muerte, porque no le era posible ser sostenido por ella. Porque David dice de él,

«Siempre he visto al Señor delante de mí,

porque él está a mi diestra para que no me estremezca;

por eso mi corazón se alegró, y mi lengua se regocijó;

mi carne también morará en esperanza.

Porque no abandonarás mi alma al Hades,

[Seol] **ni dejarás que tu Santo vea la corrupción.**

Me has dado a conocer los caminos de la vida;

me harás feliz con tu presencia.

«Hermanos, puedo decirles con confianza acerca del patriarca David que murió y fue sepultado, y su tumba está con nosotros hasta el día de hoy. Siendo por lo tanto un profeta, y sabiendo que Dios le había jurado con un juramento que pondría a uno de sus descendientes en su trono, previó y habló sobre la resurrección de Cristo, que no fue abandonado al Hades, ni su carne vio corrupción. A este Jesús Dios lo resucitó, y de eso todos somos testigos. Siendo, pues, exaltado a la diestra de Dios, y habiendo *recibido del Padre la promesa del Espíritu Santo, ha derramado esto que vosotros mismos estáis viendo y oyendo. Porque* **David no subió a los cielos**, *sino que él mismo dice,*

«El Señor le dijo a mi Señor,

Siéntate a mi mano derecha,

hasta que convierta a tus enemigos

en el estrado de tus pies.*»*

—Hechos 2:24-35

Es muy difícil leer este pasaje en un sentido figurado o imaginar que Pedro está describiendo la resurrección en un sentido espiritual, sabiendo que Cristo resucitó físicamente de los muertos. Pedro sabía y predicó después de Pentecostés que los siguientes detalles sobre David eran ciertos:

—El cadáver de David aún estaba en la tumba;

—David no ascendió al cielo (a partir del día de Pentecostés, la resurrección aún no había ocurrido);

—David estaba descansando en el estado de Seol («Hades» en griego);

—David recibió la promesa de que el Mesías sería su Descendiente;

—La única esperanza de David era que el Mesías derrotaría a la muerte (hacer de taburete para los pies de un enemigo una victoria total sobre ese enemigo).

Los principales enemigos de Dios son la muerte, el pecado y el diablo. La Biblia profetiza que cada uno de ellos será destruido.[5] Cristo debe reinar hasta que todos los enemigos sean derrotados.

¿No está David en el cielo tocando el arpa o cantando en el coro celestial? Este concepto no se encuentra en la Biblia. Ninguno de los santos del Antiguo Testamento ha resucitado todavía. El último enemigo en ser destruido es la muerte, pero eso no ha sucedido todavía para nosotros. (La muerte espiritual es otro asunto.) Romanos 6:5-9 explica que Cristo venció a la muerte por sí mismo, y nosotros los creyentes seremos resucitados como él cuando la muerte sea finalmente erradicada en el futuro.

Si el Seol es el lugar de descanso para el espíritu o el alma, ¿por qué David declararía confianza en que su alma no permanecería allí? Porque David creyó en la resurrección.[6] ¿Por qué hizo David la afirmación de que el cuerpo de Cristo no vería corrupción? Porque David sabía de su resurrección.

Debemos apreciar que las creencias bíblicas son únicas entre otras religiones modernas con respecto al estado de los muertos. Necesitamos examinar los fundamentos culturales para determinar de dónde obtuvimos nuestra información. Uno tendría que regresar antes de la *Épica de Gilgamesh* para encontrar las creencias más antiguas de la vida después de la muerte. La cultura mesopotámica que produjo *Gilgamesh* creía en una vida después de la muerte atrapada en el inframundo. Más tarde, la mitología egipcia,

---

5. Ver 1 Juan 3:8; Apocalipsis 21:4.
6. Ver Salmo 16:10; 17:15; y 49:15

babilónica y griega comenzó a popularizar la idea de un alma que subía al cielo para la persona promedio.

¿Inmortalidad del Alma?

Algunas personas han reportado una experiencia de «alma flotante» durante una operación —una aparente separación del cuerpo durante un incidente cercano a la muerte—. Yo mismo una vez experimenté algo así. Pero es imposible obtener evidencia empírica sobre la inmortalidad del alma, independientemente de las observaciones. Esto es una cuestión de creencia, no un hecho. Debemos diferenciar entre este tipo de afirmaciones y el mensaje coherente de la Biblia, el mismo tema repetido durante un período de 1.000 años. Las experiencias cercanas a la muerte son inherentemente subjetivas, coloreadas por el conocimiento y las creencias previas del individuo. No hay consistencia encontrada.

Los conceptos de «alma flotante» y cuerpo-espíritu se han abierto camino en el judaísmo y el cristianismo, culminando en la visión popular actual de que cada persona tiene un alma inmortal. Pero debemos tener mucho cuidado. Solo Dios es el verdadero Dios, solo él es inmortal, y sólo Dios concede la inmortalidad. Cualquier otra cosa es herejía.[7]

«He aquí, os digo un misterio: **No todos dormiremos***, pero todos seremos transformados: en un momento, en un abrir y cerrar de ojos, a la última trompeta. Porque sonará la trompeta, y* **los muertos resucitarán incorruptibles***, y* **nosotros seremos transformados***. Porque es necesario que esto corruptible se vista*

---

7. See 1 Timothy 1:17; 6:16; and John 17:1-3.

*de incorrupción, y **esto mortal se vista de inmortalidad**. Así que cuando esto corruptible se haya vestido de incorrupción, y esto mortal se haya vestido de inmortalidad, entonces se cumplirá la palabra que está escrita: «**La muerte se traga la victoria.**»*

—1 Corintios 15:51-54

Hay una gran diferencia entre creer que una persona tiene un alma o espíritu inmortal y creer que Dios tiene el poder de conceder la inmortalidad en la resurrección. Primera de Corintios 15 es muy claro en que somos mortales («un cuerpo de muerte»). Nuestra única esperanza es que Dios nos levante. Nuestros cuerpos serán redimidos en la resurrección.[8]

El alma encuentra su definición en la relación entre el cuerpo y el espíritu. Podemos encontrar algunos antecedentes útiles en la narrativa de la creación:

*«Entonces Jehová Dios formó al hombre del **polvo** de la tierra, y sopló en su nariz el **aliento** (espíritu) de vida; y el hombre se convirtió en un **alma** viviente».*

—Génesis 2:7

Dios puso «espíritu» en Adán. Viviendo ahora, el alma de Adán se hizo realidad.

La misma fórmula es verdadera en nosotros. Nuestros cuerpos, compuestos de polvo (elementos físicos), se combinan con el aliento (espíritu) para formar un alma (un ser vivo).[9]

---

8. See Romans 8:11, 23.
9. Aunque tendemos a enmendar esta definición de ser humano vivo, la Biblia no

Cuando el aliento deja un cuerpo, el alma se retira y nos quedamos en el estado de Seol; el cuerpo se convierte en un cadáver. No *tienes* alma. Tú eres un alma, —siempre y cuando tengas el aliento de la vida.

Mucha gente confunde «alma» con «espíritu», o usa «alma» como metáfora de su ser interior, como en «mi alma está turbada». En inglés, «soul» y «spirit» son básicamente intercambiables. Pero bíblicamente hablando, estos no tienen el mismo significado. Hay una completa confusión acerca de quiénes somos realmente como seres.

Para reparar nuestra comprensión de lo que significa ser un ser vivo, veamos una enseñanza bíblica sobre la muerte:

«Entonces el polvo volverá a la tierra como era, y el espíritu volverá a Dios que lo dio.»

—Eclesiastés 12:7

Lo que regresa a Dios aquí es el espíritu, el aliento animador de Dios. Según el antiguo concepto de la respiración, la respiración no era solo una prueba de que la respiración era vida. La muerte era la ausencia de aliento. Este concepto aparece en la visión de Ezequiel de los huesos secos (Ezequiel 37:1-14): El aliento de vida de Dios vuelve a entrar en los muertos, y la vida se reanuda. Esta visión se asemeja mucho al relato de la creación de cómo comenzó la vida humana. Antes de explorar cualquier significado

---

excluye explícitamente la vida no humana. Por ejemplo, Génesis 1:21 habla de las "almas" con las que Dios pobló los mares, aunque la mayoría de las traducciones en inglés hacen referencia a estos "seres vivos" o "criaturas vivientes". Y en Apocalipsis 8:9, leemos: "Una tercera parte de las criaturas que estaban en el mar y tenían vida, murieron"; la psique, la palabra traducida como "vida" en este pasaje, aparece en otra parte como "alma".

figurativo potencial de este pasaje (como la restauración de Israel como entidad geopolítica en 1948), debemos reconocer la imagen literal del día prometido de la resurrección.

Justo antes de la muerte de Jesús en la cruz (Lucas 23:46) y del martirio de Esteban (Hechos 7:59), cada uno pidió a Dios que recibiera su espíritu. Estos relatos son perfectamente consistentes con las descripciones del Antiguo Testamento del espíritu que abandona el cuerpo (como en Eclesiastés 12:7 arriba).

La creación de la vida y la salvación de la vida son similares en que cada una es concedida por el Espíritu. Esto no es una coincidencia.

El Espíritu da vida física y espiritualmente. Somos salvos hoy espiritualmente y salvos físicamente en la resurrección, debido al mismo Espíritu de Dios. Vemos este concepto claramente en Romanos 8:11.

La muerte física y la muerte espiritual son ejemplos de la ausencia del Espíritu de Dios. En la muerte física, su aliento animador ha desaparecido. Y mientras el Espíritu Santo no habite dentro de nosotros, permanecemos en la muerte espiritual. Estamos muertos física y espiritualmente sin el Espíritu. El Espíritu es el aliento de vida, y el Espíritu es el proveedor de fe para nuestra salvación (y también provee nuestra habilidad para hacer buenas obras).

Aquí Santiago compara la muerte física con la muerte espiritual:

*«Porque **como el cuerpo sin el espíritu está muerto**, así también la fe sin las obras está muerta.»*

—Santiago 2:26

Así como el aliento anima nuestro cuerpo, las buenas obras animan nuestra fe una vez que somos sellados con el Espíritu Santo (es decir, nacidos de nuevo y bautizados). Recibimos el Espíritu, tanto física como espiritualmente, como un don. La gracia siempre precede a las obras de la ley.

Dios habló, exhaló su aliento, entonces ocurrió la creación de la materia física. Dios sopló su Espíritu en esa materia física —el polvo de la tierra— y entonces sucedió la vida. Él respirará en el polvo de nuestros cadáveres en el día de la resurrección; entonces sucederá la vida eterna.

No es necesario que entendamos todo esto a nivel científico. No necesitamos proponer cómo Dios podría recuperar todo el polvo de santos esparcido de milenios pasados, ni debatir si el polvo servirá. El aliento de Dios es un misterio de nuestra fe, un puente entre lo celestial y lo terrenal. Mirar a la ciencia en busca de aclaraciones es inútil, ya que la ciencia no tiene idea de cómo comenzó realmente la vida; los científicos siguen pidiendo dinero de los impuestos o donaciones benéficas para financiar su búsqueda de respuestas.

Como los antiguos santos, solo podemos aceptar estos misterios por la fe.

Las palabras raíz en hebreo y griego para «espíritu» en la Biblia serían traducidas literalmente como «aliento».

Hablar y respirar están estrechamente relacionados con la vida misma en la mayoría de los mitos y culturas antiguas.

¿Son los escritos en Eclesiastés y Génesis solo poesía con metáforas u otro lenguaje análogo? ¿Debemos abrazar el antiguo concepto de la respiración divinamente entregada como literalmente exacta? ¿Cómo podrían las mitologías de las culturas antiguas estar coloreando nuestras nociones preconcebidas de la naturaleza del mundo? ¿Tratamos inconscientemente de hacer que la Biblia se ajuste a nuestras creencias preexistentes? Todas estas son preguntas vitales. La inerrancia sostiene que todos los escritos bíblicos son esencialmente verdaderos, pero hay una gran brecha entre creer que la Biblia contiene verdad subjetiva y descubrir realmente lo que es la verdad objetiva. La dificultad principal, como hemos explorado antes, es determinar si un escritor bíblico en particular quería registrar la historia, registrar el futuro o expresar verdades espirituales a través del lenguaje poético o figurativo. La inerrancia de la Biblia depende de la existencia de una interpretación objetivamente exacta.

Si usted cree que la Biblia es inerrante, no debe decir que el lenguaje simbólico está abierto a la interpretación personal. Si solo hay una Palabra de Dios, debe haber una interpretación corporativa para que la podamos discernir. Podemos tener algunos desacuerdos sobre puntos doctrinales menores, pero Dios sólo quería que predicáramos un solo evangelio. Y el evangelio se derrumba sin la promesa de la resurrección corporal.[10] Así que la

---

10. Ver 1 Corintios 15:12-19.

adherencia estricta a una resurrección física y corporal es un rasgo unificador necesario en el cuerpo de los creyentes.

Tenga cuidado de no añadir sus creencias o preferencias personales al mensaje del Evangelio. Al encajar con el mundo, diluyes la verdad.

No diluya el mensaje completo del evangelio de que los muertos justificados son resucitados a la vida eterna en el día de la resurrección.

El polvo es una palabra que hoy en día no tiene tanto peso como en las culturas antiguas. Asociaban el polvo (o la tierra, la arcilla, el suelo o la tierra) con la creación de la humanidad, un evento que conectaba el reino físico y el reino espiritual. El fundamento de quienes somos está basado en la materia física y el Espíritu. No importa si el polvo es una metáfora de la física: tiene un significado físico que transmitir. Según los registros más antiguos de que disponemos, la visión antigua era que los humanos fueron creados desde fuera de la tierra.

Redención a través de la Resurrección

Al leer los siguientes pasajes, trate de aplicar interpretaciones tanto físicas como espirituales. ¿Esto es literal, polvo físico o un símbolo que expresa una verdad espiritual?

«*Porque sé que mi Redentor vive,*

y al final se parará en la tierra.

Y ***después de que mi piel haya sido así destruida,***

pero en mi carne veré a Dios,

a quien veré por mí mismo,

y mis ojos lo verán, y no otro.

¡Mi corazón se desmaya dentro de mí!»

—Job 19:25-27

«*Cuando escondes tu rostro,*

están consternados; cuando les quitas el

aliento, mueren y **vuelven a su polvo.**

Cuando envías tu Espíritu, son

creados, y renuevas la faz de la

tierra».

—Salmo 104:29-30

«*Tus muertos vivirán; sus cuerpos resucitarán.*

Tú que habitas en el polvo, despierta *¡y canta de alegría!*

Porque tu rocío es un rocío de luz,

y **la tierra dará a luz a los**

muertos. *Venid, pueblo mío, entrad en vuestros*

aposentos y cerrad vuestras puertas detrás

de vosotros; escondeos un ratito

hasta que la furia haya pasado.[11]

Porque he aquí, **el Señor está saliendo de su lugar** *para castigar a los habitantes de la tierra por su iniquidad, y la tierra revelará la sangre derramada sobre ella, y no cubrirá más sus muertos».*

—Isaías 26:19-21

«*Los rescataré del poder del Seol; los redimiré de la Muerte. Oh, muerte, ¿dónde están tus plagas? Oh, Seol, ¿dónde está tu aguijón? La compasión está oculta a mis ojos.*»

— Oseas 13:14

Dios planea unirnos con él, pero primero debe redimirnos de la muerte eterna y liberarnos del Seol (o Hades[12]). En palabras de Oseas, Dios debe «rescatarnos» de la propiedad de la muerte. Redimir es ganar posesión.

---

11. Este versículo está hablando del descanso del Seol
12. Hades se utiliza como el equivalente griego de Sheol en la Biblia, pero el pensamiento griego en realidad asocia Hades con el infierno o el inframundo. Así que aunque hablamos de Cristo "descendiendo al infierno" en el Credo de los Apóstoles, Cristo no fue al Infierno de Dante sino al Seol, el lugar de descanso de los muertos.

La humanidad está bajo el poder de la muerte y del diablo. Alguien tiene que pagar nuestro rescate para liberarnos del cautiverio. Por medio de la muerte de Cristo en la cruz y su cumplimiento de la ley, Dios ha pagado el precio.[13] Él finalizará la transacción en la resurrección.

Bajo la ley estamos destinados a morir, pero ya no estamos bajo la ley (Gálatas 5:18) una vez que se nos ha dado la promesa de nuestra herencia. Cristo pagó nuestras multas en la cruz como un regalo para nosotros, cumpliendo así las promesas y profecías que encontramos desde Génesis 3:15 en adelante.

El plan de redención de Dios es darnos la herencia para que podamos tener una relación eterna con él como parte de su familia. Él nos llama herederos, hijos y hermanos y hermanas en Cristo. Su plan maestro es reunir a la familia.

Dios explica su plan a través de su promesa a Abraham, la promesa que es para todos los pueblos de todos los puntos de la historia. Abraham creyó en las promesas de Dios —incluso confiando en Dios para liberar a su hijo Isaac de la muerte— y Dios acreditó esta fe como justicia. Antes de que Abraham pudiera demostrar su creencia, Dios ya le había dado la promesa incondicional a través de la gracia. Así que la fe de Abraham fue en sí misma un regalo, y no una obra justa para la salvación. Dios misericordiosamente declaró a Abraham justo —Abraham no probó su justicia ni se ganó su propia salvación—.

Nuestra fe está enfocada en Dios, el que nos da nuestra fe. La fe es un regalo de Dios, no algo que creamos a través de

---

13. Ver 1 Corintios 6:20; Hebreos 9:15.

la fe. La creencia es secundaria. Es importante, pero no el aspecto clave de la fe.

*«Ahora bien, al que trabaja, su salario no se cuenta como un regalo, sino como lo que le corresponde. Y al que no trabaja, sino que cree **en el que justifica al impío**, su fe es contada como justicia».*

—Romanos 4:4-5

Note que la creencia no es lo que justifica a una persona; solo Dios justifica.

La fe viene al escuchar la Palabra de Dios y luego creer en sus promesas, tal como lo hizo Abraham hace mucho tiempo. Recibimos la fe como un regalo puro. La gracia tiene que ser lo primero, luego podemos creer. La fe sigue a la gracia así como la ley sigue a la gracia. Dios dio gracia a la nación de Israel al sacarlos de Egipto (como se establece en su preámbulo de los Diez Mandamientos en Éxodo 19:4). Entonces se suponía que debían vivir su fe basada en una creencia en la gracia; desafortunadamente, el pueblo de Israel se centró en las obras, confiando en su propia obediencia imperfecta a la ley de Dios para su salvación.[14]

*«Arrepentíos, pues, y convertíos a Dios, para que vuestros pecados sean borrados, a fin de que vengan del Señor tiempos de refrigerio, y para que envíe al Cristo, que ha sido señalado para vosotros, a Jesús. **Debe permanecer en el cielo hasta que llegue el momento de que Dios lo restaure todo, como prometió hace mucho tiempo** a través de sus santos profetas».*

—Hechos 3:19-21

14. Ver Romanos 9:31-33 y Hebreos 4:2.

Pedro resultó ser un gran evangelista después de recibir el Espíritu Santo en Pentecostés. Tres mil fueron bautizados después de su sermón anterior (Hechos 2:14-41). Él sabía que Cristo iba a regresar, habiendo visto la visión de la Transfiguración de la gloria que cumpliría la promesa del reino en la tierra y restauraría todo a la intención original de Dios. Es por eso que los discípulos preguntaron si las promesas del reino iban a ser restauradas después de la resurrección de Cristo (Hechos 1:6). Sabían que las promesas a Abraham aún no se habían cumplido. Pero todavía no se daban cuenta de que Dios tenía un plan más grande para los santos del Antiguo Testamento, un plan que se cumpliría con nosotros.[15]

El plan de Dios para traer el reino a la tierra implica un regreso al Edén virgen. Él restaurará todo a un estado de perfección; el mundo será como era antes de la caída de la humanidad en el pecado, pero sin la amenaza existencial de la muerte y el diablo. Tal resolución cumplirá las promesas de Dios a Adán y Eva, a los patriarcas y a la humanidad misma.

Pero este último cumplimiento aún no se ha producido. ¿Qué hay del ladrón en la cruz? ¿No le prometieron el paraíso el día de su muerte? En realidad, ¿qué es el paraíso? ¿Son las coordenadas geográficas del Edén terrenal? ¿Es el reino celestial de Dios, que aún no ha venido a la tierra? ¿Es un reino que se establecerá en la tierra prometida?

*«Y [el ladrón] dijo: "Jesús, acuérdate de mí cuando vengas a tu reino". Y él le dijo: «De cierto te digo que **hoy** estarás conmigo en el paraíso».*

---

15. Ver Hebreos 11:10-16, 39-40.

—Lucas 23:42-43

En cuanto a la palabra «hoy», es importante recordar que las traducciones de la Biblia se derivan de textos antiguos que no incluyen la puntuación. No sólo de este texto sabemos si Cristo hizo una pausa antes o después de la palabra «hoy». Poner una pausa antes o después de «hoy» proporciona dos significados muy diferentes del texto. En nuestro caso podemos añadir dos puntos antes y después de «hoy» para mostrar diferentes interpretaciones.[16][17] Estos dos puntos impactan en el significado de la declaración de Jesús. Veamos las dos variantes.

1. *«En verdad te digo que: hoy estarás conmigo en el paraíso.»*

Según esta interpretación, el día de la muerte de Cristo, el ladrón y Cristo fueron juntos a un lugar llamado «paraíso» -que Jesús implicó que era equivalente a su reino. Sin embargo, sabemos por otros pasajes que Cristo fue al Seol y a la tumba, no al cielo, inmediatamente después de su muerte.

---

16. Ver "La coma de Lucas 23:43" por Grace Communion International. (www.gci.org/articles/the-comma-of-luke-2343, consultado el 4 de junio de 2019). Este artículo aborda la necesidad de interpretar el pasaje sin basarse en la coma arbitraria, aunque en última instancia equipara el "paraíso" con el Seol. Esta conclusión plantea sus propios problemas, como veremos más adelante.

17. Vale la pena notar las versiones griegas de Lucas 4:21 (biblia.com/text/luke/4-21.htm) y 19:9 (biblia.com/text/luke/19-9.htm). En ambos versículos, Jesús anuncia un acontecimiento que ha ocurrido inequívocamente en ese momento: "Hoy se ha cumplido esta Escritura"; "Hoy ha llegado la salvación a esta casa". La conjunción griega hoti aparece en cada versículo para conectar "hoy" con el acontecimiento. Pero Luke 23:43 no contiene esta conjunción. Al negarse a usar hoti en este caso, Lucas decidió no conectar explícitamente "hoy" con el cumplimiento de la promesa de Jesús.

¿Acaso el ladrón también «descendió al infierno» como dice el Credo de los Apóstoles? Incluso si definimos el infierno como el infierno en este caso, ¿podría ser el paraíso — una imagen del reino de Cristo —?

Al colocar los dos puntos delante de «hoy», forzamos una interpretación figurativa de al menos un elemento del pasaje. Claramente el paraíso, el Seol, y el reino no pueden referirse literalmente al mismo lugar. Así que Jesús no pudo haber estado hablando del paraíso como un lugar literal en los reinos terrenal o celestial porque él mismo no fue a tal lugar en ese tiempo. Un paraíso no literal es profundamente insatisfactorio, y un cumplimiento inmediato es el objetivo de insistir en la colocación de los dos puntos, así que nos quedamos torpemente aislados «conmigo» como la única cláusula figurativa en un pasaje que de otra manera sería literal. En otras palabras, «Hoy estarás en el paraíso, y yo también estaré allí tan pronto como descienda a hades, me levante de la tumba, pase otros 40 días con mis discípulos, y luego ascienda al cielo».

2. *"En verdad te digo hoy: que estarás conmigo en el paraíso"*

Según esta interpretación, Cristo aseguró al ladrón que podía tener confianza en la salvación. «Hoy» marcó el inicio de la promesa. El destino del ladrón estaba asegurado, pero no se completará en ese momento. Todas las demás personas a lo largo de la historia reciben el mismo mensaje de salvación «ahora y aún no». Cristo quiso que el ladrón tuviera la seguridad «hoy» de que entraría en el reino futuro en el día de la resurrección. Cada parte de este pasaje es literalmente cierta.

La palabra traducida aquí como «paraíso» es parádeisos, una antigua palabra persa que significa «jardín» o «parque». El concepto del paraíso de los jardines se repite muchas veces en la Biblia, a menudo con referencias a un futuro «árbol de la vida» que hace eco del Edén (estudiaremos estas referencias con más detalle en el Volumen II). El paraíso que espera al ladrón —o a cualquier persona «buena»— debe parecerse a una de estas dos opciones:

1. El alma de una persona flota hacia una vida después de la muerte, pero no sabemos qué sucede exactamente porque la Biblia no establece detalles específicos sobre el paraíso o el Seol. Según la imaginación popular, podríamos recibir algún tipo de cuerpo celestial con el que jugar al golf con San Pedro o cantar en el coro celestial.

2. Después del evento de la resurrección, los creyentes vivirán junto con Cristo en la Tierra Prometida, el reino del cielo en la tierra. Cristo no mencionó detalles en la cruz, pero muchos otros pasajes de la Escritura describen lo que Dios tiene en reserva.

Hay muchas ideas de cómo podría ser un paraíso de pre-resurrección, y algunas permiten un futuro: un paraíso «completo» de cuerpos resucitados en una tierra completamente restaurada. Pero estos enfoques híbridos todavía se basan en el mito del alma inmortal. Las Escrituras no nos prometen un cuerpo-espíritu antes de la resurrección de los muertos. Debemos tener cuidado de no complementar las promesas bíblicas con enseñanzas mitológicas de gratificación instantánea.

Dios puede crear, sostener o destruir a una persona si así lo desea. No tiene sentido pensar que somos inmortales. Los ángeles y otros seres creados pueden morir si Dios elige. Los caídos morirán, como vemos en el Salmo 82:6-7.[18] Dios puede hacer cualquier cosa que elija dentro de su naturaleza. Su inmortalidad y poder sobre las criaturas mortales es absoluto. Cualquier visión de la vida después de la muerte que insista en la inmortalidad de las almas humanas contradice esa verdad, y por lo tanto es un mito, no el verdadero evangelio.

---

18. Cristo citó este Salmo para otro propósito en Juan 10:34-36.

CAPÍTULO 9.

MITOS CULTURALES DE LA VIDA DESPUÉS DE LA MUERTE

La influencia mitológica griega se ha infiltrado en el cristianismo desde sus orígenes. En los primeros días de la Iglesia. Ya que el gnosticismo y otras creencias fueron pronunciadas como desviaciones de la enseñanza bíblica, los primeros líderes de la Iglesia reprimieron y desecharon fácilmente tales argumentos heréticos. Pero la cultura griega continuó influenciando silenciosamente a la Iglesia, hasta el punto de que algunas de las enseñanzas tradicionales que hoy en día aceptamos acríticamente tienen fundamentos mitológicos.

Una de las primeras fuentes de influencia griega directa en el cristianismo fue Atenágoras (nacido en Atenas el 127 d.C.). En sus primeros días como filósofo, practicó el platonismo (que contiene una creencia de la inmortalidad natural del alma). Inicialmente se opuso a las afirmaciones del cristianismo; en un esfuerzo por desarrollar sus contraargumentos, estudió los escritos cristianos, sólo para encontrarse persuadido por lo que leyó. Después de su conversión al cristianismo, continuó aferrándose a la creencia de que el alma sobrevive al cuerpo. En el capítulo 31 de su Plegaria a los cristianos, dice: «*Estamos persuadidos de que cuando nos alejemos de la vida presente viviremos otra vida... como espíritu celestial...o, cayendo con los demás, peor y en el fuego; porque Dios no nos ha hecho....para que perezcamos y seamos aniquilados*».[1]

Tal vez nunca antes en el cristianismo ortodoxo se había enseñado que vivimos como un espíritu celestial en la próxima vida. Mientras que los gnósticos eran denunciados por demonizar el cuerpo, esta enseñanza más suave de una vida después del cuerpo tenía una huella duradera en la ortodoxia.

Aunque fue uno de los primeros en adoptarla, Atenágoras no fue el líder cristiano más influyente que se inspiró en las enseñanzas platónicas y en los mitos griegos. Clemente de Alejandría fue una figura clave, junto con su estudiante Orígenes, que se cita a continuación:

"*Seremos arrebatados en las nubes para encontrar a Cristo en el aire, y así estaremos siempre con el Señor. Por lo tanto, debemos suponer que los santos permanecerán allí hasta que reconozcan el doble modo de gobierno en aquellas cosas que se realizan en el aire......*

"*Pienso, pues, que todos los santos que se aparten de esta vida permanecerán en algún lugar de la tierra, al que la Sagrada Escritura llama paraíso, como en algún lugar de instrucción y,*

---

1. Para más información sobre los conceptos de inmortalidad natural y condicional que compiten entre sí, vea La Doctrina de la Inmortalidad en la Iglesia Primitiva por el Dr. John H. Roller, AB, Th.M, Ph.D.https://www.truthaccordingtoscripture.com/documents/death/immortality-early-church/John Roller -- Doctrine of Immortality in the Early Church.pdf. Accedido mayo 12, 2019.

por así decirlo, aula o escuela de almas, en la que deben ser instruidos sobre todas las cosas que han visto en la tierra...."

*«Si alguien es puro de corazón, y santo de mente, y más practicante en percepción, ascenderá rápidamente a un lugar en el aire, y alcanzará el reino de los cielos, a través de esas «mansiones», **por así decirlo, en los diversos lugares que los griegos han llamado esferas, es decir, globos, pero que la Sagrada Escritura ha llamado cielos.**»*

—Origen, *De Principis*, II, cap. xi.

Note la relación híbrida entre el mito griego y las Escrituras. Orígenes fue uno de los principales contribuyentes al cristianismo occidental. Su influencia todavía se realiza hoy en día; muchas de las principales sectas y denominaciones cristianas continúan creyendo en este modelo híbrido. La mayoría de la gente no se da cuenta de lo mucho que la Iglesia toma prestado de Platón, quien fue influenciado por los mitos egipcios y babilónicos. Luchamos para notar estas influencias mitológicas porque nuestra cultura occidental secular ha sido moldeada por las mismas influencias.

Esta es la principal crisis de la Iglesia en Occidente: una cosmovisión mitológica llevó a los líderes formativos de la Iglesia a sesgar sus interpretaciones de la Biblia, cambiando así el evangelio. ¿Increíble? Sucedió.

En textos muy antiguos, sólo los dioses podían resucitar después de la muerte; cuando un mortal o semidiós moría, no tenían ninguna posibilidad de resucitar después de la muerte.[2] El espíritu o alma de la persona quedaría atrapado en el inframundo para siempre. No encontramos una referencia mitológica a una vida después de la muerte celestial para los mortales regulares hasta Pitágoras, quien relató un mito egipcio sobre las almas flotantes a bordo de las naves solares. Platón lo tomó de allí, y su filosofía lo convirtió en teología judía y cristiana. Pablo se está revolcando en su tumba.

Los cristianos y los eruditos hebreos helenizados desarrollaron una creencia en la inmortalidad del alma o espíritu de una persona a través del contacto con los griegos (y otros paganos que llevaban influencias mitológicas). Los griegos habían formado sus mitologías a partir de las visiones babilónica y egipcia de las religiones de misterio órficas. La filosofía de Platón, en particular, mezcló estas creencias en un concepto que hoy en día está ampliamente difundido en los círculos cristianos y seculares por igual dentro del mundo occidental.

«Cuando el concepto del alma se desarrolló aún más en el mundo griego, se hizo una aguda distinción entre el cuerpo mortal y el alma inmortal que se origina en el mundo divino. Solo los últimos viajes en el mundo venidero. La idea de un viaje del alma aparece ahora en la literatura griega. Según los escritos órficos (siglos VI - V a.C.), que introducen la idea, la meta de las almas es regresar a su hogar celestial después de largos viajes. Hades ahora se convierte en el lugar del castigo, el infierno. Platón introdujo en la filosofía griega la creencia de la inmortalidad del alma y

---

2. Vea el final de la Epopeya de Gilgamesh en la que Gilgamesh roba, y pierde rápidamente, una planta rejuvenecedora del inframundo. Texto disponible en www.ancienttexts.org/library/mesopotamian/gilgamesh/tab11.htm Accedido el 20 de mayo de 2019.

sus muchas [re]encarnaciones hasta la meta de la purificación final. Según el mito, el alma va al lugar del juicio después de dejar el cuerpo. Allí los jueces ordenan a los justos que suban al Cielo... La idea cambia gradualmente de un descenso del alma al inframundo, a un ascenso del alma al Cielo».

—Gerhard Kittel[3]

El historiador George Ladd muestra que estos conceptos no bíblicos del espíritu y el alma fueron introducidos en el período intermedio entre la escritura del Antiguo y Nuevo Testamento.

«*En el período intertestamental, debe notarse un desarrollo distinto; tanto pneuma [espíritu o aliento] como psyche[alma] son concebidos como entidades capaces de una existencia separada. El uso paulino de la psique está más cerca del Antiguo Testamento que la literatura intertestamental. Pablo nunca usa la psique como una entidad separada en el hombre, ni insinúa que la psique pueda sobrevivir a la muerte del cuerpo. Psique es la "vida" entendida en un contexto hebreo.*»[4]

El *Diccionario de Pablo y Sus Cartas* (DPHL) dice esto acerca de las creencias de Pablo con respecto a la resurrección:

La enseñanza de Pablo sobre la resurrección corporal surge de una antropología judía en la que el «alma» [hebreo: nephesh; griego: psique] es el principio animador de la vida humana. En el pensamiento judío dominante los seres humanos no tienen alma, son almas......

"Dados estos antecedentes es perfectamente comprensible cómo

---

3. Kittel, Gerhard. Theological Dictionary of the N.T., Vol. VI, p. 568.
4. George Eldon Ladd. Una teología del Nuevo Testamento, 459-60. 1974

en Romanos 8:23 Pablo describe los efectos de la resurrección en términos de la última "redención" de nuestros cuerpos".[5]

Los conceptos bíblicos literales de cuerpo, alma y espíritu son diferentes de la versión occidentalizada que nos trajeron los griegos.

También debemos tener en cuenta que el platonismo incluye la idea de que el reino físico es malo y que el reino de los espíritus es superior. Observe cómo el pensamiento occidental actual hace eco de ese tema al fijarse en el fin del mundo en el que todo lo físico es destruido.

Incluso dentro del cristianismo occidental, persiste la idea de que solo el cielo existe eternamente, mientras que toda la materia física desaparecerá o será destruida a través de la ira de Dios del tiempo-del-fin. Esto contradice la promesa de la tierra y el nuevo concepto (regenerado) de la tierra que aparece a lo largo de la Biblia.

Muchas profecías declaran que Dios traerá «cielos nuevos y tierra nueva».[6] Este evento del tiempo-del-fin está asociado con la restauración, la redención, la regeneración, la renovación y la limpieza después de que tenga lugar el juicio.

¿Por qué Cristo crearía y heredaría la tierra sólo para destruirla? Isaías 45:17-18 nos dice que Cristo tiene un propósito para la tierra. El fuego sí aparece en las profecías del tiempo-del-fin, pero las imágenes duraderas son de una

---

5. Diccionario de Pablo y sus cartas, p. 810. InterVarsity Press, 1993.
6. Ver Isaías 65-66; Mateo 19:28; 2 Pedro 3:13; y Apocalipsis 21:1.

tierra restaurada a su estado virgen-no de un mundo destruido.[7]

«La restauración de todas las cosas» implica que en un sentido literal todas las cosas volverán a un estado edénico. Ya sea que quieras llamar a este nuevo mundo la Tierra Prometida, el cielo, el Huerto del Edén Parte II, el paraíso o el reino de los cielos, la obra restauradora de Dios ha comenzado, pero aún no se ha completado.

El gran amor de Dios lo impulsa a redimir su creación; a través de su plan maestro, cumplirá su deseo de vivir con nosotros para siempre. Vemos este plan resumido en Efesios 1:10 y realizado a través de toda la Biblia desde Génesis hasta Apocalipsis.

Es muy importante llegar a una comprensión correcta del Antiguo Testamento a la luz de las promesas incorporadas en el nuevo pacto; Este conocimiento fundamental asegura que prediquemos el mensaje genuino del evangelio. Una vez que entendamos las promesas y el fundamento del pacto en relación con los tres grandes eventos del tiempo-del-fin y el recibo de nuestra herencia, veremos un tema común y coherente a lo largo de toda la Biblia.

Sería bueno si los cristianos pudieran enviar un mensaje consistente al mundo. Los mensajes mezclados producen una recepción mixta. ¿Por qué no puede haber un solo evangelio? Ha pasado mucho tiempo desde que los cristianos se unieron de diferentes sectores de la vida en torno a un entendimiento literal común de la Biblia.

---

7. Discutiremos el tratamiento del fuego en el Apocalipsis en el Volumen II. Vea Deuteronomio 29:29.

Si tomas solo una cosa de este libro, debería ser este punto: Las Escrituras claramente dicen que una resurrección corporal es nuestra única esperanza. Podemos estar en desacuerdo en los detalles de lo que precede al evento de la resurrección, o lo que sigue, pero el punto vital es que estaremos con Cristo en la tierra restaurada.

¿Servirá un reino terrenal «milenario» como preludio al Día de la Resurrección? ¿Marcará la resurrección el comienzo del reino eterno de Dios en la tierra? Estos debates sólo importan si el reino se establece en la tierra, no en algún reino celestial o lugar místico.

Abraham es la primera persona de cualquier registro significativo que se demuestre que anticipa la resurrección; los mitos religiosos anteriores sostenían que la resurrección era solo para los dioses. Adán y Noé probablemente tenían alguna conciencia de la habilidad de Dios para resucitar sus cuerpos; sin embargo, en ninguna parte de sus relatos bíblicos surge este tema. Provenientes de la influencia de Abraham, las principales religiones monoteístas compartían la creencia de que la gente común tenía acceso al don de Dios de la resurrección física de los muertos (los monoteístas modernos se han desviado de sus raíces a este respecto). Abraham también nos ofrece el principal ejemplo bíblico de fe en el plan del evangelio iniciado en Génesis 3:15.

Si Dios puede crear vida en el vientre (Eclesiastés 11:5), puede sostener la vida. Si Dios puede levantar «huesos secos» del polvo del que vinieron y tejerlos en un cuerpo recién restaurado (Ezequiel 37:1-14), también puede traer de vuelta la conciencia que está almacenada en el lugar de descanso del Seol. Si Dios creó a la humanidad en el principio, ciertamente puede resucitar la materia física (Salmo 104:29-30) y darnos cuerpos glorificados como él glorificó el cuerpo resucitado de Cristo. La resurrección puede sonar insensata, pero si tenemos fe para creer en una creación literal, tenemos suficiente para aceptar la resurrección. Hay muchas verdades que deseamos entender, pero Dios sólo revela algunas.

La sustancia y el tiempo de los eventos del tiempo-del-fin descritos en el libro de Apocalipsis son mucho menos importantes de entender que el evangelio de los tiempos-del-fin. Es de suma importancia que entendamos la oferta de salvación de Dios para nosotros y para el mundo.

Oposición antigua y moderna

¿Es el cristianismo como todas las demás religiones del mundo que plantean el mito de un alma flotando hacia el cielo (o hacia el infierno)? ¿O un entendimiento literal de la Biblia obliga a la creencia de una resurrección física en un cuerpo glorificado? ¿Es la Biblia un libro simbólico que invita a la interpretación basada en preferencias individuales? ¿O es una revelación de Dios que debe tener una interpretación colectiva?

En la epopeya hindú *Mahabharata*, Krishna aboga por una forma de resurrección a través de la reencarnación, diciéndole a Arjuna: «*Nunca hubo un tiempo en que yo no existiera, ni tú, ni todos estos reyes; ni en el futuro ninguno de nosotros dejará de existir*».

Las religiones panteístas orientales comparten una creencia en una colectividad cósmica eterna. Curiosamente, estas religiones se remontan a una forma temprana de monoteísmo. Vemos rastros en los primeros registros escritos indios y chinos de un Dios creador supremo monoteísta que gobierna sobre «dioses» menores (similar al tratamiento bíblico de la supremacía de Dios sobre los dioses de los egipcios y los filisteos).[8]

El surgimiento de la física cuántica en nuestra era moderna plantea nuevamente la antigua idea oriental de que todos somos parte de la misma conciencia. Los partidarios de la mística de la Nueva Era señalan estas teorías científicas como evidencia, aunque los físicos cuánticos mismos no están tratando de promover un sistema de creencias religiosas.

Aunque la física cuántica sugiere algún nivel de conectividad humana, esto no significa que usted y yo carezcamos de una naturaleza individual. Los científicos no pueden probar si nosotros existimos como individuales separados o como parte de la conciencia combinada compartida por toda la materia que reside en el universo entero.

La física cuántica nos diría que el polvo no existe realmente en ningún lugar específico en un nivel final, sino que se

---

8. Ya en el siglo 23 a.C., los chinos ofrecieron sacrificios a ShangDi, el "gobernante celestial". Para más información, ver "El Dios Original Desconocido de China" por el Dr. Ethel Nelson (1 de junio de 1998. answersingenesis.org/genesis/the-original-unknown-god-of-china/#a1. Accedido junio 4, 2019). Y la antigua India creía en un "Dios de los dioses" conocido como Rudra, el eterno y unificado que contenía todo lo que se veía y no se veía en el universo. Los atributos de Rudra se describen en el Atharvashiras Upanishad, un texto que data aproximadamente del siglo V a.C. Para ver un extracto, véase Researches Into the Nature and Affinity of Ancient and Hindu Mythology (pág. 443. 1831) de Vans Kennedy (books.google.com/books?id=bU1OZhGq8qUC&pg=PA443. Accedido junio 4, 2019).

«mueve» en la conciencia cósmica. Puesto que todo está conectado de alguna manera dentro de este reino cuántico, hay una nueva realidad que aún no hemos percibido. Sin embargo, estas ideas científicas de vanguardia no son nuevas en absoluto; las religiones orientales han promovido la idea de la colectividad cósmica durante miles de años. El progreso científico sólo nos permite usar diferentes palabras para describir nuestras grandes ideas sobre el universo. Hay poco que podamos probar. La ciencia no puede desplazar a la fe.

Ningún ser humano (aparte de Cristo cuando estaba en la tierra) ha probado nunca nada sustancial acerca de cómo Dios creó o sostiene el universo. Sin pruebas, no puede haber reclamaciones. Solo necesitamos leer Job 38-41 para ver una explicación de la comprensión de Dios comparada con la de los humanos. O Dios lo ha revelado, o no podemos saberlo.

Después de que Dios pasa esos cuatro capítulos recordándole a Job todo lo que no entiende sobre el mundo, Job responde, *«Por eso me desprecio a mí mismo, y me arrepiento en polvo y ceniza»* (Job 42:6).

El resumen del trabajo lo dice todo. La mayor parte del libro parece apuntar a la sabiduría y justicia de Job. Pero al final, se arrepiente y se vuelve hacia Dios, confesando que realmente no sabía ni comprendía mucho. Job fue humillado. Dios favorece a las personas humildes que se vuelven completamente hacia él.

Como cristianos, no deberíamos necesitar pruebas científicas de la existencia de Dios u otros asuntos de fe porque ya tenemos nuestra respuesta. La fe es la evidencia de lo invisible (Hebreos 11:1-3). En la fe, leemos pasajes sobre el derramamiento del Espíritu (como Gálatas 4:6) y recibimos estos dones espirituales del reino celestial.

Una persona que ha recibido gracia por el Espíritu Santo sabe que vino de una fuente invisible, así que esta persona tiene «prueba» de la fe que Dios proveyó. Pero un no creyente que quiere pruebas de lo que no se ve necesita tener un corazón abierto y humilde como un niño o rechazará a Dios antes de que tenga la oportunidad de proveer la «prueba».

«De cierto os digo que el que no reciba el reino de Dios como un niño, no entrará en él.»

—Lucas 18:17

Este versículo ha creado mucha confusión. Muchos piensan que significa que una persona necesita tener una fe simple y muy básica, como la creencia ingenua de un niño en Santa Claus. Pero la fe no es una creencia. El punto principal de Jesús es que un niño no trae nada a la mesa. Los niños simplemente confían en otra cosa, no en ellos mismos o en su propio grado de fe. No hay grados de fe en sí misma, ya que es 100 por ciento basada en la gracia. Sólo hay grados de humildad basados en cuánto confiamos en Dios versus nuestro propio entendimiento. La creencia es secundaria al don mismo.

Aunque Pedro pasó tres años al lado de Jesús, dijo que Dios no distinguía entre su fe y la de un gentil recién convertido (Hechos 15:8-11). Dios nos exige que nos humillemos y adoptemos una actitud de niño si queremos obtener la fe para ser salvos en el reino de Dios.[9]

Dios no puede entrar y fusionarse con un corazón pecador. Así que Dios nos da un corazón nuevo y limpio.[10] Debemos nacer de nuevo, no simplemente limpiados. Somos una nueva creación.[11]

Primero viene un encuentro con la Palabra (evangelio); luego creemos o rechazamos el mensaje. Necesitamos abrazar el don de fe de Dios sin depender de nuestros sentidos o de cualquier método científico. La prueba viene a través de la experiencia del Espíritu obrando en nuestras vidas en una relación continua. Dios quiere que creamos y confiemos sólo en él, no en nuestro propio entendimiento o en nuestra capacidad de tomar decisiones. Él nos permitirá probar y probar su bondad (1 Tesalonicenses 5:21), pero no podremos probar ciertas cosas (por ejemplo, ver Eclesiastés 11:5).

Ciertamente sabemos por las Escrituras que Dios quiere estar conectado a nosotros a través de su Palabra y Espíritu. Dios se acerca a nosotros en su manera paradójica, ofreciéndose a ayudarnos a comenzar de nuevo como una creación espiritual en un viejo cuerpo físico. Entonces experimentamos la paradoja de que muchos todavía no lo son, convirtiéndonos en parte de un solo cuerpo de creyentes. Este no es el colectivo cósmico oriental, pero

---

9. Ver Mateo 18:3-4.
10. 2 Corintios 6:14-16 enseña que nosotros también debemos abstenernos de mezclar el bien y el mal.
11. Ver 2 Corintios 5:17.

compartimos el mismo Espíritu y el mismo bautismo.[12] Una de las grandes oraciones sacerdotales de Cristo se encuentra en Juan 17.

«No pido solo esto, sino también por los que creerán en mí por su palabra, para que todos sean uno, como tú, Padre, estás en mí, y yo en ti, para que también ellos estén en nosotros, para que el mundo crea que tú me has enviado. La gloria que me has dado, yo les he dado, para que sean uno como nosotros, yo en ellos y tú en mí, para que se conviertan perfectamente en uno, a fin de que el mundo sepa que tú me enviaste y los amaste, así como me amaste a mí. Padre, deseo que los que me has dado estén conmigo donde yo estoy, para que vean mi gloria que me has dado porque me has amado desde antes de la fundación del mundo».

—Juan 17:20-24

La ciencia, la mitología, la filosofía y los conflictos religiosos no han afectado la sustancia de este mensaje evangélico en los varios miles de años que han pasado desde su creación. El mensaje evangélico es anterior incluso a la cultura sumeria. Ningún otro mensaje ha viajado más lejos a través del tiempo, y ha resistido los desafíos de otras religiones y creencias todo el tiempo.

Este mensaje permaneció constante a través de numerosos profetas, mensajeros y autores bíblicos. Tal vez nuestras percepciones de lo que dice la Biblia han cambiado con el tiempo, pero la Biblia no tiene la culpa de nuestras propias interpretaciones erróneas.

Escondido a plena vista está el mensaje más antiguo de la

---

12. Ver Efesios 4:4-6.

historia, repetido a través de innumerables pasajes del libro más ampliamente publicado de todos los tiempos.

Sabemos por el registro del Creador que hay múltiples reinos de existencia, el terrenal y el celestial, el visto y el no visto. La ciencia se ha centrado durante mucho tiempo en lo que se puede ver, mientras que minimiza lo que no se puede observar o medir.

Pero ahora las ciencias cuánticas están tratando de entender los elementos invisibles del universo. ¿Cuál es la relación entre lo que se ve y lo que no se ve? Algunas religiones orientales afirman que lo invisible y lo visible son uno solo. El platonismo enseña que todo lo que se puede ver es malo y que solo lo invisible es bueno. La Biblia enseña que lo que se ve será restaurado y lo que no se ve se fusionará con él algún día (ver Efesios 1:7-14, especialmente el verso 10). Esta enseñanza culmina en el fin de la Revelación.

A veces es fácil detectar mentiras antiguas. Pero cuando le resulte difícil distinguir la verdad, en lugar de confiar en su propio entendimiento (invención), confíe en las palabras del Creador (revelación) que se encuentran en la Biblia. Todo se revelará finalmente en «el último día».

«Aquí hay algunos versículos para considerar:

«¡Cómo has caído del cielo,

oh estrella del día, hijo de la aurora!

¡Cómo has sido derribado al

Suelo, tú que humillaste a las naciones!

Dijiste en tu corazón,

Subiré al cielo;

sobre las estrellas de Dios

Pondré mi trono en alto;

Me sentaré en el monte de la asamblea

en los lejanos confines del norte;

Subiré por encima de las alturas de las

nubes; me convertiré en el Altísimo».

—Isaías 14:12-14

Los seres creados siempre han querido vivir eternamente y ascender al cielo; incluso antes de la creación de la humanidad, los seres angélicos se enfrentaban a los mismos impulsos. Satanás, por ejemplo, cayó. Y cuando la humanidad tuvo su turno, rápidamente caímos en pecado también.

*«Pero la serpiente dijo a la mujer: **"Seguramente no morirás"**. Porque Dios sabe que cuando comas de ella tus ojos se abrirán, y serás como Dios, conociendo el bien y el mal.'»*

—Génesis 3:4-5

Vayamos al corazón del asunto:

«Hijo del hombre, di al príncipe de Tiro: Así dice el Señor Dios:

Porque tu corazón está orgulloso, y has dicho "Yo soy un dios, me siento en el asiento de los dioses, en el corazón de los mares", pero tú no eres más que un hombre, y ningún dios, aunque hagas que tu corazón sea como el corazón de un dios».

—Ezequiel 28:2

«*Pero cuando su corazón se elevó y su espíritu se endureció de tal manera que actuó con orgullo, fue derribado de su trono real, y su gloria le fue arrebatada.*»

—Daniel 5:20

Como podemos ver, a Dios no le gusta cuando sus seres creados no escuchan su Palabra y se sientes orgullosos. Cuando reclamamos la inmortalidad de nuestra alma o tratamos de escalar nuestro propio camino al cielo, caemos en viejos trucos que solo conducen a más falsas creencias. Así que tenemos que ser muy cuidadosos para que nuestras creencias coincidan con lo que está claramente declarado en la Biblia.

El diablo atrajo a Adán y Eva con la promesa de la inmortalidad; hoy, el 79 por ciento de los estadounidenses creen que tienen un alma inmortal.[13] Esto no puede ser una coincidencia. La humanidad, como siempre, está siendo engañada.

Se han publicado muchos estudios exhaustivos sobre las similitudes y diferencias de las creencias hebreas en comparación con otras culturas antiguas. Dada la

---

13. "Los estadounidenses describen sus opiniones sobre la vida después de la muerte". 21 de octubre de 2003. El Grupo Barna. www.barna.com/research/americans-describe-their-views-about-life-after-death/. Accedido mayo 20, 2019.

revelación directa de Dios, la perspectiva bíblica debe diferir considerablemente del punto de vista cultural mayoritario con respecto a la inmortalidad en particular. Pero el diablo nos engaña para que sigamos la sabiduría mundana en lugar de aferrarnos al verdadero mensaje evangélico de Dios.

Si podemos volver a los conceptos bíblicos sin barnizar, encontraremos una perspectiva extremadamente única sobre la vida eterna y cómo pasar a la otra vida. Una vez entendido, el concepto bíblico se ve que tiene pocas similitudes con las enseñanzas de otras religiones. De hecho, cada una de las otras religiones principales trata la vida después de la muerte de una manera muy similar a las demás, lo cual es de esperar, ya que se basan en la comprensión humana, no en la revelación divina.

Deberíamos ser capaces de detectar sistemas de creencias hechas por el hombre con relativa facilidad. Cada uno habrá establecido su propio sistema de justicia, declarando qué hechos, leyes, reglas o pasos resultarán en la salvación.

En contraste, Dios revela un sistema de justicia paradójico en el que la ley y la gracia trabajan juntas debido a su naturaleza justa y misericordiosa. Él juzga nuestras obras, pero nos perdona nuestros pecados. Odia el mal, pero nos colma de bondad. Como vimos en capítulos anteriores, Dios nos salva por su don de gracia, y luego satisface su ley por la justicia de Cristo.

Puede que queramos mejorar nuestra naturaleza, pero no podemos mejorar lo suficiente para cumplir con las normas de Dios. Más bien, es la creencia en la naturaleza de Dios la que inicia nuestra fe. El juicio es parte de la ley, y Dios está justamente en contra de todas las cosas que violan su naturaleza. Sin embargo, la ley también es un regalo y es parte de la Palabra de Dios (evangelio).

Tan fácil como fijarse en la idea de obtener la inmortalidad, nuestra primera prioridad es lograr la total confianza en Dios. Sin su Espíritu, no podemos sostener la vida u obtener la vida eterna. Estamos muertos eternamente sin el Espíritu. Cuando dejamos de respirar, no tenemos esperanza a menos que el aliento de Dios regrese a nosotros y nos transforme en un nuevo cuerpo. Sólo por su Espíritu que respira en el polvo del reino físico podemos entrar en la vida eterna. Pero Dios solo resucita a aquellos a quienes se les ha imputado la justicia de Cristo. Solo ellos podrán juzgar.

CAPÍTULO 10.

NATURALEZA HUMANA

Antes de que podamos ser juzgados, necesitamos un examen. Dios examina nuestra condición para ver si somos «buenos». Esta es la prueba más rápida de la historia.

Como dijo Cristo: «*Nadie es bueno si no es solo Dios*» (Lucas 18:19b).

Pasamos el examen si somos considerados perfectos.[1] Pero desde la caída de Adán de su estado de inocencia, ninguno de nosotros ha sido capaz de reclamar la justicia perfecta. Sólo podemos pasar si obtenemos la bondad perfecta de Cristo como don.[2]

A continuación hay versículos de consejos relevantes para cada persona a lo largo de la historia desde la caída de la humanidad. Esta es una prueba más larga para examinar nuestra condición en comparación con la justicia de Dios. ¿Hay grados de rectitud?

«*El Señor vio cuán grande se había hecho la maldad del género*

---

1. Ver Mateo 5:48.
2. Ver Santiago 1:17.

*humano en la tierra, y que **toda inclinación de los pensamientos del corazón humano era sólo malvada todo el tiempo**. El Señor se arrepintió de haber hecho seres humanos en la tierra, y su corazón estaba profundamente turbado.... Pero Noé encontró el favor [de la gracia] en los ojos del Señor.»*

—Génesis 6:5-6, 8

«¿Puede la humanidad estar justo delante de Dios?

¿Puede un hombre ser puro ante su Creador?»

—Job 4:17

«Pero, ¿cómo puede un hombre estar en lo recto delante de Dios?»

—Job 9:2b

«¿Quién puede limpiar a los inmundos?»

—Job 14:4a

«¿Qué es el hombre, para que sea puro,

¿O el que ha nacido de mujer, para ser justo?»

—Job 15:14

«El Señor mira desde el cielo a los hijos del hombre,

para ver si hay alguien que entienda, que busque a Dios.

«Todos ellos se han desviado; juntos se han

*corrompido; **no hay quien haga el bien**,*

 ni siquiera uno.»

—Salmo 14:2-3

«He aquí, yo he sido engendrado en iniquidad,

y en pecado me concibió mi madre.»

—Salmo 51:5

«Y no entres en juicio con tu siervo,

*porque delante de ti **ninguno que viva es justo**.»*

—Salmo 143:2

«¿Quién puede decir: He purificado mi corazón;

estoy limpio de mi pecado?

—Proverbios 20:9

*«**Todos nos hemos vuelto como uno que es inmundo**,*

y todas nuestras obras justas son como un vestido

contaminado. Todos nos desvanecemos como una hoja,

y nuestras iniquidades, como el viento, nos llevan lejos.»

—Isaías 64:6

«Esto es lo que el Señor dice:

Maldito el que confía en el hombre,

que saca fuerza de la mera carne

y cuyo corazón se aleja del Señor».

—Jeremías 17:5

*«¿Entonces qué? ¿Somos mejores judíos? No, en absoluto. Porque ya hemos acusado que todos, judíos y griegos, **están bajo pecado**, como está escrito:*

Nadie es justo, *no, ni siquiera uno;*

nadie lo entiende;nadie busca a Dios.

Todos se han desviado; juntos se han vuelto inútiles;

nadie hace el bien, *ni siquiera uno.»*

—Romanos 3:9-12

«Pero ahora la justicia de Dios se ha manifestado aparte de la ley, aunque la ley y los profetas dan testimonio de ello: la justicia de Dios por medio de la fe en Jesucristo para todos los que creen. Porque no hay distinción; ***porque todos pecaron, y están destituidos*** *de la gloria de Dios, y son justificados por su gracia como don, por la redención que es en Cristo Jesús».*

—Romanos 3:21-24

Cristo declaró en Mateo 4:4 (citando a Deuteronomio 8:3) que debemos vivir por la Palabra de Dios, así que necesitamos confiar en su definición de nuestra naturaleza.

Los seres humanos no pueden autogenerarse ni siquiera a una escala menor de la bondad según las Escrituras. Por naturaleza, nuestros corazones no están a la altura de las circunstancias. Cuando Dios mira nuestro corazón,[3] él ve el pecado que viene de dentro.

---

3. Ver 1 Samuel 16:7; Romanos 2:28-29; 1 Corintios 4:5.

Pero no estamos sin esperanza.

«Y el Señor tu Dios circuncidará tu corazón y el corazón de tu descendencia, para que ames al Señor tu Dios con todo tu corazón y con toda tu alma, para que vivas».

—Deuteronomio 30:6

«Circuncidaos al Señor, y quitad los

prepucios de vuestro corazón, varones de Judá

y moradores de Jerusalén; porque si no,

mi ira saldrá como fuego, y ardará

sin que nadie la apague, a causa de la

maldad de vuestras obras».

—Jeremías 4:4

Uno de estos pasajes resume la gracia, el otro los términos de la ley; nuestra naturaleza debe ser cambiada si queremos vivir según la ley de Dios, y sólo Dios puede hacer los cambios necesarios dentro de nosotros. Esta verdad nunca ha cambiado. Necesitamos acercarnos a Dios con un corazón humilde y quebrantado. Nuestro «yo» necesita ser ahogado en aguas bautismales, crucificado con Cristo, y enterrado.

Dios provee gracia gratuitamente a través de un proceso continuo en el cual su Espíritu es derramado continuamente en «nuestro» corazón. Él primero esculpe un lugar para vivir (circuncisión), luego por el don del Espíritu de Dios podemos guardar su ley.

¿Realmente tenemos una naturaleza pecaminosa, o el pecado cambia nuestra naturaleza? ¿Quiénes somos realmente en lo más íntimo de nuestro ser? ¿Qué le pasa a nuestro corazón cuando nos volvemos a Cristo? ¿Todavía lo «poseemos»? Algunas veces la Biblia describe a Dios derramando su Espíritu en nuestro corazón, y otras veces Dios promete darnos un corazón nuevo. A veces circuncida nuestro corazón (un don de gracia), y a veces nos exhorta a circuncidar nuestro propio corazón (guardar la ley).

Así que el corazón nos presenta otra paradoja de la ley y la gracia. Como en otras partes del evangelio, la gracia debe venir primero, luego la ley sigue. Sin embargo, todos los pasajes aparentemente contradictorios son correctos. Algunos pasajes hablan del don de Dios de un corazón nuevo, y otros hablan de la ley en nuestro corazón. Necesitamos entender la secuencia correcta. Primero necesitamos un corazón nuevo dado a nosotros; solo entonces, a través de su naturaleza residente, podemos guardar sus mandamientos.

Cuando analizamos nuestra condición cardíaca, sólo hay dos estados: pecaminoso o limpio. O nuestro corazón existe en su propia naturaleza humana, o es transformado según la naturaleza divina de Cristo. Los dos no se mezclan.

Cuando Dios nos da su corazón, nos hacemos «uno» con él y entre nosotros como Cristo lo describió en la oración sacerdotal de Juan 17:20-24. Tenemos el mismo corazón. El corazón de Dios se convierte en nuestro —podemos llamarlo «nuestro» corazón porque era un don—, pero sigue perteneciéndole para compartir con los demás. Esta es otra paradoja divina más. Tenga en cuenta que podemos rechazar a Dios en cualquier momento y operar desde nuestro corazón original pecaminoso que aún reside en nosotros. Tendremos dos corazones hasta el último día. Así como Adán nos dio su naturaleza caída, el «segundo Adán» (Cristo) nos da el Espíritu de Dios.[4]

Debido a que es la naturaleza de Cristo en acción la que nos permite guardar su ley, él recibe toda la gloria cuando tenemos éxito en hacer el bien. Sólo podemos tomar crédito por el pecado que cometemos cuando tropezamos y nos entregamos a nuestra vieja naturaleza pecaminosa.

No guardamos la ley para obtener la salvación. Guardamos la ley porque esa es la salida natural del Espíritu de Dios obrando en nosotros. El Espíritu de Dios nos motiva a amar a los demás como él ama, y como Cristo lo demostró con su ejemplo; pero no podemos hacer esto a través de nuestra propia medida de bondad.

Muchas personas piensan que la vida es como una prueba en la que deben hacer algún trabajo para obtener una buena calificación. Si hay más buenas obras que malas, pasan la prueba o inclinan la balanza de la justicia a su favor, y el cielo será su recompensa.

«En cuanto a la ortodoxia (o, mejor dicho, la heterodoxia) entre la población estadounidense, la mayoría (55%) está de acuerdo en que si una persona es generalmente buena, o hace cosas

---

4. Ver Romanos 5:12-18; 1 Corintios 15:42-50.

suficientemente buenas para los demás durante su vida, se ganará un lugar en el cielo».

—El Grupo Barna[5]

Según otra encuesta de Barna, *"una gran mayoría de estadounidenses (79%) estuvo de acuerdo con la afirmación de que cada persona tiene un alma que vivirá para siempre, ya sea en la presencia o en la ausencia de Dios".*[6]

Barna y otras encuestas de investigación han reportado que estas formas de pensar representan los puntos de vista mayoritarios de los estadounidenses en general, no sólo de los cristianos estadounidenses. La cultura ha promovido el mito del alma inmortal y el legalismo, la idea de que podemos alcanzar la rectitud a través de nuestras propias obras.

¿Podemos ser lo suficientemente buenos para ganar nuestro camino al cielo? El argumento bíblico a favor de la humildad dice que no. ¿Vivirá nuestra alma para siempre? La Biblia es clara con respecto a nuestra condición mortal. Debemos tener cuidado de no creer las mentiras difundidas por nuestra cultura, incluso, en algunos casos, dentro de los muros de nuestras iglesias.

«*El corazón es más engañoso que todas las cosas, y está desesperadamente enfermo.*»

—Jeremías 17:9a

---

5. "El estado de la Iglesia 2016." El Grupo Barna. 15 de septiembre de 2016. https://www.barna.com/research/state-church-2016/. Accedido mayo 20, 2019.
6. "Los estadounidenses describen sus opiniones sobre la vida después de la muerte". 21 de octubre de 2003. El Grupo Barna. www.barna.com/research/americans-describe-their-views-about-life-after-death/. Accedido mayo 20, 2019.

El punto de vista bíblico es que estamos en una condición desesperada; moriremos a menos que nos sometamos a una cirugía espiritual del corazón. Dios circuncida primero nuestro corazón, luego por medio de su Espíritu nos da un corazón nuevo. Este nuevo corazón es un regalo en el que hay que creer, no que se gane manteniendo las reglas, tomando decisiones o realizando cirugías en nosotros mismos.

Este trasplante de corazón es parte del programa gratuito y eterno de atención médica. Los honorarios se pagan con nuestra herencia.

Cristo pagó por todo, así que no tenemos que preocuparnos por nada. Simplemente necesitamos creer en ella; la ley no nos obliga a contribuir en nada al pago que Cristo hizo en nuestro nombre. Al seguir el plan de redención de recetas, recibiremos nuestra herencia.

La Palabra de Dios nos da tanto mandamientos como promesas, basados en su naturaleza de ser justo y misericordioso al mismo tiempo. Su Palabra entrega el don del bautismo por el Espíritu Santo. Este don nos otorga una nueva naturaleza; somos nacidos de nuevo. En las famosas palabras de Pablo: «*Ya no vivo yo, sino que es Cristo quien vive en mí*» (Gálatas 2:20). Aquí vemos una distinción de las dos naturalezas en cada cristiano. Hay una naturaleza de vida y una naturaleza de muerte, y ambas residen en nosotros.

La nueva naturaleza que recibimos a través del Espíritu era originalmente de Dios, pero ahora también es nuestra; tenemos una naturaleza compartida con él. Esto no transforma nuestra naturaleza humana, sino que es una naturaleza completamente separada.

Una vez nacidos de nuevo, tenemos dos corazones, dos naturalezas compitiendo dentro de nosotros. Debemos abrazar el corazón nuevo y rechazar el corazón viejo, ya que no puede contribuir en nada a la gracia o a la salvación.

Una vez que creemos en las promesas dadas a nosotros por el Espíritu, la fe comienza a formarse. El siguiente paso es actuar en obediencia; esto completa nuestra fe. La fe es el puente que nos lleva de recibir el don a vivir por el don. La creencia no es una creencia verdadera a menos que actuemos en ella a través del poder del Espíritu que se nos ha dado. De lo contrario somos hipócritas, diciendo creer una cosa pero haciendo otra. Habiendo recibido el Espíritu, ¿debemos dejar de seguir al Espíritu?[7]

Cuando Pablo dice: «Ya no vivo yo, sino Cristo», habla claramente de su vida espiritual, no de su vida física. Rechazó su intento anterior de salvarse a sí mismo guardando la ley, considerándola una tarea imposible. Se ahogó, crucificó y enterró su corazón pecador después de su conversión y se arrepintió de su anterior justicia propia.

Pablo recibió la gracia y se arrepintió después. Él no tomó la iniciativa de volverse a Dios, ni Dios decidió salvar a Pablo basado en una de las buenas obras de Pablo. Al ser sellado espiritualmente, Pablo experimentó el segundo nacimiento (como Cristo habló con Nicodemo en Juan 3:3-7). Una lección interesante es que Dios le dijo a Pablo que se encontraría con Ananías y luego recibiría el Espíritu. Así

---

7. Ver Gálatas 5:25.

que Pablo fue lleno del Espíritu Santo y renació antes de que pudiera llevar a cabo cualquier acto de rectitud específico para demostrar arrepentimiento. Pablo no «tomó la decisión de seguir a Cristo» para recibir el Espíritu.

«[Ananías] dijo: Hermano Saul, el Señor Jesús que se te apareció en el camino por el que viniste, me ha enviado para que recobres la vista y seas lleno del Espíritu Santo. ... Entonces se levantó y fue bautizado.»

—Hechos 9:17, 18b

La salvación espiritual viene antes que la salvación física. Somos sellados espiritualmente cuando aceptamos el regalo de Dios de un corazón nuevo, pero no recibimos la salvación física de la muerte hasta la resurrección. Debemos continuar esperando junto a todas las personas que son mantenidas por la fe en la gracia de Dios, anticipando el cumplimiento final de las promesas de redención de Dios. Nuestra esperanza se basa en el cumplimiento de la ley por parte de Cristo, y nuestra fe fluye del Espíritu de Dios dentro de nosotros. No contribuimos en absoluto a la gracia que nos salva ni a la fe que nos sostiene.

La balanza de la justicia

Muchos conceptos bíblicos suenan extraños desde una perspectiva humana; nuestras creencias y prejuicios continúan siendo distorsionados por conceptos mitológicos antiguos. Sin embargo, todos tenemos un sentido común de la justicia; un código moral de la ley está arraigado en cada persona.[8]

Como seres humanos, tenemos una escala figurativa en el fondo de nuestra mente que pondera las cosas buenas que hacemos contra las malas. Todos sentimos la necesidad de hacer algo para ganar justicia o favor. Según el razonamiento humano, las buenas obras deben ser recompensadas y las malas deben ser castigadas. Si sentimos que la balanza se inclina hacia las malas acciones, podemos redefinir lo que significa lo bueno y lo malo para que la balanza vuelva a estar de nuestro lado. Algunas personas llegan incluso a rechazar la idea misma del mal, buscando eliminar el contrapeso por completo. Pero al rebelarse contra la justicia, estas personas no pueden evitar reconocer la naturaleza intrínseca del concepto. Utilizan la justicia para eliminar la necesidad futura de justicia.

Nuestro concepto mitológico de justicia dice que si, al morir, las buenas obras de una persona inclinan la balanza de la justicia contra el contrapeso de las malas obras, entonces el alma de la persona puede flotar al cielo. La confianza en las buenas obras y la creencia en un alma inmortal se combinan para formar el sistema de creencias más común en Estados Unidos hoy en día. Se trata de un antiguo mito disfrazado de lenguaje moderno y sensibilidad, y la mayoría de los occidentales, cristianos y no cristianos por igual, se han adherido a él.

Todos tenemos la habilidad de rechazar el plan de salvación de Dios. Pero no tenemos la capacidad de salvarnos a nosotros mismos. A través de nuestro libre albedrío,

---

8. Ver Romanos 2:14-16.

podemos rechazar la oferta de redención de Dios y permanecer atascados en la muerte eterna. Podemos decir «no» al don de Dios y decir «sí» a nuestro propio plan de salvación. Si pensamos que necesitamos hacer aunque sea un poco para ayudarnos a ganar nuestra propia salvación, esto es evidencia de orgullo. Tenemos que liberarnos de la creencia de que podemos equilibrar nuestras propias escalas.

El mundo a menudo les dice a los niños que tengan autoestima y que «crean en sí mismos». A veces nosotros mismos entregamos este mensaje. Pero este no es el mensaje del evangelio. Desde una perspectiva humana, queremos que nuestros hijos aprecien y desarrollen sus propios talentos y habilidades, pero es aún más importante que crean humildemente en Dios y dejen que su Espíritu los capacite para servir a otros. Promover el orgullo de un niño es un camino resbaladizo. Dios ya nos ha considerado dignos de su amor. No podemos aumentar nuestro valor con nuestras propias buenas obras, creencias u opciones.

Dios pone más valor en nosotros de lo que podemos saber[9] Pero el diablo pregunta: «¿Dejará Dios que te pasen cosas malas si realmente te valora? Cuando adoptamos esta perspectiva, malinterpretamos el amor y la justicia de Dios. A menudo asumimos que encolerizamos a Dios con nuestro pecado, causando que retenga bendiciones o que reparta castigos. Pero Dios no da bendiciones como recompensa por el buen comportamiento; estas bendiciones son gracia inmerecida. Y aunque algunas de nuestras acciones

---

9. Ver Lucas 12:7.

pecaminosas tienen consecuencias terrenales, la disciplina de Dios es una expresión de gracia, no un castigo legal.

«Sepa, pues, en su corazón que, como el hombre disciplina a su hijo, el Señor su Dios lo disciplina a usted. Guardad, pues, los mandamientos del Señor vuestro Dios, andando en sus caminos y temiéndole».

—Deuteronomio 8:5-6

Debe notarse que «discípulo» y «disciplina» tienen el mismo significado de raíz en relación con un estudiante. Ambas palabras connotan el aprendizaje. Habiendo recibido nuestro nuevo corazón del Espíritu cuando nacemos de nuevo en nuestro bautismo, ahora necesitamos que el Espíritu nos enseñe continuamente cómo vivir como el pueblo de Dios y seguir sus caminos.

La disciplina no es bien entendida por el que está siendo disciplinado. Pero necesitamos darnos cuenta de que Dios nos está perfeccionando a través de su Espíritu que vive en nosotros. Dios es santo y espera que seamos santos.[10] Necesitamos temer humildemente a Dios antes de poder vivir a través de él. Y necesitamos amar a los demás para mantenernos al día con la intención de Dios. Pasamos nuestras vidas en un proceso de transformación (Romanos 12:1-2) hasta que somos completamente transformados en el último día (Filipenses 3:21).

El pensamiento humano no es la manera de pensar de Dios.[11] El Día del Juicio no puede ser entendido solo bajo

---

10. Ver Efesios 1:4.
11. Ver Isaías 55:8.

la ley de la justicia, ya que eso parece no dejar espacio para la gracia. Pensamos en la gracia como un concepto de todo o nada, pero ¿qué pasa con la justicia? En nuestro sistema de justicia terrenal, esperamos que los jueces dicten sentencias de diversa severidad basadas en el nivel de la ofensa. Pero, ¿Juzga Dios por grados? Primero necesitamos mirar la naturaleza de Dios para entender su modo de juicio. Ya sabemos que somos pecadores por naturaleza y por acciones, pero ¿cómo nos juzga Dios realmente?

La Ley es Amor

Dios es amor. El amor está directamente asociado con la ley, la justicia y las buenas obras. El amor no es un sentimiento o una emoción, aunque a menudo lo veamos de esta manera. Así que Dios, de hecho, está dando amorosamente de sí mismo cuando nos da su ley, sacando de su naturaleza justa, justa y equitativa.

Él nos da su gracia y su ley a través del evangelio; ambos son dones para nosotros. Su plan siempre ha sido transferir su naturaleza a nosotros para que podamos ser dadores también. En otras palabras, guardamos su ley amando a los demás. El diablo interrumpió este intercambio cuando entró en escena en el jardín. Él continúa haciendo todo lo que puede para promover actos egoístas por encima de las relaciones que Dios quiere que experimentemos.

Primero Juan 4-5 declara que Dios es amor y nos da su amor:

*«Amados, amémonos unos a otros, porque el **amor viene de Dios**; y el que ama ha nacido de Dios y conoce a Dios. Quien no ama no conoce a Dios, porque **Dios es amor**».*

—1 Juan 4:7-8

Debemos amar (guardando así la ley de Dios) porque Dios nos dio primero su naturaleza lícita:

*«**Amamos porque él nos amó primero**. Si alguno dice: Yo amo a Dios, y aborrece a su hermano, es mentiroso; porque el que no ama a su hermano a quien ha visto, no puede amar a Dios a quien no ha visto. Y este mandamiento lo tenemos de él: **el que ama a Dios, que ame también a su hermano**».*

—1 Juan 4:19-21

Debemos creer en Cristo y nacer de nuevo, y entonces debemos amar:

*«Todo el que **cree** que Jesús es el Cristo **ha nacido de Dios**, y todo el que ama al Padre ama al que ha nacido de él. En esto sabemos que amamos a los hijos de Dios, cuando **amamos a Dios y obedecemos** sus mandamientos. Porque este es el amor de Dios: que guardemos sus mandamientos. Y sus mandamientos no son gravosos».*

—1 Juan 5:1-3

La ley es amar; recibimos esta ley después de nacer de nuevo. El amor es obediencia a Dios.

«Porque el que ama al prójimo ha cumplido la ley.»

—Romanos 13:8b

Los dones de Dios son unidireccionales —el mensaje del evangelio pasa de Dios a nosotros—. La bondad no es inherente a nosotros, así que necesitamos recibirla. Dios bondadosamente pone un corazón nuevo dentro de nosotros.

Pero el amor que fluye de nuestro nuevo corazón es bidireccional, pasando libremente entre todas las partes. La ley define cómo se supone que debemos vivir en las relaciones. Sólo podemos amar después de recibir los dones de la gracia de Dios y los mandamientos dados en su Palabra.

Debe estar claro que Dios quiere una relación con nosotros y que debemos actuar con justicia con nuestro prójimo. La ley no es una carga.[12] Si vivimos por el Espíritu Santo, guardamos la ley. Habiendo recibido ya la gracia, no tenemos la carga de tratar de guardar la ley de Dios a través de nuestra propia fuerza.

Las promesas de Dios a Abraham demuestran su gracia, mientras que los términos del pacto mosaico demuestran la ley de Dios. Abraham no tenía que guardar ninguna ley para recibir las promesas, solo creer y confiar en Dios. Más tarde, mostró su creencia confiando en Dios para que resucitara a Isaac de entre los muertos. La fe de Abraham fue considerada completa solo después de haber obedecido el mandato de Dios.[13] Dios estaba probando a Abraham al ordenar el sacrificio de su hijo. Dios nos pone a prueba hoy al ordenarnos que obedezcamos su palabra. Nuestra fe no estará completa hasta que Dios la pruebe.[14]

Israel necesitaba mostrar la misma creencia y confianza

---

12. Ver Gálatas 6:2.
13. Ver Santiago 2:21-22.
14. Ver 1 Pedro 1:6-7; Santiago 1:2-3.

que Abraham. Ellos acordaron verbalmente amar a Dios y a su prójimo, pero a menudo descuidaron confiar en la fe como la base de su vida legal. No siguieron el ejemplo que Abraham les dio.[15]

Dios se revela a sí mismo y a sus atributos a través de la ley y la justicia. A menudo no asociamos el amor con la ley, pero la obra principal de Dios es darnos su naturaleza amorosa, y eso incluye la ley que da gracia. Cuando Dios exige perfección bajo la ley, no está siendo irrazonable. Él es perfecto y requiere que seamos perfectos.[16] Estamos llamados a ser santos como él es santo.[17] Pero la gracia precede al mandamiento cuando Dios nos da su naturaleza perfecta; él sabe que no podemos generar la justicia perfecta por nosotros mismos. Sin embargo, nuestra obediencia es necesaria.[18]

La ley y la gracia son dos elementos clave de la naturaleza de Dios: la naturaleza misma que él desea poner dentro de nosotros. Y así vemos a través de las Escrituras dos aspectos distintos del mensaje del evangelio de Dios:

1. Dios nos salvará por gracia. La salvación es algo que recibimos, no que logramos.

2. Debemos vivir por la naturaleza de Dios, un regalo que recibimos a través de Su Espíritu residente.

Vemos en las Escrituras que la creencia en Dios es sólo el punto de partida de la fe. La creencia por sí sola no

---

15. Ver Romanos 9:31-33; Hebreos 4:2.
16. Ver Mateo 5:48.
17. Ver 1 Pedro 1:15-16.
18. Ver Romanos 10:16; 1 Pedro 4:17-19.

puede completar nuestra justificación por la fe. Juan 3:16 no contiene la totalidad del mensaje del evangelio. La creencia debe culminar en la obediencia. Leyendo en Juan 3, Jesús nos explica cómo el mensaje del evangelio retiene la ley, pero tendemos a no memorizar esta parte del capítulo:

*"El que **cree** en el Hijo tiene vida eterna; el que no **obedece** al Hijo no verá la vida, sino que la ira de Dios permanece sobre él".*

—Juan 3:36

Aquí vemos la creencia como un conducto directo para la obediencia. ¿Debemos creer en el Evangelio y no actuar según su gracia? ¿Debemos tener fe sin obras?

¿Por qué la Escritura (y el mismo Jesús en el versículo anterior) insisten en que necesitamos hacer buenas obras si somos salvos por gracia por medio de la fe?

La respuesta se remonta a la naturaleza de Dios de ser justo y misericordioso al mismo tiempo.

- Podemos decir que amamos a Dios porque él nos amó primero (1 Juan 4:19), pero va más allá de eso. No podemos autogenerar una respuesta amorosa a Dios, así que él nos dio su naturaleza amorosa, que nos permite responder.

- La ley de Dios es un don amoroso para nosotros. Primero recibimos este regalo de la naturaleza misma de Dios en nuestro bautismo en el Espíritu Santo. Esto es lo que significa nacer de nuevo, nacer de Dios.

- No podemos amar a Dios o a nuestro prójimo hasta que hayamos nacido de nuevo (1 Juan 5:1).

1 Juan 5:1-3 es muy similar a Juan 3:36. Ambos muestran la conexión entre la creencia y la obediencia. Cuando Dios nos da su mensaje evangélico con gracia, recibimos las semillas de la fe. Entonces debemos creer en este mensaje y finalmente actuar en consecuencia, lo que hace que nuestra fe sea completa. No tenemos fuerza en nuestra propia naturaleza para salvarnos a nosotros mismos, pero tenemos la fuerza en la naturaleza de Dios para «obedecer el evangelio» por su voluntad.

Hechos 5:32 y otros versículos sobre la obediencia pueden ser tomados fuera de contexto. El enunciado de este versículo hace que parezca que la obediencia impulsó el don del Espíritu de Dios, pero a la luz de la Escritura en su totalidad, vemos un significado diferente. No podemos sacar ningún versículo fuera de contexto. No podemos enfocarnos en pasajes de gracia mientras ignoramos pasajes de ley, o viceversa. Toda la Escritura trabaja junta.

La ley es útil como un freno a nuestros impulsos egoístas y como un espejo para reflejar la fealdad de nuestra propia naturaleza. Nos muestra cómo agradar a Dios y cómo comprometernos en la obediencia civil. Pero aunque la ley es muy útil en todos estos aspectos, tal vez su propósito último sea difundir el mensaje de gracia de Dios. Al actuar en obediencia, permitimos que la luz de Dios brille en la tierra.

Cuando la gente dice ser salvada por la gracia pero muestra desobediencia, ellos envían un mensaje contradictorio.

Debemos reflejar la luz de la palabra de Dios. Si nuestro «trabajo» en la Gran Comisión es difundir el Evangelio (Mateo 28:18-20), ¿debemos mostrar el Evangelio con buenas obras o comunicarlo verbalmente? La verdad, por supuesto, es que ambos métodos son necesarios.

La gente ve buenas obras, así que nuestras vidas ayudan a mostrar el poder transformador de la naturaleza de Dios. Debemos vivir de acuerdo a la ley; las palabras también pueden ser útiles, pero sabemos que las acciones hablan más fuerte que las palabras al demostrar el amor de Dios.[19]

Las relaciones son la clave para desbloquear la paradoja de la ley y la gracia. Amamos en obediencia a la ley de Dios, usando el corazón que recibimos por la gracia de Dios.

La ley de Dios se enfoca en nutrir buenas relaciones. Amamos a Dios a cambio (por el Espíritu, no por la carne) ya que él nos amó primero; y amamos a nuestro prójimo (por el mismo Espíritu) ya que Dios los ama a ellos también. El amor es la base prevista para toda relación. Para mostrarnos cómo vivir en este tipo de relación, Dios primero mora con nosotros.

«Porque así dice Aquel que es alto y elevado,

que habita en la eternidad, cuyo nombre

*es Santo: 'Yo **habito** en el lugar alto y santo,*

y también con el que es de espíritu contrito y humilde,

---

19. Ver Deuteronomio 4:5-9; Mateo 5:16; 2 Corintios 4:4; Filipenses 2:14-15; Tito 2:7, 2:14.

para reavivar el espíritu de los humildes,

y para revivir el corazón del arrepentimiento».

—Isaías 57:15

La Escritura no presenta el concepto de una relación «mutuamente beneficiosa» con Dios en la que Dios necesita nuestra adoración; no espera que le obedezcamos en nuestra propia carne antes de aceptar salvarnos o bendecirnos. Dios sabe que no podemos generar nada agradable para él por nuestra cuenta. Necesitamos confiar en él y en las enseñanzas de su Palabra.

*«El Dios que hizo el mundo y todo lo que en él hay, siendo Señor del cielo y de la tierra, no vive en templos hechos por el hombre, ni es servido por manos humanas, **como si necesitara algo**, ya que él mismo da a toda la humanidad la vida, el aliento y todo».*

—Hechos 17:24-25

Dios no necesita nuestra adoración o sacrificio. El Salmo 50:7-15 presenta la misma idea: Dios lo hizo todo y no necesita sacrificios. Esto no es por lo que nos creó. Puede formar un coro de adoración celestial cuando quiera. No, Dios desea nuestro amor y obediencia.

«Y Samuel dijo,

¿Se ha deleitado el Señor tanto en los holocaustos y en los sacrificios,

como en la obediencia a la voz del Señor?

*He aquí que **obedecer es mejor que sacrificar**,*

y escuchar que la grosura de los carneros».

—1 Samuel 15:22

*«Porque yo **deseo** la misericordia y no el sacrificio,*

*el **conocimiento de Dios** antes que las ofrendas quemadas.»*

— Oseas 6:6

Dios quiere que lo conozcamos para tener una relación.[20] El verdadero conocimiento viene de la experiencia. Experimentamos a Dios escuchando y obedeciendo su Palabra. Esta secuencia apropiada refleja el orden de la gracia ante la ley. Debemos leer la Biblia y estar de acuerdo con ella, pero sólo obtendremos pleno conocimiento cuando compartamos el mensaje con otros y recibamos el mensaje de otros. Primero recibimos las bendiciones de Dios, luego sus mandamientos. Una vez bendecidos, podemos ser una bendición para los que nos rodean.

La naturaleza de Dios contiene gracia y ley absolutas; la secuencia en la cual estas obras nunca han cambiado, como Dios no cambia.[21]

Lucas 6:27-36 nos muestra que Dios está lleno de gracia y misericordia (note el verso 36 en particular). Debemos ser iguales. Nuestra primera prioridad es emular la gracia de Dios. Dios diseñó el Arca de la Alianza para que el «propiciatorio» descansara sobre su testimonio y su ley (Éxodo 25:20-22); de la misma manera, en nuestras propias vidas, la gracia está sentada sobre el amor.

---

20. Vea Isaías 58:2.
21. Ver Malaquías 3:6; Hebreos 6:17; Santiago 1:17.

Las buenas obras no son opcionales; las leyes de Dios son absolutas. Incluso las leyes secundarias del mosaico (con respecto a ceremonias, limpieza y otros detalles) nos recuerdan nuestra necesidad de confiar en Dios y obedecer su Palabra, o señalan las obras futuras de Dios en Cristo.

La creación y la caída

Isaías 45:18, Colosenses 1:16, y Hebreos 2:10 nos dan una buena idea de por qué Dios creó el mundo.

*«Él es la imagen del Dios invisible, el primogénito de toda la creación. Porque por él **fueron creadas todas las cosas, en el cielo y en la tierra**, visibles e invisibles, sean tronos o dominios o principados o autoridades; **todas las cosas fueron creadas por él y para él**».*

—Colosenses 1:15-16

*«Porque era conveniente que aquel [Cristo], **por quien y por quien todas las cosas existen**, al traer a muchos hijos a la gloria, hiciera perfecto al fundador de su salvación por medio del sufrimiento. Porque el que santifica y los que son santificados todos tienen una sola fuente. Por eso no se avergüenza de llamarlos hermanos, diciendo,*

"Voy a decir tu nombre a mis hermanos;

en medio de la congregación cantaré tus alabanzas".

—Hebreos 2:10-12

Dios creó el mundo para su propio propósito en la persona de Cristo. ¿Esto te parece egoísta? Recuerda que Dios es el último dador; él demuestra su generosidad haciéndonos coherederos de la tierra y dándonos vida eterna con él. No tendría sentido que Dios se convirtiera en el único heredero de la promesa abrahámica. ¿Para qué molestarse?

Dios pudo haber hecho la tierra, guardarla y formar un coro de alabanza. ¿Por qué tomarse la molestia de hacer pactos y promesas? ¿Por qué ir a la cruz? Hizo todas estas cosas para nuestro beneficio. Es un dador, no un tomador como el diablo.

Para cumplir su plan, Dios tenía que hacer algo primero. Antes de que pudiera justificarnos bajo su ley, tenía que venir al mundo en carne humana para vivir entre su creación; necesitaba tener una relación con nosotros a nuestro nivel humano. Al llegar a ser como nosotros, Dios podría redimir nuestra experiencia humana. Él pudo lograr en nuestro nombre todo lo que nuestras naturalezas humanas nunca pudieron: Cristo derrotó a la muerte, hizo buenas obras, demostró fe, y vivió la vida de Cristo. En relación con el Padre que se suponía que siempre debíamos disfrutar.

Vea Hebreos 4:15 para la versión corta de la estrategia de Dios. Los detalles completos se explican en Hebreos 2:

«Por lo tanto, puesto que los hijos **son de carne y hueso, él también participó de las mismas cosas,** *para destruir por medio de la muerte al que tiene el poder de la muerte, es decir, al diablo, y librar a todos los que por temor a la muerte fueron sometidos a la esclavitud de por vida. Porque ciertamente no es a los ángeles a quienes ayuda, sino a la descendencia de Abraham. Por lo tanto,* **tenía que ser hecho como sus hermanos en todo sentido,** *para poder llegar a ser un sumo sacerdote misericordioso y fiel en*

el servicio de Dios, para hacer propiciación [expiación] por los pecados del pueblo. Porque él mismo ha sufrido cuando ha sido tentado, es capaz de ayudar a los que están siendo tentados».

—Hebreos 2:14-18

Dios se entrega libremente a nosotros. Es un dador constante.[22]

«*Tened entre vosotros este sentir, que es vuestro en Cristo Jesús, el cual, aunque era en forma de Dios, no consideraba la igualdad con Dios algo a qué aferrarse, sino que **se despojó a sí mismo**, tomando la forma de un siervo, naciendo a semejanza de los hombres. Y encontrándose en forma humana, **se humilló a sí mismo haciéndose obediente** hasta el punto de la muerte, incluso la muerte en una cruz*».

—Filipenses 2:5-8

Cristo se hizo humilde y obedeció la ley del Padre como un ejemplo para nosotros.

«[Cristo] **se dio a sí mismo** por nosotros para redimirnos de toda iniquidad y **para purificar para sí un pueblo** para su propia posesión que es celoso **de las buenas obras.**»

—Tito 2:14

Después de recibir el don del Espíritu de Cristo, podemos imitar sus atributos, como se resume en 1 Corintios 13. Y de hecho se nos ordena que lo hagamos.[23]

---

22. Ver Mateo 20:28; Juan 10:11; 2 Corintios 8:9; Gálatas 1:4; Efesios 5:2; 1 Timoteo 2:6.
23. Ver Mateo 5:48; Juan 13:12-16; Efesios 4:32, 5:1-2; Hebreos 6:12; 1 Pedro 1:15-16; 3 Juan 1:11.

Sólo Dios es santo y eterno. Estábamos destinados a ser santos también, pero el diablo y el pecado que él inspira nos han empantanado en la mortalidad. Desde la caída, nuestra naturaleza ha sido envenenada por el diablo; ahora estamos esclavizados al pecado y a la muerte. Heredamos la muerte a través de un mal regalo del peor dador de la historia. Nuestra única esperanza es recibir el bautismo del Espíritu Santo y una nueva vida en Cristo.

*«**El que practica el pecado es del diablo**; porque el diablo ha pecado desde el principio. El Hijo de Dios apareció para este propósito, para destruir las obras del diablo».*

—1 Juan 3:8

Si somos nacidos del Espíritu, actuaremos en amor. Cuando actuamos pecaminosamente, estos actos fluyen de nuestra vieja naturaleza pecaminosa, la que está esclavizada al diablo. Nuestra vieja naturaleza simplemente no es capaz de amar. La carne en la que nacemos es completamente egoísta.

*«¿O supones que no tiene sentido que la Escritura diga: Anhela celosamente el espíritu que ha hecho habitar en nosotros'? Pero da más gracia. Por lo tanto, dice: «Dios se opone a los soberbios, pero da gracia a los humildes». **Someteos**, pues, **a Dios. Resiste al diablo, y él huirá de ti**.»*

—Santiago 4:5-7

La sumisión es obediencia y negación de sí mismo.

Hasta que recibimos los dones de Dios, permanecemos en nuestro pecado (1 Corintios 15:17), en la justicia propia

(2 Timoteo 3:5), en el amor propio (2 Timoteo 3:2-4), en el egoísmo (Santiago 3:15-16), y en la ambición (Romanos 2:8). Estos son rasgos del diablo. Continuaremos reflejando nuestra naturaleza humana actuando egoístamente hasta que nazcamos de Dios; entonces comenzaremos a reflejar su naturaleza.

«Nunca más maldeciré la tierra por causa de los humanos, porque cada inclinación del corazón humano es mala desde la infancia. Y nunca más destruiré a todas las criaturas vivientes, como lo he hecho.»

—Génesis 8:21

La Biblia claramente declara que somos completamente pecadores cuando nacemos.[24] El proceso que Dios usa para salvarnos del pecado comienza con su Palabra. Por medio del Espíritu Santo, obtenemos su naturaleza, la cual está incrustada directamente en su Palabra. Pero no perdemos nuestra naturaleza.[25] Dos naturalezas (dos corazones) ahora compiten dentro de nosotros. ¿Qué determinará qué naturaleza se impondrá? ¿Cómo podemos poner al viejo yo en remisión?

La mente de Cristo

«Quienquiera que sea de Dios escucha las palabras de Dios. La razón por la que no los oyes es porque no eres de Dios».

—Juan 8:47

Necesitamos una infusión de fe.

---

24. Ver Salmo 51:5.
25. Ver Romanos 7:25.

La fe viene al escuchar la Palabra de Dios.[26] Abraham escuchó la Palabra de Dios en persona, pero nosotros la escuchamos por el Espíritu. No podemos escuchar la Palabra de Dios ni empezar a entender la Escritura sin que el Espíritu esté incrustado en nosotros.[27] Después de recibir la Palabra de Dios, sólo puede haber dos resultados finales: sumisión o rechazo. Entonces, ¿cómo escuchamos la Palabra de Dios si empezamos «del diablo» (como se describe arriba en 1 Juan 3:8)?

*«Porque ¿quién conoce los pensamientos de una persona sino el espíritu de esa persona, que está en ella? Así también nadie comprende los pensamientos de Dios excepto el Espíritu de Dios. Y no hemos recibido el espíritu del mundo, sino el Espíritu que viene de Dios, para que entendamos las cosas que Dios nos ha dado gratuitamente. Y lo **impartimos en palabras que no son enseñadas por la sabiduría humana**, sino por el Espíritu, interpretando las verdades espirituales a los que son espirituales.* **La persona natural no acepta las cosas del Espíritu** *de Dios, porque son una insensatez para él,* **y no es capaz de entenderlas** *porque* **son discernidas espiritualmente.** *La persona espiritual juzga todas las cosas, pero él mismo no debe ser juzgado por nadie. Porque ¿quién ha entendido la mente del Señor para instruirlo? Pero* **tenemos la mente de Cristo**«.

—1 Corintios 2:11-16

¿Podemos incluso empezar a entender el plan de Dios si estamos operando desde la naturaleza pecaminosa de nuestra carne? ¿Cómo podemos entender el plan con comprensión humana? Si el plan de salvación de Dios no

---

26. Ver Romanos 10:14-17.
27. Ver Gálatas 3:2-6.

tiene sentido para nuestra inteligencia humana, ¿cómo podemos aceptar someternos a él? Parece una tontería desde una perspectiva humana que debamos rechazar nuestro propio intelecto para obtener una comprensión más profunda.

Este es el genio divino del plan de Dios. No podemos aceptar la Palabra de Dios, entenderla, conocerla, o aplicarla sin que su Espíritu entre en nuestra vida. Necesitamos la mente de Cristo, no la mente que heredamos de Adán.[28]

La fe no se completa en un evento singular; no recibimos la fe como un producto realizado y luego seguimos adelante. La fe existe como un derramamiento constante del Espíritu a través de la Palabra de Dios a lo largo de nuestra vida. Necesitamos escuchar repetidamente la Palabra de Dios y creer en ella como estado, sin cambiar, malinterpretar o rechazar su clara revelación. La fe se desarrolla gradualmente con el tiempo por la gracia de Dios y a través de su Palabra.

El punto de partida de la fe llega cuando recibimos humildemente la Palabra de Dios. Vemos cómo comienza el proceso en el primer sermón de Pedro después de Pentecostés.

«Cuando la gente oyó esto (el Evangelio), se conmovió y dijo a Pedro y a los demás apóstoles: Hermanos, ¿qué haremos? Pedro contestó: «Arrepentíos y bautícese cada uno de vosotros en el

---

28. Ver Romanos 8:5-9, 12:2; 2 Corintios 4:4; Efesios 2:1-3, 4:17-24; Tito 3:4-7; 1 Juan 5:19.

nombre de Jesucristo para el perdón de vuestros pecados». Y recibirás el don del Espíritu Santo».

—Hechos 2:37-38

Todos los conceptos principales para comenzar el proceso de salvación están contenidos en estos dos versículos.

1. El evangelio fue predicado y escuchado. La fe viene por el oído.

2. Los oyentes fueron cortados al corazón (humillados). La circuncisión de sus corazones comenzó.

3. Como infantes espirituales, ellos preguntaron qué hacer para ser salvos. No trajeron nada a la mesa y necesitaban ser discípulos.

4. Pedro le dijo: «Arrepiéntete», o vuélvete a Dios. No necesitaban tomar la decisión de contar para el arrepentimiento o guardar una ley de arrepentimiento.

5. Necesitaban recibir el don del Espíritu. A menos que ellos activamente rechazaran el plan de Dios para la salvación a través del bautismo del Espíritu, este regalo sería suyo. Tres mil fueron bautizados ese día, así que sabemos que no rechazaron este mensaje del evangelio.

Se arrepintieron y abrazaron la gracia de Dios; no se volvieron hacia sí mismos. La gracia fluye en una dirección; no podían ofrecer buenas obras a Dios hasta que no creyeron en el mensaje y lo aceptaron como un regalo puro.

En el próximo capítulo veremos las implicaciones del segundo elemento de la invitación de Pedro: el llamado a ser bautizado.

CAPÍTULO 11.

BAUTISMO Y RENACIMIENTO

Antes de ascender al cielo, Cristo les dijo a sus discípulos que fueran y bautizaran a todas las naciones (Mateo 28:18-20). La Iglesia primitiva a menudo bautizaba hogares enteros.[1] Hoy en día, tendemos a bautizar individuos. Pero en todos los casos, la ceremonia es un símbolo del bautismo del Espíritu, que trae la salvación a través de la Palabra de Dios.

Estos pasajes no dicen si los mismos apóstoles bautizaron a los niños, pero los registros de las catacumbas muestran que esto fue una práctica dentro del primer siglo y después de la Iglesia primitiva. Los padres de la Iglesia primitiva, como Justino Mártir e Ireneo en particular, eran partidarios del bautismo de infantes.[2] Esto es controversial en algunos círculos denominacionales. ¿Por qué no seguir con el bautismo de adultos?

---

1. Ver Hechos 16:14-15 y Hechos 18:8.
2. W.H. Withrow. Las Catacumbas de Roma y su testimonio relativo al cristianismo primitivo, pp. 532-533. Nelson y Phillips, 1874. Este libro ha pasado al dominio público y está disponible en http://archive.org/details/cu31924074296439/page/n535. Accedido mayo 21, 2019.

La Iglesia primitiva no compartía el concepto moderno de la «era de la responsabilidad», la etapa en la que un individuo puede tomar su propia decisión de ser bautizado y comprometerse a una vida de fe.

De acuerdo al entendimiento humano, podemos asumir que un bebé nace bien-hecho no solo a imagen y semejanza de Dios sino con una naturaleza piadosa —solo para aprender el mal con el tiempo. Esta idea puede sonar razonable al principio, pero no es bíblica.

La Biblia dice que todos están esclavizados al pecado y a la muerte. Little Joseph, Big Joey y el tío Joe tienen el mismo destino. La edad es irrelevante. Todos están destinados a morir.[3] La resurrección es la única esperanza para la salvación final. El bautismo del Espíritu Santo representa el primer paso, salvándonos y sellándonos. La resurrección es el paso final.

El bautismo del Espíritu ocurre cuando la Palabra del evangelio es entregada. No importa la edad de la persona que se bautiza, todos reciben exactamente el mismo regalo. Lo que sucede después del bautismo es un asunto diferente. Escuchar la Palabra es nuestro punto de partida, pero el acto del bautismo en sí mismo no nutre la fe, no causa obediencia ni asegura la creencia de por vida. Es por eso que hay un segundo mandamiento dentro de la Gran Comisión. No solo se supone que la Iglesia debe bautizar a las personas, sino que también estamos llamados a guiar a esas mismas personas hacia la madurez, a hacer discípulos de los nuevos creyentes.

---

3. Ver Génesis 3:19-24; Hebreos 9:27.

Al dar la Comisión, Cristo no incluyó una lista de instrucciones para la ceremonia de bautismo; no sopesó si era mejor sumergir a los convertidos en agua o rociar agua en la frente de un niño. Las leyes de pureza levítica y la limpieza *mikveh* ofrecieron una rica historia de ceremonias basadas en el agua; luego vino Juan el Bautista, quien bautizó con agua. Cada una de estas prácticas prefiguraba el bautismo del Espíritu Santo.[4] Está claro en todo el Nuevo Testamento que el bautismo del Espíritu Santo conduce a la salvación, mientras que la ceremonia del bautismo en agua es meramente un símbolo de lo que Dios está haciendo en el reino espiritual.

En vez de fijarse en la ceremonia del bautismo, la Iglesia debe enfocarse en la misión continua del discipulado. Conseguir que el Espíritu Santo entre en la vida de alguien es muy importante, pero mantenerlo allí es igual de vital. Debemos guiar a los nuevos creyentes en el discipulado y ayudarlos a mantenerse en la fe. La salvación viene después, pero la santificación está ocurriendo hoy.

«Pero ahora que han sido liberados del pecado y se han convertido en esclavos de Dios, el fruto que obtienen los lleva a la santificación y a su fin, a la vida eterna.»

—Romanos 6:22

Mientras esperamos la vida eterna, somos apartados hoy. Dios nos está preservando para usarlos en su reino espiritual hoy y en el reino físico después de la fusión del cielo y la tierra.

---

4. Ver Hechos 11:14-18.

Los nuevos discípulos no saben mucho; son infantes espirituales. Debemos nutrirlos a través de un proceso continuo que se realiza a través de la entrega de la Palabra; predicamos y enseñamos, y ellos escuchan el mensaje de Dios a través del tiempo.

¿Debemos retener el bautismo hasta cierto punto cuando una persona está "lista"? ¿Cómo podemos saber cuando una persona está lista? La verdad es que no nos corresponde a nosotros juzgar los corazones de los demás. Nuestra tarea es simplemente predicar, bautizar y enseñar; sólo el Espíritu Santo puede ver en el corazón.

La creencia descrita en Marcos 16:16 es continua y constantemente comprometida. En contraste, las ceremonias del agua representan un evento único: el bautismo del Espíritu y la correspondiente recepción de nuestro nuevo y limpio corazón. Pero a pesar del simbolismo de ahogar nuestra vieja naturaleza pecaminosa, la carne no permanece asfixiada. Necesitamos ahogarnos diariamente a partir de entonces.[5]

Una línea divisoria importante sobre el bautismo se relaciona con la pregunta de qué es bautizado: ¿un alma mortal o inmortal? Si creemos en un alma inmortal, somos más propensos a tener una mentalidad de «una vez salvos, siempre salvos» (o «una vez bautizados, siempre bautizados»). Pero si nuestra alma es mortal, debe ser continuamente preservada y finalmente salvada en la resurrección. Un evento único de bautismo no sería adecuado.

---

5. Vea Lucas 9:23.

Podemos experimentar el poder de la Palabra a través del Espíritu Santo a cualquier edad. Nosotros en nuestra carne no escogemos perseguir al Espíritu, pero Dios escoge darse a sí mismo a nosotros; nada de lo que hagamos puede afectar cuando Dios se acerca a nosotros. El bautismo no es una elección que hacemos. Es un don que recibimos del Espíritu.

La mayoría de nuestros debates sobre la ceremonia se reducen a un malentendido del libre albedrío en lo que se refiere a la salvación en general. No es presuntuoso bautizar a un infante porque incluso los creyentes adultos deben elegir continuamente permanecer en Cristo. Esta ceremonia no garantiza que el niño lo haga. De la misma manera, no debe haber ningún problema para que la congregación espere a que una familia o persona sea bautizada si la congregación ya está comprometida en la transmisión de la Palabra de Dios (y por extensión del Espíritu de Dios). La salvación no depende de la aplicación de agua, sino de la efusión del Espíritu de Dios. El poder de la Palabra condenará a la persona o al cabeza de familia.

Salvación: ¿Nuestra elección o la de Dios?

Creer es confiar sólo en la Palabra de Dios. ¿Es la elección el mismo concepto que la creencia?

La elección puede ser considerada una obra que debemos hacer bajo la carne mientras que la creencia es la confianza en la obra de Cristo. Es por eso que la Biblia se enfoca en palabras como «creer» o «confesar», no en palabras como «elegir» o «decidir».

No podemos acreditar nuestra elección de creer en Dios

para la salvación a través de nuestra vieja naturaleza, ya que esto significaría que contribuimos a nuestra propia salvación. No podemos producir nuestra propia justicia o buenas obras, no en ninguna cantidad; solo Dios es justo, y solo Dios puede darnos justicia.

Para hacer una elección, sopesamos las opciones, luego seleccionamos lo que creemos que es mejor. Ya que somos pecadores por naturaleza humana, nuestro viejo corazón solo puede tomar una decisión egoísta. Incluso si decimos que estamos eligiendo seguir a Cristo, nuestra motivación es ganar algo para nosotros mismos: la eternidad en el cielo; la felicidad; una alianza con un Dios poderoso. Cada vez que tomamos una decisión o elección, no importa cuán buenas pensemos que son nuestras intenciones, estamos siguiendo nuestro propio juicio y operando bajo la ley de la carne.

«Pero si eres guiado por el Espíritu, no estás bajo la ley.»

—Gálatas 5:18

Somos salvos por gracia por medio del Espíritu, y debemos ser guiados por el Espíritu, no por nuestro juicio humano. Nuestra creencia fluye de la gracia que hemos recibido, no una idea que encontramos persuasiva.

La idea de que elegimos ser salvos está generalmente ligada a un libre albedrío mitológico. De acuerdo con esta perspectiva, nosotros en nuestra naturaleza humana invitamos a Dios a entrar y limpiar nuestro corazón de su pecado, o al menos tanto como sea posible. El resultado es una naturaleza mixta, una fusión de Dios y el hombre. Pero esta idea no está en la Biblia. Nuestra naturaleza pecaminosa sólo puede ser crucificada, ahogada y enterrada, no limpiada. Dios nos limpia pero con el don de un corazón recién creado.[6]

Recuerde, no tenemos un alma literal; más bien, somos un alma, que es la combinación viviente de espíritu y «polvo». Nuestra alma no es inmortal, y no es «nuestra» en absoluto. Solo somos un alma cuando estamos vivos. Como alma mortal, necesitamos que el Espíritu Santo trabaje continuamente en nosotros después de nuestro bautismo para sostenernos.

Después del bautismo, el discipulado y la disciplina hacen efecto. Todos somos infantes espirituales cuando recibimos el Espíritu Santo por primera vez. Necesitamos una continua efusión del Espíritu. Todo el mundo necesita esto. El mismo término «nacido de nuevo» implica que se nos ha dado una nueva naturaleza; sin importar nuestra edad o madurez, todos tenemos el punto de partida.

El bautismo en el Espíritu Santo marca el inicio de nuestra salvación, y el derramamiento continuo del Espíritu mantiene nuestra salvación. El discipulado nos mantiene comprometidos en la obediencia, y por lo tanto creciendo en la fe. El Espíritu está continuamente comprometido, el nuevo creyente debe estar continuamente comprometido, y Cristo ordena a la Iglesia que se comprometa de la misma manera con el trabajo continuo de enseñar y entrenar a nuevos discípulos.

La formación de un discípulo en Mateo 28:19 es un evento

---

6. Ver Salmo 51:10-17; Ezequiel 36:26-27

singular e intermitente, pero la enseñanza en Mateo 28:20 es una actividad continua.

Debido a la naturaleza «ahora y aún no» de la salvación, los verbos bíblicos sobre la salvación aparecen en una variedad de tiempos.

- **Tiempo pasado**: Fuimos sellados en nuestro bautismo en el Espíritu Santo. La Palabra vino primero. La Iglesia nos dio el don del Espíritu Santo al transmitir la Palabra de Dios. No podíamos bautizarnos a nosotros mismos, pero después de que llegó la gracia, la Iglesia siguió la ley de la institución de Dios. Nada de lo que hicimos contribuyó a nuestro propio bautismo; fue un regalo de Cristo a través de la Iglesia.

- **Tiempo presente**: Somos guardados, preservados, consolados y santificados por la continua obra salvadora del Espíritu Santo. La salvación es un regalo hoy.

- **Tiempo futuro**: Finalmente seremos salvos cuando el Espíritu devuelva la vida a nuestro cadáver (o polvo) en la resurrección. La salvación será un regalo en el futuro.

Cuando observamos los tiempos verbales dentro de todos los pasajes de la salvación, notamos que hay un enfoque especial en el futuro para la salvación final. También hay muchos versículos que hablan de los efectos salvíficos presentes del Espíritu Santo que nos mantienen preservados hasta la resurrección. Por supuesto, muchos pasajes hablan de la obra salvadora pasada de Cristo.

Algunos pasajes incluso representan los tres tiempos de salvación.

Efesios 1 nos muestra una progresión del pasado al presente y al futuro. Aquí todo el proceso de salvación se resume en sólo dos versículos.

*«En él también vosotros, cuando **oísteis** la palabra de verdad, el evangelio de vuestra salvación, y **creísteis** en él, **fuisteis** sellados con el Espíritu Santo prometido, que es la garantía de nuestra herencia **hasta que adquirimos** la posesión de ella, para alabanza de su gloria».*

—Efesios 1:13-14

En este pasaje, Pablo ordena muchos puntos clave en la secuencia apropiada.

1. El evangelio fue **escuchado**; por gracia, nosotros escuchamos las buenas nuevas del regalo de la vida eterna.

2. La fe se formó; nosotros **creímos** este mensaje (a través de la humildad, no del análisis).

3. Fuimos **sellados** con el Espíritu; él **es** ahora la garantía de nuestra herencia.

4. **Nosotros adquiriremos** la herencia de la promesa a Abraham en el día de la resurrección.

La salvación en este pasaje es en el futuro. Pablo no lo tenía todavía. No estaba totalmente salvado.

No podemos «escuchar» este evangelio bajo nuestra vieja

naturaleza pecaminosa. Deseando que el asunto se resuelva, nos aferraremos a algo que podamos hacer para asegurar nuestra salvación. Pero lo que se requiere de nosotros es contrición, corazón quebrantado y humildad (Isaías 66:2); estos atributos transmiten la actitud correcta con la cual escuchar el evangelio. Necesitamos ser como un niño que no trae nada a la mesa ante Dios. No podemos llevar nuestras decisiones, oraciones, peticiones, súplicas o sacrificios a Dios como primer paso. Dios nos invita a invocar su nombre y a confesarnos continuamente, pero estos no son eventos singulares que establecen nuestra relación. No se nos pide que respondamos a las «llamadas del altar» u ofrezcamos una «oración del pecador».

«Porque no te deleitas en el sacrificio,

de otra manera yo lo daría;

no te agradan los holocaustos.

Los sacrificios de Dios son un espíritu quebrantado;

un corazón quebrantado y contrito,

oh **Dios, no despreciarás.***»*

—Salmo 51:16-17

Veamos de nuevo el bautismo de infantes como una manera de examinar nuestras actitudes con respecto a la salvación y el libre albedrío. En todos los casos, sin importar la edad de la persona involucrada, los siguientes aspectos del bautismo son ciertos:

– El bautismo transmite el don de Dios;

– Nadie puede bautizarse a sí mismo;

– Sólo la Iglesia puede administrar el bautismo;

– El bautismo no produce una fe perfeccionada; y por lo tanto

– El discipulado continuo debe seguir.

Dependiendo de la edad de la persona que está siendo bautizada, ella puede o no comprender lo que significa el bautismo. Obviamente un infante sería inconsciente, mientras que la confusión en un adolescente sería perfectamente comprensible, pero incluso un adulto podría tener algunas ideas erróneas sobre lo que está sucediendo en el reino espiritual.

La razón por la que algunas personas pierden la forma por el bautismo de infantes es la razón misma. ¿Puede una persona ser bautizada sin entender el bautismo? Dicho de otra manera, ¿es aceptable bautizar de vez en cuando y luego entrenar y discipular al niño hasta que esté listo para confesar su fe más tarde?

¿Pueden la confesión y el bautismo ocurrir por separado?

La Biblia, los primeros Padres de la Iglesia y las catacumbas revelan que los primeros cristianos practicaban tanto el bautismo de infantes como el de creyentes. ¿Por qué deberíamos elegir uno u otro? Nuestra clara misión es construir el Cuerpo corporativo de Cristo siguiendo los medios que él instituyó. Nuestra principal preocupación no debe ser cómo la gente en nuestra comunidad recibe el bautismo del Espíritu, sino cómo nos nutrimos unos a otros en el Espíritu y estamos unidos en Cristo.

Conceptos erróneos comunes

Como hemos visto, muchas de nuestras creencias ampliamente sostenidas acerca de Dios y su creación no se alinean con las Escrituras. Echemos un vistazo más de cerca a algunas ideas comunes con respecto a nuestra naturaleza humana que deberían ser reconsideradas.

1. **Alma inmortal**: la idea de que tenemos un alma que nunca morirá. Partiendo de este concepto está la idea de la seguridad eterna, o «una vez salvado, siempre salvado».

2. **Libre albedrío para aceptar a Dios**: la idea de que debemos tomar la decisión de seguir a Dios como un paso primario de salvación. Aceptar a Dios por fe es diferente de tomar la decisión de aceptar a Dios por nuestra propia voluntad.

3. **Individualismo**: la idea de que podemos ir a buscar a Dios por nuestra cuenta.

Seguridad Eterna

Cuando un adulto es bautizado, ¿está eternamente seguro? Cuando un infante es bautizado, ¿está eternamente seguro? Si ella se confirma en la fe como adolescente, ¿debemos considerar su salvación segura en ese momento?

La salvación no se completa en el bautismo, ni en la confirmación, ni en ningún otro rito o ceremonia disponible para la Iglesia. La salvación sólo se hace completa en la segunda venida. Ninguna ceremonia de graduación, ningún evento, ningún acto de cualquier persona o grupo de personas puede hacer que la salvación de un individuo sea permanente. Podemos apartarnos y rechazar el don del Espíritu Santo en cualquier momento. El libre albedrío está siempre presente en nuestra vieja naturaleza, plenamente capaz de rechazar a Dios.

Libre albedrío para aceptar a Dios

Aunque podemos usar nuestro libre albedrío para rechazar a Dios, no podemos usar esa misma voluntad para aceptar a Cristo como salvador. Bajo la ley de la carne, no podemos elegir aceptar a Dios en nuestro corazón, o de lo contrario seríamos capaces de asegurar nuestra propia salvación a través de nuestras buenas acciones.

La salvación requiere nuestra continua creencia. Estamos seguros siempre y cuando no rechacemos a Dios ni interrumpamos el trabajo que él está haciendo en nosotros a través de su Espíritu. Obedecer sus mandamientos demuestra que no hemos rechazado su Palabra o su voluntad. La gracia de Dios es incondicional en el sentido de que al mundo entero se le ofrece perdón y salvación, pero condicional en el sentido de que necesitamos creer y confiar en él. Aceptar su voluntad significa que no cambiamos, añadimos o quitamos de sus planes. Los dejamos «tal cual».

¿Dónde está el pasaje de la Biblia que dice que debemos escoger a Dios para ser salvos? Tan pronto como hacemos que la salvación dependa de nuestras propias acciones, terminamos en la parábola del joven rico (Mateo 19:16-24). No podemos decir que nos gusta algo de lo que la Biblia tiene que decir, entonces sólo seguimos las enseñanzas que nos gustan. Es todo o nada con Dios. O vivimos por cada palabra que sale de su boca, o terminamos añadiendo a su Palabra o quitándola. Después del final de la parábola, Cristo nos dice que la humanidad no posee la voluntad de hacer lo que es necesario para ser salvos.

*«Cuando los discípulos oyeron esto, se asombraron mucho, diciendo: ¿Quién, pues, puede ser salvo? Pero Jesús los miró y dijo: **«Para el hombre esto es imposible**, pero para Dios todo es posible».*

—Mateo 19:25-26

Vemos un pasaje en la Biblia que describe hacer una elección para la salvación. En Deuteronomio 30:11-20, Moisés transmite el mensaje de Dios a su pueblo mientras se prepara para entrar en la Tierra Prometida. El versículo 19 dice que Israel debe elegir la vida antes que la muerte. Pero este pasaje descansa en el contexto del pacto mosaico. Israel necesitaba estar de acuerdo con los términos condicionales de Dios; al declarar que ellos guardarían sus leyes, serían bendecidos al entrar a la tierra. Esta enseñanza no se repite en el Nuevo Testamento, sino que es para nuestra instrucción que no podemos elegir la vida o ganar la vida eterna. Es un don que solo podemos aceptar por la fe.

A menudo hablamos de tomar la decisión de seguir a Cristo. Pero el elemento clave de la salvación es Cristo escogiéndonos, llamándonos. Veamos la elección de los apóstoles como un ejemplo. En Juan 15:16-17, Cristo recuerda a sus discípulos que él los escogió, no al revés.[7] Las personas son «elegidas» para la salvación. (Después de estudiar el libre albedrío, volveremos al concepto de elección.)

Individualismo

Aunque el individualismo es un fuerte valor cultural en nuestra sociedad, esto no es un valor bíblico. Dios quiere que vivamos en comunidad cristiana, y esto comienza con el bautismo. No podemos bautizarnos a nosotros mismos; sólo la Iglesia puede entregar este don a través de la Palabra del Espíritu Santo. La meta de Dios es formar un cuerpo de Iglesia más grande. La Iglesia no es eficaz en su trabajo por Cristo cuando nos aislamos y tratamos de operar solos.

El bautismo del Espíritu es un regalo corporativo que un individuo puede rechazar en cualquier momento después de recibirlo. Podemos «perder» la salvación rechazando los métodos de Dios. La comprensión del don puede venir después a través del discipulado, o podemos entender el plan de salvación de Dios en el día de nuestro bautismo. Pero no hay necesidad de que comprendamos plenamente el bautismo antes de recibir el don del Espíritu Santo.

Como cristianos, debemos creer continuamente en la gracia de Dios que se derrama con el tiempo. El evento inicial del bautismo es muy importante, pero la Biblia pone mucho más énfasis en el proceso continuo de santificación a través del cual el Espíritu nos mantiene en la fe. Al igual

---

7. Su instrucción en este versículo de permanecer en buenas obras se relaciona con su enseñanza anterior de permanecer en el amor de Dios (Juan 15:10). Las buenas obras fluyen de la naturaleza de Dios, no de la nuestra.

que el bautismo, el proceso de santificación se lleva a cabo dentro de la comunidad cristiana, no por nuestra cuenta.

Nueva vida en el Espíritu

Aquí Pablo nos ofrece una visión del proceso de salvación:

«Pero, ¿qué dice? **La palabra está cerca de ti**, *en tu boca y* **en tu corazón** *(es decir, la palabra de fe que proclamamos); porque, si confiesas con tu boca que Jesús es el Señor y* **crees en tu corazón** *que Dios le levantó de los muertos,* **serás salvo***. Porque con el corazón se cree y se es justificado, y con la boca se confiesa y se es salvo. Porque la Escritura dice: Todo aquel que en él cree, no será avergonzado. Porque no hay distinción entre judío y griego; porque el mismo Señor es Señor de todos, otorgando sus riquezas a todos los que le invocan. Porque todo aquel que invoque el nombre del Señor será salvo».*

—Romanos 10:8-13

Así que la Palabra viene primero para entrar en el corazón. Este es un corazón nuevo en nosotros, no una fusión de la Palabra en nuestro viejo corazón.

Este pasaje puede ser sacado de contexto, así que miremos con atención. Necesitamos entender lo que significa «creer», así que examinemos otras apariciones de esta palabra en Romanos.

«Porque no me avergüenzo **del Evangelio**, *porque* **es el poder de Dios para la salvación** *de todo aquel que cree.»*

—Romanos 1:16a

*«Que el **Dios de la esperanza te llene** de alegría y paz al creer, para que **por el poder del Espíritu Santo** abundes en esperanza.»*

—Romanos 15:13

La creencia en sí misma no contiene nada de valor intrínseco sin el poder de Dios. Necesitamos creer en Dios y no rechazarlo, pero nuestra creencia no es nada comparado con su poder, el cual está contenido en su Palabra.

La salvación comienza cuando Dios pone un corazón nuevo dentro de nosotros y lo impregna con el poder de la Palabra del Espíritu (ver Romanos 10:8 arriba). El evangelio está plantado (o incrustado) dentro de nosotros. Sólo entonces puede ocurrir la verdadera creencia. No nos hace ningún bien tratar de creer a Dios con nuestra vieja naturaleza. El corazón original de nuestra naturaleza pecaminosa rechaza totalmente la Palabra de Dios, o trata de cambiarla o modificarla para que se ajuste a nuestras creencias preconcebidas.

Cuando creemos en los dones de Dios con nuestro nuevo corazón, recibimos las semillas de la fe. Este don de fe es el principio de la justificación. Como dice Pablo, somos salvos «por la fe» en Cristo.

*«Pero sabemos que el hombre no es justificado por las obras de la ley, **sino por la fe en Jesucristo**; así también nosotros hemos **creído en Cristo Jesús**, para ser justificados por la fe en Cristo y no por las obras de la ley, porque por las obras de la ley nadie será justificado».*

—Gálatas 2:16

Un punto de vista común es que la justificación comienza cuando en nuestra naturaleza humana somos persuadidos a creer en el evangelio. Si esto fuera cierto, muchas Escrituras ya no tendrían sentido. La verdadera creencia es el resultado de la venida de Dios a nuestro corazón, no un mecanismo que impulsa su llegada. Como veremos en Hechos 15:11, Pedro declara que él y un nuevo creyente gentil han recibido la misma gracia. Lo que importa es la generosidad de Dios, no la intensidad relativa de nuestras creencias o convicciones.

¿Es nuestra fe en sí misma un regalo de Dios? ¿O es nuestra creencia el don primario, con la fe brotando de esa creencia? Cada interpretación parece tener sus propios pasajes de apoyo.

Algunos pasajes describen la creencia como proveniente de nuestro viejo corazón. Pero incluso los demonios malvados creen en Dios.[8] La creencia en sí misma no es todo el mensaje, como podemos ver. La verdadera creencia debe fluir de un corazón contrito después de que el regalo del evangelio es entregado.

Necesitamos prestar mucha atención a los tiempos verbales mientras buscamos entender la salvación en general y el concepto de fe por gracia en particular. En Romanos 10:8-13 (citado arriba), Pablo usa dos veces el tiempo futuro «será salvo». Esto es de esperar; la salvación será completada en la segunda venida cuando seamos resucitados y bienvenidos a la Tierra Prometida.

Pero en Romanos 10:10, Pablo cambia al tiempo presente:

---

8. Ver Santiago 2:19.

«Con la boca se confiesa y se **es salvo**«. Según esta traducción inglesa, la salvación plena ocurre en el presente, lo que contradice varios otros pasajes que ya hemos estudiado. Es posible que Pablo se refiera a la salvación espiritual, no a la resurrección corporal. Por otro lado, una interpretación más literal de esta frase diría: «Con la boca se confiesa «**para salvación**«. Esta frase representa una salvación continua en términos de un efecto de preservación. Con esta traducción más literal, se resuelve el conflicto textual.

La salvación se presenta en diferentes tiempos verbales en la Escritura como hemos visto. Pero también vemos algún movimiento en la comprensión de la salvación, no en términos de cuándo, sino para quién.

*"Pero algunos hombres bajaron de Judea y enseñaban a los hermanos: «A menos que seas circuncidado según la costumbre de Moisés, **no puedes ser salvado**".*

—Hechos 15:1

De acuerdo al entendimiento tradicional del pacto mosaico, la salvación era para el pueblo de Israel y se convierte a esta nación originalmente hebrea. Sólo tales personas podían esperar recibir la resurrección y entrar en la Tierra Prometida.

«*Pero creemos que nosotros [los judíos] **seremos salvos** por la gracia del Señor Jesús, así como ellos [los gentiles] lo serán*».

—Hechos 15:11

La simple respuesta de Pedro en este segundo pasaje cubre dos temas extremadamente importantes.

1. **La salvación está en el futuro.** Pedro cree que no es salvo todavía, pero será salvo en la segunda venida. Recibimos la promesa por gracia hoy, pero la promesa no se cumple hasta el día de la resurrección.

2. **La verdadera tierra prometida es el cielo en la tierra.** Este pasaje no menciona explícitamente la tierra prometida, pero el versículo 1 establece el contexto con una discusión sobre la circuncisión y la salvación. La circuncisión es un recordatorio del pacto de las bendiciones dadas a Abraham —en particular, que él viviría eternamente en la tierra prometida. Así que Pedro aquí declara que Dios está trayendo a los gentiles a la misma promesa del pacto; ellos también entrarán al cielo en la tierra.

Hay muchos ejemplos en las Escrituras de dones en tiempo presente que conducen a verbos de salvación en tiempo futuro; es decir, la gracia hoy conduce a la vida eterna en el último día.[9]

En Hechos 16, Pablo ofrece bautismo en tiempo presente y predica la salvación en tiempo futuro. Observe el corazón contrito del carcelero; también vea cómo «la palabra del Señor» fue el medio a través del cual él y su familia llegaron a creer.

«Entonces los sacó y les dijo: «Señores, ¿qué debo hacer para ser salvo? Y ellos dijeron: **Creed en el Señor Jesús***, y seréis salvos,*

---

9. Ver Hechos 11:18; Romanos 6:22-23.

vosotros y vuestra casa. **Y hablaron la palabra del Señor** *a él y a todos los que estaban en su casa. Y a la misma hora de la noche los tomó y lavó sus heridas; y fue bautizado de inmediato, él y toda su familia».*

—Hechos 16:30-33

Debemos creer en la Palabra del Señor para ser salvos. La Palabra viene primero; solo entonces podemos creer en la promesa de Dios de salvarnos en el futuro.

He aquí un pasaje similar que muestra cómo los gentiles recibieron el mismo don (Palabra y Espíritu) que los apóstoles judíos.

«Y nos contó cómo había visto al ángel que estaba en su casa, y dijo: «Envía a Jope y trae a Simón, que se llama Pedro; él te anunciará un **mensaje por el cual serás salvo***, tú y toda tu casa». Cuando comencé a hablar, el Espíritu Santo cayó sobre ellos como sobre nosotros al principio. Y me acordé de la palabra del Señor, cómo dijo: «Juan bautizó con agua, pero vosotros seréis bautizados con el Espíritu Santo». Si entonces Dios les dio el mismo regalo que nos dio a nosotros cuando creímos en el Señor Jesucristo, ¿quién era yo para poder interponerme en el camino de Dios? Cuando oyeron estas cosas se callaron. Y glorificaron a Dios, diciendo: «A los gentiles también Dios ha concedido el arrepentimiento que* **lleva a la vida.***»*

—Hechos 11:13-18

Estos pasajes de Romanos y Hechos presentan los mismos conceptos acerca del bautismo del Espíritu Santo. El Espíritu de la Palabra de Cristo fue entregado; entonces la creencia en la Palabra permitió la salvación en el futuro.

Los verbos en tiempo presente de la salvación también son muy importantes en el sentido de que necesitamos ser sellados hoy por el Espíritu Santo. A lo largo de la Escritura encontramos palabras como «guarda» y «conserva». Este trabajo de preservación está en curso. La santificación sigue a la justificación como un proceso en el tiempo.

Desafortunadamente, mucha gente usa el tiempo pasado para describir la salvación. Por ejemplo, alguien podría decir: «Fui salvado el 3 de junio de 1967», o «Fui bautizado el...». Pero la salvación es un proceso continuo, algo que experimentamos en el presente y que realizamos en el futuro.

Libertad en el espíritu siempre presente

*«Y los que pertenecen a Cristo Jesús han crucificado la carne con sus pasiones y deseos. Si **vivimos por el Espíritu, mantengámonos en armonía** con el Espíritu».*

—Gálatas 5:24-25

*«...para que según las riquezas de su gloria os conceda ser **fortalecidos** con poder **por su Espíritu** en vuestro interior.»*

—Efesios 3:16

*«Caminar de una manera digna del Señor, agradándole plenamente: llevando fruto en toda buena obra y **aumentando** en el conocimiento de Dios; **siendo fortalecidos** con todo poder, **según su poder glorioso**, por toda paciencia y paciencia con gozo; dando gracias al Padre, que os ha capacitado para participar en la herencia de los santos en luz».*

—Colosenses 1:10-12

*«No os mintáis los unos a los otros, ya que os habéis despojado del viejo yo con sus prácticas y os habéis revestido del **nuevo yo**, que **se renueva** en conocimiento **a imagen de su creador**.»*

—Colosenses 3:9-10

*«El Espíritu de Dios me ha creado; el aliento del Todopoderoso me **da** vida.»*

—Job 33:4

Job declara que su vida se sostiene en tiempo presente.

*«Y estoy seguro de esto, que el que comenzó una buena obra en ti la **llevará a cabo** en el día de Jesucristo.»*

—Filipenses 1:6

La salvación está en curso, una promesa que aún no se ha cumplido.

*«[O] **es Dios quien actúa en ti**, tanto para querer como para obrar por Su buena voluntad.»*

—Filipenses 2:13

Las buenas obras que salen de nuestras vidas son obra de Dios. No podemos hacer el bien que Dios desea.

*«No apaguen al Espíritu.... Ahora que el mismo **Dios de la paz** por él mismo os **santifica** completamente, y que todo vuestro espíritu, alma y cuerpo **se mantengan** irreprensibles en la venida de nuestro Señor Jesucristo».*

—1 Tesalonicenses 5:19, 23

La obra continua de santificación es llevada a cabo por el Espíritu. Dios mismo nos aparta del mundo y de nuestra vieja naturaleza pecaminosa. No somos salvos una sola vez, y entonces somos libres para seguir pecando.

El famoso pasaje de Efesios 2:8-9 describe cómo la gracia conduce a la fe. Pero si ponemos demasiado énfasis en la gracia, no podemos leer ni practicar el versículo 10. La gracia nos permite unirnos a Dios para hacer buenas obras que fueron establecidas para nosotros hace mucho tiempo.

«Porque somos hechura suya, **creados en Cristo Jesús para buenas obras***, las cuales Dios preparó de antemano,* **para que anduviésemos en ellas.***»*

—Efesios 2:10

Dios nos predestinó a hacer buenas obras: guardar su ley y amar a los demás. La elección de Dios contiene un plan general que tiene para todos nosotros, pero también tiene un plan individual para cada uno de nosotros.

Dios desea tener una relación continua con nosotros — «caminar» con nosotros, no sólo entregar un regalo único de gracia. Cuando somos fieles en nuestra relación con Dios y en nuestra obediencia a su voluntad, el resultado es nuestra santificación.

La santificación significa ser apartado para un uso santo. Necesitamos ser apartados del mundo y de nuestra naturaleza pecaminosa porque el Espíritu Santo mora ahora en nosotros.[10] La transformación es un proceso de separación constante.

Nuestra carne humana es sólo pecaminosa y no puede salvarse a sí misma. No hay conversión de la vieja naturaleza, ya que se la considera muerta, crucificada, ahogada y enterrada.[11]

«En él también fuisteis circuncidados con una circuncisión hecha sin manos, despojándoos del cuerpo de la carne, por la circuncisión de Cristo, **habiendo sido sepultados con él en el bautismo,** *en el cual también fuisteis resucitados con él* **por la fe en la poderosa obra de Dios,** *que le levantó de los muertos. Y a vosotros, que estabais muertos en vuestros delitos y en la incircuncisión de vuestra carne, Dios vivificó juntamente con él, perdonándonos todos nuestros delitos, cancelando el registro de la deuda que estaba en nuestra contra con sus demandas legales. Esto lo dejó a un lado, clavándolo en la cruz.»*

—Colosenses 2:11-14

Los conceptos de ahogamiento, entierro, crucifixión, y negación de uno mismo para tomar la cruz son todas analogías perfectas de lo que tiene que pasar con el viejo corazón.

«Lo que es nacido de la carne es carne, y lo que es nacido del Espíritu es espíritu.»

—Juan 3:6

---

10. Ver 1 Corintios 6:19.
11. Ver Marcos 8:34; Romanos 6:1-15; 7:4; 2 Corintios 5:17; Gálatas 2:20; 5:24; 6:14; Efesios 4:20-24; Colosenses 3:9-10

La carne connota el yo, nuestra naturaleza pecaminosa, la esclavitud a la muerte y al diablo.

El Espíritu connota a Cristo, la naturaleza de Dios, el nuevo nacimiento, la vida eterna.

La Biblia a menudo relaciona conceptos y entidades entre sí, como la muerte y el diablo, o Cristo y la vida. Las naturalezas o conceptos opuestos sólo se enfrentan entre sí, nunca se mezclan, a menos que demuestren una abominación. La Biblia nunca promueve la fe tibia, los evangelios híbridos o la mezcla de la verdad con los mitos.[12]

A menudo luchamos para definir nuestra propia naturaleza pecaminosa. Podemos llegar a reconocer que Adán pecó, poniéndonos así bajo la maldición de la muerte. Pero nos resistimos a asociar nuestra mortalidad con una pecaminosidad inherente. Después de todo, fuimos creados buenos a imagen de Dios. El libre albedrío estaba destinado a ser una bendición, la naturaleza física era perfecta; incluso nuestro polvo resucitará algún día. Si todos los demás aspectos de la vida son buenos, ¿cómo podemos ser agrupados en un escenario de mala naturaleza pecaminosa?

La respuesta corta es que incluso una pequeña imperfección hace que todo el bulto sea impío a los ojos de Dios. La maldición de la muerte es el ingrediente profano.

Tenemos que centrarnos en la nueva naturaleza. Nuestra nueva identidad es la vida en Cristo, que nos salvó y sigue viviendo en nosotros por medio de su Espíritu. Pero la naturaleza de la muerte aún reside dentro de nosotros,

---

12. Vea Marcos 8:33

aunque la consideramos crucificada con Cristo y sabemos que será destruida. La ceremonia del bautismo ilustra nuestra esperanza, el agua ahogando nuestra vieja naturaleza mientras nos elevamos a una nueva vida con nuestro salvador resucitado. Nacemos de nuevo con el Espíritu de Dios. Estamos vivos en Cristo y muertos a la carne.

Sin embargo, todos los enemigos aún no han sido destruidos. La muerte ya no tiene su aguijón, pero la muerte permanece.

«El último enemigo en ser destruido es la muerte.»

—1 Corintios 15:26

Nacemos en pecado y permanecemos en él hasta que nacemos del Espíritu. Nuestra naturaleza pecaminosa (mortal) es descrita por Cristo en Juan 3:36 como ira que permanece en nosotros.

La ira en este caso se refiere a la maldición de muerte que Dios puso sobre Adán y Eva y sus descendientes (incluyéndonos a nosotros).

«...entre los cuales todos vivimos en las pasiones de nuestra carne, llevando a cabo los deseos del cuerpo y de la mente, y éramos por naturaleza hijos de la ira, como el resto de la humanidad.»

—Efesios 2:3

Todos están condenados a morir.

«He aquí, yo nací en iniquidad, y en pecado me concibió mi madre.»

—Salmo 51:5

¿El pecado de esta persona vino sobre él a través de sus propios pensamientos o acciones? No. Todos están malditos antes de nacer.

Desde la Caída, cada persona comienza su vida en pecado y permanece en pecado. Nacidos en la muerte, debemos ser vivificados en el Espíritu.

*«Porque **Dios ha consignado todo a la desobediencia**, para tener misericordia de todos. Oh, la profundidad de las riquezas y la sabiduría y el conocimiento de Dios! Qué inescrutables son sus juicios y qué inescrutables sus caminos!*

Porque ¿quién ha conocido la mente del Señor, o quién ha sido su consejero?

O quién le ha dado un regalo a él para que le devolvieran el dinero?

«Porque de él y a través de él y para él son todas las cosas. A él sea la gloria por los siglos de los siglos. Amén.»

—Romanos 11:32-36

Necesitamos leer la totalidad de la Palabra de Dios para entender las «profundidades de su sabiduría y conocimiento». El concepto de ser «consignado» o de nacer en pecado no tiene sentido desde una perspectiva humana, pero es cierto.

¿Sobre qué base condena Dios nuestra naturaleza? ¿De qué nos sirve nuestro libre albedrío si no podemos elegir la justicia?

El libre albedrío no es la verdadera libertad. No podemos elegir entre pecar o hacer el bien, ya que es nuestra naturaleza pecar. Es automático. Al seguir nuestra naturaleza, no podemos evitar elegir el camino pecaminoso (hasta que nacemos de nuevo). Esto es prisión, no libertad. El Espíritu debe liberarnos de nuestra naturaleza pecaminosa y capacitarnos para hacer el bien a través de la naturaleza de Dios.

La libertad que tenemos en Cristo es la verdadera libertad. Sin embargo, no somos libres de escoger el pecado en el Espíritu, lo que significa que nuestra nueva situación es exactamente lo opuesto al libre albedrío en la carne. Podemos «elegir» pecar bajo la carne, o podemos ejercer nuestra libertad en Cristo para hacer el bien. La naturaleza de Dios no puede producir pecado, y nuestra naturaleza humana no puede producir justicia.

Una suposición común es que Dios convierte nuestra vieja naturaleza humana lavando la mayor parte del pecado, permitiéndonos fusionarnos con el Espíritu y convertirnos en santos nosotros mismos. Nos imaginamos que debemos elegir buscar el perdón de Dios para poder ir al cielo. La verdad es que primero necesitamos la mente de Cristo (1 Corintios 2:16) que viene por su Palabra. Nuestra mente humana está atada por la maldición y obsesionada con los deseos egoístas.

En vez de tratar de actuar con justicia, necesitamos confiar en el Dios que es justo. Él es el que hace buenas obras; fuimos planeados desde la fundación del mundo de acuerdo a su voluntad para ser un conducto en el Espíritu. Con humildad nos sometemos al poder de Dios trabajando en y a través de nosotros. En vez de tratar de tomar nuestras propias buenas decisiones, necesitamos seguir los mandamientos de Dios. Su Palabra nos dice todo lo que necesitamos hacer.

La Palabra de Dios explica claramente sus planes, instrucciones, leyes y mandamientos. No tenemos nada que debatir ni sobre lo que decidir. Simplemente debemos obedecer. Adán fue diseñado para vivir por la Palabra de Dios.[13] Compartimos el mismo diseño.

La naturaleza humana no puede evitar creer en las mentiras del diablo, que es el padre de las mentiras.[14] Su primera mentira nos convenció de dudar de Dios y de confiar en nuestra supuesta inmortalidad. Debido a este pecado, vivimos bajo la maldición de la muerte.

El diablo sigue diciendo esta misma mentira hoy en día, pero la naturaleza de Cristo nos ata a la vida eterna y a la verdad. Escondidos en Cristo que no puede mentir (Hebreos 6:18), tenemos acceso a toda verdad necesaria para la vida.

Cristo es literalmente «el camino, la verdad y la vida» (Juan 14:6a)—el antídoto contra nuestra maldición de muerte y pecado.

Cristo es el fundador de la salvación (Hebreos 2:10), la fuente de la salvación (Hebreos 5:9), y el perfeccionador de nuestra fe (Hebreos 12:2). Sólo con sus dones puede completarse la fe. Cristo nos llama a actuar nuestra fe por

---

13. Ver Mateo 4:4, que cita a Deuteronomio 8:3.
14. Ver Juan 8:44

medio de su Espíritu; estas son las buenas obras en las que podemos participar.

*«Pero alguien dirá: "Tú tienes fe y yo tengo obras". Muéstrame tu fe aparte de tus obras, y yo te mostraré mi fe por mis obras. Crees que Dios es uno; lo haces bien. ¡Hasta los demonios creen y tiemblan! ¿Quieres que te muestre, insensato, que la fe sin obras es inútil? ¿No fue justificado por las obras nuestro padre Abraham cuando ofreció a su hijo Isaac en el altar? Ves que la fe era activa junto con sus obras, y **la fe se completó con sus obras**; y se cumplió la Escritura que dice: Abraham creyó a Dios, y le fue contado como justicia, y fue llamado amigo de Dios. Ves que el hombre es justificado por las obras y no solo por la fe.»*

—Santiago 2:18-24

La carne no puede producir buenas obras, así que Santiago está hablando aquí de buenas obras hechas en tándem con el Espíritu a través de su naturaleza. Él aclaró en el capítulo anterior que todo lo bueno viene de Dios (Santiago 1:17).

Las promesas de Dios a Abraham fueron incondicionales (Génesis 12 y 15); una vez que Abraham recibió la gracia de Dios, le siguieron los mandamientos (Génesis 17 y 22). Abraham creyó en la promesa, iniciando su fe (Génesis 15:6), pero su fe sólo se completó después de que él obedientemente actuó su creencia (Génesis 22:1-18).

¿Cómo se comparó la creencia de Abraham en las promesas incondicionales de Dios con su confianza en que Dios resucitaría a Isaac de entre los muertos? Las promesas que Dios le hizo a Abraham en Génesis 12 y 15 no dependían de que Abraham tomara la decisión de creer en Dios. Abraham simplemente recibió estos dones. Dios asumió toda la responsabilidad en el juramento de sangre que inició (Génesis 15:13-20). Abraham ofreció a Isaac a Dios basado en su creencia previa en los dones; esto completó su fe.

Nuestra propia fe comienza cuando Dios se acerca a nosotros en el perdón. La fe se incluye con el regalo como una mano a la que agarrarse. Si creemos que el don es verdadero, actuaremos en obediencia para completar nuestra fe de acuerdo a la guía de Dios. Mucha gente se detiene ante la creencia. Esto es hacer un acuerdo de apretón de manos solo para no seguir adelante. La realización del trabajo cumple con el contrato. Pero incluso en fidelidad, debemos mantener la perspectiva y la humildad adecuadas.

*«¿Qué es, pues, Apolos? ¿Qué es Pablo? Siervos a través de los cuales creísteis, como el Señor lo asignó a cada uno. Yo planté, Apolos regó, pero Dios dio el crecimiento. Así que ni el que planta ni el que riega es nada, sino **sólo Dios que da el crecimiento**.»*

—1 Corintios 3:5-7

Nuestra creencia es un paso importante en el proceso de salvación, pero la creencia no cuenta como una obra hacia la justicia. Más bien, Cristo nos concede su propia justicia y poder. Obtenemos «crédito» por nuestra creencia sólo cuando confiamos lo suficiente en Dios para actuar en fe con los recursos espirituales de Dios. Esto resulta en nuestra justificación, completando la obra de Cristo.

Cristo completó la obra universal en la cruz para todos; cuando creemos en él, podemos vivir por el poder de su obra en nosotros.

CAPÍTULO 12.

NATURALEZAS EN DUELO

Hasta que Dios no ponga su naturaleza dentro de nosotros, no podemos amar a Dios. Incluso si en nuestra mente humana estamos de acuerdo con el concepto de un Dios amoroso, no somos capaces de responder con amor en nuestra naturaleza humana. Solo Dios es capaz de amar, aunque comparte esta capacidad cuando nos da su Espíritu. Entonces podemos amar a Dios y amar a los demás con el corazón de Dios.

Somos o «de Dios» (Juan 8:47) o «del diablo» (1 Juan 3:8, 10). No hay tal cosa como una «persona buena» o una sola naturaleza que contenga tanto el mal como la justicia.

A menudo pensamos en dilemas morales en términos del concepto de ángel y demonio. Nos imaginamos un demonio en un hombro, hablando mentiras en un oído, y un ángel en nuestro otro hombro, diciendo la verdad en nuestro otro oído. Luego decidimos qué consejos seguir. Tal concepto es pura mitología, no se encuentra en ninguna parte de la Biblia.

Este mito ha sido constantemente reenvasado desde la

caída de la humanidad. Otra versión popular de este mito es la siguiente:

Un jefe está hablando con su nieto. Dice: «Hay dos lobos dentro de nosotros que siempre están en batalla. Uno es bueno y representa cosas como la bondad, la valentía y el amor. El otro es malo y representa cosas como la codicia, el odio y el miedo».

El nieto le pregunta: «Abuelo, ¿quién gana?» El jefe contesta: «El que tú alimentes».

Según el modelo bíblico, nosotros somos el maligno. La naturaleza humana que recibimos en nuestra herencia de Adán está irremediablemente estropeada. No existe una persona neutral que decida entre el bien y el mal. O bien nos vinculamos al Espíritu de vida o permanecemos vinculados a nuestra carne que está atascada en la muerte.

La carne sólo puede elegir el mal. Imaginamos que tenemos algún potencial para hacer el bien o hacer buenas elecciones, pero nuestra naturaleza pecaminosa original es totalmente egocéntrica. Aunque hagamos el bien, demos a la caridad, ayudemos al prójimo y otros actos de bondad bajo la carne, siempre hacemos estas cosas para satisfacer nuestro propio deseo de justificación como nuestra «contribución» a la vida eterna.

Verdad y mentiras

Vemos a lo largo de toda la Biblia que sólo Dios es bueno (Lucas 18:19) y que Dios sólo habla la verdad (Hebreos 6:18). El concepto opuesto es que el diablo es el padre de la mentira (Juan 8:44). Las mentiras nos llevaron a la esclavitud del pecado.

Sabemos que la fe comienza con escuchar la verdad de Dios; de la misma manera, el mal comienza con escuchar las mentiras de Satanás. Adán y Eva primero escucharon las mentiras del diablo, luego creyeron en las mentiras, poniendo su confianza en el diablo. A su vez, hemos heredado una naturaleza humana propensa a creer mentiras. A nadie le gusta pensar que es del diablo, pero si escuchamos mentiras y las creemos, probamos nuestra esclavitud.[1]

Aunque podemos decir que rechazamos al diablo, no podemos escapar a su influencia. Tal vez no seguimos intencionalmente al diablo, pero cuando seguimos nuestros propios pensamientos, escuchamos a nuestro propio corazón, o creemos en nosotros mismos para tomar las decisiones correctas, no obstante somos engañados; permanecemos en pecado.

El evangelio de libre albedrío dice que tomamos la decisión de «dejar» que Dios entre en nuestra vida. Pero el Espíritu no puede entrar en nuestro corazón pecaminoso ni siquiera con permiso. Nuestro corazón necesita ser cortado antes de que Dios pueda entrar. La circuncisión de nuestro ser interior es el primer paso para recibir una nueva identidad. Esto viene por la Palabra.

Una vez que nuestra naturaleza pecaminosa ha sido circuncidada (Colosenses 2:11), hay lugar para el regalo de la naturaleza de Dios (2 Corintios 5:17). Pero en cualquier momento durante el proceso de santificación, podemos

---

1. Aunque nuestra naturaleza humana corrupta está inclinada a creer las mentiras del diablo, fuimos diseñados para vivir por cada palabra que viene de la boca de Dios (ver Mateo 4:4, que cita a Deuteronomio 8:3).

elegir rechazar la Palabra y el Espíritu de Dios y regresar a nuestra vieja naturaleza pecaminosa.

La salvación es condicional. Cristo declaró que hay un pecado imperdonable de hablar contra el Espíritu Santo.[2]

«Y cualquiera que hable una palabra contra el Hijo del Hombre será perdonado, pero cualquiera que hable contra el Espíritu Santo no será perdonado, ni en este siglo ni en el venidero.»

—Mateo 12:32

El rechazo de la Palabra de Dios y hablar en contra del Espíritu Santo son esencialmente el mismo pecado. El Espíritu y la Palabra van de la mano. Nuestra salvación tiene una condición esencial: no podemos rechazar la Palabra de Dios. La mayoría de los creyentes no se atreven a hacer esto directamente. Pero muchos creyentes ajustan su interpretación de las Escrituras para que se ajuste a sus prejuicios en lugar de dejar que la Palabra de Dios hable clara y directamente.

Note las palabras subrayadas condicionales en los pasajes de abajo; estas se relacionan con las acciones que debemos tomar para mantener la fe.

*«Los que están en el camino son los que han oído; luego viene el diablo y **les quita la palabra** de su corazón, **para que no crean** y se salven».*

—Lucas 8:12

---

2. Cristo no condena el pecado de hablar contra sí mismo. Pero recuerden que Cristo se vació de la plenitud de Dios en la encarnación. Puesto que Cristo recuperó esta plenitud en su resurrección, esta advertencia contra la blasfemia probablemente se extiende a todas las Personas de la Trinidad.

«*Ellos [Israel] fueron quebrantados por su incredulidad, pero vosotros [los gentiles] permanecéis firmes por medio de la fe. Así que no te sientas orgulloso, sino temeroso. Porque si Dios no perdonó las ramas naturales, tampoco a ti te perdonará. Observen, pues, la bondad y la severidad de Dios: severidad para con los que han caído, pero la bondad de Dios para con ustedes,* **siempre y cuando continúen en su bondad.** *De lo contrario, tú también quedarás aislado. Y aun ellos, si no continúan en su incredulidad, serán injertados, porque Dios tiene el poder de injertarlos de nuevo*».

—Romanos 11:20-23

«**Por este evangelio eres salvo, si te aferras firmemente** a la *palabra que te he predicado. De lo contrario, has creído en vano.*»

—1 Corintios 15:2

«*Examinaos a vosotros mismos, para* **ver si estáis en la fe.** *Pónganse a prueba. O no os dais cuenta de esto de vosotros mismos, de que Jesucristo está en vosotros...* ¡**a menos** *que no* **cumpláis la prueba!** *Espero que descubras que no hemos fallado la prueba.*»

—2 Corintios 13:5-6

«*Y los que pertenecen a Cristo Jesús han crucificado la carne con sus pasiones y deseos.* **Si** *vivimos por el Espíritu,* **mantengámonos también en paso con el Espíritu.** *No nos hagamos engreídos, provocándonos unos a otros, envidiándonos unos a otros*».

—Gálatas 5:24-26

«*Por lo tanto, amados míos, como siempre habéis obedecido, así ahora, no sólo como en mi presencia, sino mucho más en mi ausencia,* **haced vuestra salvación** *con temor y temblor, porque es Dios quien obra en vosotros, tanto para querer como para obrar por su buena voluntad».*

—Filipenses 2:12-13

«**Sigue** *el modelo de las* **buenas palabras** *que has oído de mí, en la fe y el amor que hay en Cristo Jesús.*»

—2 Timoteo 1:13

«*Ahora se ha reconciliado en su cuerpo de carne por su muerte, para presentaros santos e irreprensibles e irreprensibles delante de él,* **si es que en verdad permanecéis en la fe**, *firmes y firmes, sin apartaros de la esperanza del evangelio que habéis oído».*

—Colosenses 1:22-23a

«*Mirad, hermanos, que no haya en ninguno de vosotros un corazón malvado e incrédulo que os lleve a apartaros del Dios vivo. Pero exhortaos los unos a los otros todos los días, mientras se llame «hoy», para que ninguno de vosotros se endurezca por el engaño del pecado. Porque hemos venido a compartir en Cristo,* **si en verdad mantenemos firme nuestra confianza original hasta el fin.**»

—Hebreos 3:12-14

«**Ten cuidado de que no te dejes llevar** *por el error de la gente sin ley y* **pierdas tu propia estabilidad.** *Pero crece en la gracia y el conocimiento de nuestro Señor y Salvador Jesucristo».*

—2 Pedro 3:17b-18a

«Pónganse en guardia para que no se dejen llevar por el error de los anárquicos y caigan de su posición segura. Pero crezcan en la gracia y el conocimiento de nuestro Señor y Salvador Jesucristo».

—2 Pedro 3:17b-18a NVI

*«En cuanto a vosotros, **ved que lo que habéis oído** desde el principio **permanece en vosotros. Si lo hace,** vosotros también permaneceréis en el Hijo y en el Padre. Y esto es lo que nos prometió: vida eterna. Te escribo estas cosas sobre aquellos que intentan desviarte».*

—1 Juan 2:24-26

*«Pero vosotros, amados, edificándoos en vuestra santísima fe y orando en el Espíritu Santo, **guardaos en el amor de Dios**, esperando la misericordia de nuestro Señor Jesucristo que conduce a la vida eterna».*

—Judas 1:20-21

Algunos pasajes nos aseguran que Dios nos guardará en su cuidado por su Espíritu (1 Tesalonicenses 5:23), pero otros pasajes nos imploran que nos mantengamos en paso con el Espíritu (Gálatas 5:25; Judas 1:20-21). Vimos un contraste similar antes: algunos pasajes afirman que Dios circuncida nuestro corazón, mientras que otros nos instruyen a circuncidar nuestro propio corazón. En cada caso, el contraste ilustra la relación entre la ley y la gracia. La gracia es lo primero, luego podemos guardar la ley.

Cada conjunto de versículos es inspirado y correcto. No son contradictorios, sino secuenciales. Primero viene la justificación, luego la santificación continua. Pero si dejamos de ejercer nuestra fe actuando en obediencia, podemos interrumpir la obra santificadora que Dios está haciendo en nuestra vida. Al rechazar la verdad de Dios, rechazamos su Espíritu y ponemos en riesgo nuestra salvación.

Todos los pasajes de arriba están dirigidos a los creyentes existentes, instándolos a estar en guardia contra las mentiras de Satanás, a permanecer en obediencia. Si decimos que creemos en algo pero actuamos de manera contradictoria, refutamos nuestro propio testimonio. El servicio de labios a la creencia cristiana es esencialmente una mentira.

«Por tanto, dejad toda la inmundicia y la maldad desenfrenada y **recibid con mansedumbre la palabra implantada**, *que es capaz de salvar vuestras almas. Mas sed hacedores de la palabra, y no solamente oidores, engañándoos a vosotros mismos. Porque si alguno es oyente de la palabra y no hacedor, es como un hombre que se mira fijamente en su rostro natural en un espejo. Porque se mira a sí mismo y se va y se olvida de inmediato de cómo era».*

—Santiago 1:22-24

Una vez que recibimos el mensaje del Evangelio, no podemos atribuirnos el mérito de las buenas obras que siguen. Estos no son el resultado de nuestras buenas decisiones. Solo a través de la Palabra implantada (el Espíritu de Dios en nosotros) podemos producir obras que reflejen la naturaleza de Dios. La humildad y la contrición son requisitos; no debemos complacer nuestra naturaleza humana al tomar un poco de crédito por ayudar a Dios.

Aquí leemos una de las enseñanzas de Pablo sobre la humildad junto con el contexto más completo del pasaje del Antiguo Testamento que cita:

*«Y **por él sois en Cristo Jesús**, que nos habéis hecho sabiduría de Dios, justicia, santificación y redención, de modo que, como está escrito: El que se jacta, **júntese en el Señor'**.»*

—1 Corintios 1:30-31

«Así dice el Señor: No se jacte el sabio en su sabiduría, no se jacte el poderoso en su poder, no se jacte el rico en sus riquezas, sino el que se jacte en esto, que me entienda y me conozca, que yo soy el Señor que practica el amor firme, la justicia y la rectitud en la tierra. Porque en estas cosas me deleito, declara el Señor».

—Jeremías 9:23-24

No podemos generar buenas obras, así que Dios pone su propia naturaleza generadora de justicia dentro de nosotros, si nos sometemos a él.

*«Porque, siendo ignorantes de la justicia de Dios, y buscando establecer la suya propia, no se **sometieron a la justicia de Dios**.»*

—Romanos 10:3

Un debate teológico común es la cuestión de si la salvación depende de nuestro libre albedrío o de la predestinación de Dios. Esta conversación a menudo supone que tenemos un alma inmortal que se convertirá (a través de nuestra voluntad) o se salvará (por la voluntad de Dios).

Como hemos visto, ninguno de los dos lados es

bíblicamente exacto. Contenemos una naturaleza dual: nuestra alma mortal con el Espíritu inmortal que mora dentro de nosotros. Dios ha escogido mostrarnos misericordia, pero su condición es que guardemos su Palabra sin alterar ninguno de sus mandamientos. Es así de simple.

Podemos hablar de «conversión» de nuestra alma mortal, pero debemos aclarar que es una conversión de nuestra naturaleza mortal a la naturaleza inmortal de Dios, una transformación que solo se completa con nuestra resurrección. Nuestra conversión está teniendo lugar ahora, sin embargo, somos mortales en este momento.

La conversión no indica la renovación de nuestra naturaleza humana. El pecado y la muerte no pueden ser arreglados o limpiados, solo derrotados. A menudo malinterpretamos el siguiente pasaje para mostrar que hay un proceso continuo de conversión gradual. Pero tenga en cuenta que el pasaje establece una negación del mundo. Solo habiendo rechazado nuestra naturaleza humana podemos ser transformados. No reparamos nuestra mente, sino que asumimos la mente de Cristo, la voluntad de Dios.

«Os ruego, pues, hermanos, por la misericordia de Dios, que presentéis vuestros cuerpos como sacrificio vivo, santo y agradable a Dios, que es vuestro culto espiritual. **No os conforméis a este mundo***, sino* **transformaos** *por medio de la renovación de vuestra mente, para que, probando, podáis discernir cuál es la* **voluntad de Dios***, lo que es bueno, aceptable y perfecto».*

—Romanos 12:1-2

La transformación describe el proceso continuo de

santificación a través del cual nuestra naturaleza pecaminosa es sacrificada, negada, crucificada, circuncidada, ahogada y enterrada con el tiempo. A medida que nuestro yo disminuye, el nuevo yo aumenta. Debemos ser apartados del mundo. Nuestra voluntad se transforma en la voluntad de Dios.

*«No nos jactamos más allá de los límites en las labores de los demás. Pero nuestra esperanza es que a medida que su **fe aumente**, nuestra área de influencia entre ustedes se amplíe».*

—2 Corintios 10:15

*«...de una manera digna del Señor, que le agrada plenamente: fructificando en toda buena obra y **aumentando en** el **conocimiento de Dios**.»*

—Colosenses 1:10

*«Que el mismo Dios y Padre nuestro, y nuestro Señor Jesús, dirijan nuestro camino hacia vosotros, y que el **Señor os haga crecer** y abundar en amor los unos por los otros y por todos, como nosotros por vosotros».*

—1 Tesalonicenses 3:11-12

*«Debemos dar siempre gracias a Dios por vosotros, hermanos, como es justo, porque **vuestra fe está creciendo** abundantemente y **aumenta** el amor de cada uno de vosotros, los unos por los otros».*

—2 Tesalonicenses 1:3

Algunos de estos pasajes parecen instruirnos a hacer el trabajo o aumentar la fe nosotros mismos, mientras que otros describen al Señor proveyendo la obra o la fe. Como hemos visto, el contexto bíblico más grande es que Dios es la fuente de toda justicia, y él nos equipa para unirnos a lo que él está haciendo.

*«Su **poder divino nos ha concedido todas las cosas** que pertenecen a la vida y a la piedad, **por el conocimiento** de aquel que nos llamó a su propia gloria y excelencia, por el cual **nos ha concedido** sus preciosas y muy grandes promesas, para que **por medio de ellas lleguéis a ser partícipes de la naturaleza divina**, habiendo escapado de la corrupción que hay en el mundo a causa del deseo pecaminoso. Por esta misma razón, hagan todo lo posible para complementar su fe con virtud, y la virtud con conocimiento, y el conocimiento con autocontrol, y el autocontrol con firmeza, y la firmeza con piedad, y la piedad con afecto fraternal, y el afecto fraternal con amor. Porque si estas cualidades son vuestras y van en aumento, os impiden ser ineficaces o infructuosos en el conocimiento de nuestro Señor Jesucristo. Porque el que carece de estas cualidades es tan miope que es ciego, habiendo olvidado que fue limpiado de sus pecados anteriores. Por lo tanto, hermanos, sean más diligentes para confirmar su llamado y elección, porque si practican estas cualidades nunca caerán. Porque así se os dará abundantemente entrada en el reino eterno de nuestro Señor y Salvador Jesucristo».*

—2 Pedro 1:3-11

Aquí Pedro nos muestra el panorama general. Comienza su epístola estableciendo que todas las cosas buenas provienen principalmente de la naturaleza divina de Dios, y podemos llegar a ser partícipes de su naturaleza cuando él nos concede el Espíritu. Solo entonces, a través de la naturaleza de Dios, se nos pide que guardemos sus leyes.

Cada vez que vemos un pasaje acerca de aumentar nuestra fe o hacer el bien, necesitamos recordar el contexto bíblico más amplio: el escritor está hablando al hombre nuevo, no al viejo.

Dios no quiere que nada de su creación perezca, sino que todos vengan a él (2 Pedro 3:9). Primera Timoteo 2:4 afirma de manera similar que Dios «desea que todos los hombres se salven y lleguen al conocimiento de la verdad».

Su voluntad es la verdad. Su Palabra es clara: nuestro destino es obedecer la voluntad de Dios.

Dios ha predestinado a todos a ser salvos y a hacer buenas obras. Él nos dio su Palabra, que nos da toda la instrucción que necesitamos. Todo fue establecido desde el principio; vemos el plan de salvación de Dios entretejido a través de las Escrituras, comenzando con su promesa a Adán y Eva en Génesis 3:15, luego continuando con sus promesas a Abraham y el cumplimiento de la ley por parte de Cristo. Vemos el plan maestro de Dios en Efesios 1:9-10, y vemos un vistazo de su resolución en Apocalipsis. Él desea que todos sean salvos, y a través de su gracia provee los medios para que todos sean salvos.

El concepto bíblico de la predestinación no encaja perfectamente con nuestra idea cultural de lo que es el destino. Dios nos creó con un destino en mente. Después de la corrupción de nuestra naturaleza en el Edén, Dios ordenó el plan de redención, haciendo posible la salvación para todos nosotros. Este es el destino que Dios quiere para nosotros y que ha planeado para nosotros. Pero a nivel individual, no nos obliga a someternos a estos planes.

Mucha gente finalmente rechaza la Palabra de Dios y descarrila la voluntad de Dios para su redención. Tales personas no estaban predestinadas a rechazar a Dios. Por el contrario, Cristo les ha ofrecido una parte de su herencia. Pero mientras mantengamos nuestra naturaleza humana, podemos optar por no participar en el destino que Dios ha preparado para nosotros.

Todas las personas que no creen en el Evangelio permanecen bajo la ley, aunque no escuchen el mensaje de la ley. La maldición sigue en vigor. Sin embargo, Cristo cumple la ley en nombre de todos para quitarnos de las penas de la ley (muerte y juicio). Todas las personas están destinadas a morir bajo la ley, que es la maldición del jardín, a menos que hayan nacido de nuevo por el Espíritu y sellados hasta que nazcan de nuevo en el cuerpo a la vida eterna en la resurrección.

«Porque todos los que pecaron sin la ley perecerán también sin la ley, y todos los que pecaron bajo la ley serán juzgados por la ley. Porque no son justos ante Dios los que oyen la ley, sino los hacedores de la ley los que serán justificados. Porque cuando los gentiles, que no tienen la ley, por naturaleza hacen lo que la ley requiere, son una ley para sí mismos, aunque no tengan la ley. Ellos muestran que la obra de la ley está escrita en sus corazones, mientras que su conciencia también da testimonio, y sus pensamientos contradictorios los acusan o incluso los excusan en ese día cuando, según mi evangelio, Dios juzga los secretos de los hombres por medio de Cristo Jesús».

—Romanos 2:12-16

En el versículo de abajo, Cristo describe la creencia que

viene de la naturaleza humana de una persona. Sólo podemos obtener la verdad de Dios.

«El que habla por su propia cuenta busca su propia gloria; pero el que busca la gloria del que lo envió es verdadero, y en él no hay mentira.»

—Juan 7:18[3]

El orgullo es parte de nuestra naturaleza pecaminosa. Naturalmente queremos tomar por lo menos un poco de crédito por la salvación, señalando nuestra «elección» de seguir a Dios o invitarlo a entrar en nuestro corazón. Pero las Escrituras no apoyan ninguna interpretación del evangelio basada en obras.

Simplemente no podemos inventar una interpretación privada de las Escrituras.[4] Un profeta, apóstol, o un Joe promedio no puede tomar libertades con un pasaje dado para hacer que encaje en una visión del mundo existente. Tenemos muchas libertades en Cristo. La interpretación privada no es una de ellas. Revelación a través de su Palabra es todo lo que necesitamos.

Cuando comparamos el evangelio híbrido de una sola entidad (en el cual nuestra alma inmortal es reformada), el evangelio humanista occidental (en el cual toda la gente buena va a algún tipo de lugar mejor en la próxima vida), y el mensaje bíblico del evangelio, vemos que todos estos ofrecen seguridad; todos ellos intentan dar esperanza hoy y ofrecer vida eterna.

---

3. También vea Juan 8:44 y Romanos 2:8 para mensajes similares.
4. Ver 2 Pedro 1:20-21.

Pero a diferencia del evangelio bíblico, los proponentes del mensaje híbrido y el mundo occidental en general creen que los seres humanos poseen un alma inmortal parcialmente buena y pueden elegir actuar con rectitud.

De acuerdo a nuestra cultura secular, cada persona promedio, en su mayoría buena, va al cielo; de acuerdo al evangelio híbrido de una sola entidad, los cristianos van al cielo basados en el mismo juicio relativo. Ambas perspectivas coinciden en que todos son inmortales y deben ir a alguna parte. Así que las almas buenas y/o salvas deben ir al cielo. No hay mucha diferencia entre elegir la bondad moral y elegir la gracia de Dios como fuente de bondad. En cualquier caso, una persona utiliza la elección para obtener crédito hacia el cielo.

Ni el humanismo ni el evangelio híbrido consideran el escenario bíblico de la doble naturaleza; el enfoque en hacer elecciones a través del libre albedrío está arraigado en nosotros. El mensaje de la doble naturaleza debe venir de fuera de nosotros mismos y pasar a nuestros corazones. ¿Cómo puede alguien «escuchar» este mensaje a menos que el cuerpo unificado de Cristo predique el evangelio completo?

El cristiano que presenta el evangelio híbrido argumentará que la salvación está basada enteramente en la gracia y la fe. Lo cual es razonable; la gracia conduce de hecho a la fe según el mensaje bíblico de salvación. Pero debemos ser transformados con el tiempo, no convertidos instantáneamente.

Así que no basta con proclamar el Evangelio (Mateo 28:19);

también estamos llamados a facilitar el discipulado de otros creyentes (Mateo 28:20), animándonos unos a otros a perseverar y crecer en la fe.

El evangelio completo como está escrito en la Palabra suena diferente del evangelio híbrido moderno que se predica hoy en día. El híbrido moderno suena mejor para los oídos modernos y se mezcla con las preferencias culturales, lo que en su mayoría elimina los choques de visión del mundo.

Pero, ¿cómo puede la Iglesia predicar un evangelio tan conveniente e inofensivo y seguir siendo la sal o la luz?

Algunos pasajes (tales como Hechos 17:30-31 y Hebreos 6:9-12) hablan de la salvación espiritual sin mencionar la resurrección futura, pero éstos no mencionan la muerte en absoluto; su propósito es proporcionar esperanza y seguridad, no argumentar por un alma inmortal.

Los pasajes de salvación en tiempo presente no entran en conflicto con otras Escrituras, pero algunas personas los sacan de contexto para promover el evangelio híbrido. Es por eso que la gente memoriza Efesios 2:8 (sugiriendo una salvación completa) y no agrega 2:7 (esperando la demostración futura de la gracia de Cristo). Versículos aislados como Juan 3:16 pueden ser usados para justificar el concepto híbrido de una sola entidad y la creencia en una resurrección de espíritu-cuerpo al cielo. Sin embargo, Juan 3:16 no contradice los muchos otros pasajes enfocados en una futura resurrección corporal en la tierra. La Biblia diferencia entre la salvación espiritual hoy y la salvación física en la segunda venida. No podemos enfocarnos en uno u otro; necesitamos al Espíritu hoy y mañana.

Fuimos sellados cuando el Espíritu vino a darnos un corazón nuevo, somos preservados hoy, y seremos salvos en el futuro. La salvación es pasado, presente y futuro.

Si creemos que nuestra alma es inmortal y nuestra naturaleza humana debe ser reparada, tenderemos a creer en la salvación como una obra en tiempo pasado. Pero si creemos que somos mortales, comprenderemos nuestra necesidad de confiar continuamente en Dios a medida que nos fortalece, nos mantiene, nos preserva y nos santifica antes de que finalmente nos conceda la inmortalidad en la resurrección.

– ¿Ya éramos inmortales antes de nacer (como el Islam y el Mormonismo)?

– ¿Recibimos un alma inmortal al nacer?

– ¿Nos volvimos retroactivamente inmortales cuando nacimos de nuevo?

– ¿Nos volvemos inmortales cuando nuestro cuerpo mortal muere?

– ¿Nos hacemos inmortales con la resurrección de nuestro cuerpo?

La Biblia solo dice sí a la última de ellas. Cristo está esperando a la diestra del Padre hasta el momento adecuado.[5]

Necesitamos esperar hasta que Cristo venga de nuevo; entonces todos los enemigos —incluyendo la muerte—

---

5. Ver Hechos 3:21, Romanos 6:5-9, 1 Corintios 15:26 y Hebreos 10:13.

serán derrotados. Cristo se sentará en el trono de gloria en el reino donde moraremos juntos en forma corporal glorificada.[6]

¿Podemos estar 100 por ciento seguros de que no necesitamos hacer algo para salvarnos? ¿No tenemos alguna opción o opinión en el asunto, o Dios sólo decide nuestro destino en nuestro nombre?

*"Y cuando los gentiles oyeron esto, comenzaron a regocijarse y a glorificar la palabra del Señor, y creyeron todos los que estaban **destinados a la vida eterna**".*

—Hechos 13:48

En un extremo, podemos insistir en la predestinación completa hasta el punto en que Dios controla todo; de acuerdo con algunas escuelas de pensamiento, Dios incluso selecciona qué personas permanecerán en su maldad y serán condenadas al infierno. En el otro extremo, imaginamos que nuestro libre albedrío es tan potente que podemos elegir la justicia y salvarnos a nosotros mismos. Y por supuesto, muchos sistemas de creencias caen en el medio. Aquí hay algunas perspectivas comunes sobre nuestro papel en la salvación:

- Necesitamos decidirnos a seguir a Cristo; nuestra salvación depende 100 por ciento de nuestro libre albedrío. La vida es cuestión de elecciones.

- Dios hace la primera obra y se acerca a nosotros, luego elegimos el siguiente paso(s).

---

6. Ver Mateo 19:28; 25:31; 1 Corintios 15:23-26).

– Damos el primer paso como un buscador espiritual, entonces Dios está de acuerdo en entrar en nuestro corazón como se le pide.

– La salvación depende de la elección de Dios. No podemos ser salvos a menos que seamos predestinados para la salvación, y no tenemos la habilidad de resistir la gracia de Dios si estamos entre sus elegidos.

– Dios hace la primera y única obra necesaria, entonces vivimos por su Espíritu. Nuestra fe no se basa en la fuerza de nuestra fe, sino en la consistencia de nuestra obediencia. Debemos ser humildes y contritos, rechazando nuestra propia naturaleza pecaminosa.

La Biblia es muy clara y objetiva. No hay nada subjetivo en el evangelio. Necesitamos entender todos los pasajes claros, primero relacionados con el plan de salvación de Dios; solo entonces podremos entender los pasajes más difíciles.

*«Porque la mente que está puesta en la carne es hostil a Dios, porque no se somete a la ley de Dios; en verdad, no puede. Los que están **en la carne no pueden agradar a Dios**. Tú, sin embargo, no estás en la carne sino en el Espíritu, si es que en realidad el Espíritu de Dios mora en ti. **El que no tiene el Espíritu de Cristo no le pertenece**. Pero si Cristo está en ti, aunque el cuerpo esté muerto por causa del pecado, el Espíritu es vida por causa de la justicia».*

—Romanos 8:7-10

*«Tal es la confianza que tenemos en Dios por medio de Cristo. **No es que seamos suficientes en nosotros mismos para decir que algo viene de nosotros**, sino que nuestra suficiencia viene*

de Dios, que nos ha hecho suficientes para ser ministros de una nueva alianza, no de la letra, sino del Espíritu. Porque la letra mata, pero el Espíritu da vida».

—2 Corintios 3:4-6

*«Y **vosotros estabais muertos** en las transgresiones y pecados en que anduvisteis en otro tiempo, siguiendo el curso de este mundo, **siguiendo al príncipe de la potestad del aire**, el espíritu que ahora actúa en los hijos de la desobediencia, **entre los cuales todos nosotros vivimos en otro tiempo** en las pasiones de nuestra carne, llevando a cabo los deseos del cuerpo y de la mente, y éramos **por naturaleza hijos de la ira, como el resto de la humanidad.** Pero Dios, siendo rico en misericordia, por el gran amor con que nos amó, aun cuando estábamos muertos en nuestras ofensas, nos hizo vivos junto con Cristo; por gracia tú has sido salvo».*

—Efesios 2:1-3

Podemos rechazar la gracia de Dios usando nuestro libre albedrío natural. Podemos usar nuestro libre albedrío para pecar, pero no para elegir seguir a Cristo. La fe fluye de la nueva naturaleza que recibimos de Dios, no de nuestra vieja naturaleza humana.

«¿Eres tan tonto? Habiendo comenzado por el Espíritu, ¿estás siendo perfeccionado por la carne?»

—Gálatas 3:3

La naturaleza humana es rebelarse contra el Creador. Él llama a los pródigos de vuelta, a pesar de que pasamos nuestra vida fuera. Actuamos como si fuéramos dueños de nuestro cuerpo, nuestra alma o nuestra propia vida, cuando en realidad todo pertenece a Dios. Simplemente quiere compartir su herencia con nosotros.

«Porque toda la tierra es mía.»

—Éxodo 19:5b

«Porque toda bestia del bosque es mía,

el ganado en mil colinas.

Yo conozco a todos los pájaros de las colinas,

y todo lo que se mueve en el campo es mío.

Si tuviera hambre, no te lo diría,

porque el mundo y su plenitud son míos».

—Salmo 50:10-12

CAPÍTULO 13.

EL CAMINO A DIOS

Debido a que Dios creó la tierra y todo lo que hay en ella, tiene todo el derecho de decidir el camino que debemos tomar. Los creados no llegan a quejarse al Creador.

«Ay del que se esfuerza con el que lo formó, una olla entre vasijas de barro! ¿Le dice la arcilla a quien la forma: ¿Qué estás haciendo? O Tu obra no tiene manillas?»

—Isaías 45:9[1]

Aunque debemos someternos a Dios y honrar su Palabra y su voluntad, tendemos a tratar de hacer nuestro propio camino a través de la vida, poniendo nuestras propias ideas por delante de la enseñanza bíblica. Muchos cristianos hacen esto sin querer al adherirse al concepto de un alma inmortal que puede ser salvada a través del libre albedrío. La mayoría de los otros sistemas religiosos en la tierra a través de la historia han promovido ideas similares con respecto a la salvación, el nirvana, el cielo, o algún otro tipo de vida después de la muerte. Cada religión establece los medios a través de los cuales una persona puede ganarse

---

1. Un concepto similar se encuentra en Romanos 9:20-21.

la vida después de la muerte, generalmente tomando decisiones, pasando una prueba o cumpliendo alguna tarea. La salvación *no* es un paseo gratis.

Debe ganarse sobre la base del concepto de justicia que está arraigado en cada persona que ha vivido.

Mientras tanto, algunos prescinden por completo de la religión. Todos van al cielo; no hay infierno.

Otra opción es la nada, como afirmó Carl Sagan en su último libro:

«Me encantaría creer que cuando muera volveré a vivir, que algunos pensarán, sentirán y recordarán parte de mí. Pero por mucho que quiera creer eso, y a pesar de las tradiciones culturales antiguas y mundiales que afirman una vida después de la muerte, no sé de nada que sugiera que es más que un deseo».[2]

En *Cosmos*, quizás el libro más famoso de Sagan, escribió: "El Cosmos es todo lo que es o fue o será siempre".[3]

La mayoría de los sistemas de religiones y creencias presentan una de las siguientes perspectivas:

1. Todo es bueno; no hay tal cosa como el mal (o viceversa).
2. Sólo el reino de los espíritus es bueno; el reino físico es malo.
3. Sólo hay un reino físico. No existe ningún reino invisible (inobservable).

---

2. Carl Sagan, Miles de millones y miles de millones: Pensamientos sobre la vida y la muerte al borde de la muerte Millennium (Nueva York: Random House, 1997).

3. Carl Sagan, Cosmos (Nueva York: Random House, 1980)

4. Los reinos físico, celestial y/o espiritual están entrelazados. Tanto el bien como el mal existen en la mezcla.
5. El reino celestial está velado desde el reino físico, pero está ligado a través del reino espiritual.

El cristianismo bíblico abraza la quinta perspectiva. La Palabra de Dios dice que el reino físico será restaurado a su estado original de perfección antes de la caída, pero esta vez el diablo será removido del cuadro. En el futuro, los reinos se fusionarán para que lo invisible sea visto en la tierra. Dios morará físicamente con nosotros.

Antes de que Dios le diera a Moisés los Diez Mandamientos, su ley ya había sido escrita en los corazones de la humanidad. Estaba arraigada en Adán, y por extensión en nuestra naturaleza humana. Y la ley existía incluso antes de la caída de Adán en pecado. La ley es una definición del amor de Dios en acción.

Cuando Adán y Eva quebrantaron la ley de Dios en el Huerto del Edén, recibieron la maldición de la muerte: ya no tendrían acceso al fruto del árbol de la vida. Pero antes de que Dios llevara a cabo esta sentencia basada en la ley, les ofreció el primer mensaje de gracia registrado en la Biblia.

«Pondré enemistad entre tú y la mujer,

y entre tu descendencia y la descendencia de ella;

te herirá en la cabeza,

y le harás un moretón en el talón.»

—Génesis 3:15

El primer mensaje de gracia es que Cristo «herirá» la cabeza del diablo. La gracia inmerecida también llegó a Noé antes de la justicia del diluvio: «Pero Noé encontró gracia a los ojos del Señor» (Génesis 6:8).

Dios primero otorgó gracia a la nación de Israel al sacarlos de Egipto; les recordó este don cuando estaba a punto de darles su ley a través de los Diez Mandamientos:

*«Vosotros mismos habéis visto lo que hice a los egipcios, y **cómo os he llevado sobre alas de águila y os he traído a mí**. Ahora, pues, si en verdad obedecéis mi voz y guardáis mi pacto, seréis mi tesoro entre todos los pueblos, porque toda la tierra es mía».*

—Éxodo 19:4-5

Los pasajes que describen los nombres, la naturaleza o los atributos de Dios siempre se remontan a su justicia y/o gracia. A veces se representa una cualidad, y a veces se muestra que ambos atributos trabajan juntos.

Dios «no puede mentir», «no cambia» y «no tienta». A veces decimos que Dios «puede hacer cualquier cosa menos pecar». Dios no parece tener, o querer tener, libre albedrío para pecar. Una persona solo puede elegir de acuerdo a su naturaleza. La naturaleza de Dios es solo buena para que no elija el mal. Solo podemos elegir pecar basándonos en nuestra naturaleza original (antes de nacer de nuevo en el Espíritu).

*«Sobre el nuevo yo, creado a **semejanza de Dios** en la **verdadera justicia y santidad**.»*

—Efesios 4:24

Dios es la verdadera justicia. Nuestra justicia solo puede venir de Dios.[4] Dios solo produce actos de justicia porque su naturaleza es pura y eternamente justa. Sin embargo, actuamos inconsistentemente porque tenemos dos naturalezas residiendo en nosotros (el Espíritu de Dios y nuestra carne pecaminosa).

*«Así que encuentro que es una ley que cuando quiero hacer lo correcto, el mal está al alcance de la mano. Porque me deleito en la ley de Dios, **en mi interior**, pero **veo en mis miembros** otra ley que hace guerra contra la ley de mi mente y me hace prisionero de la ley del pecado que habita en mis miembros. ¡Maldito hombre que soy! ¿Quién me librará de este cuerpo de muerte? ¡Gracias a Dios por medio de Jesucristo nuestro Señor! Así que, yo mismo sirvo a la ley de Dios con mi mente, pero con mi carne sirvo a la ley del pecado».*

—Romanos 7:21-25

Como hemos visto, el «corazón» es generalmente una metáfora de la mente, la conciencia o el ser interior. La Escritura habla del Espíritu que viene a morar en cada uno; algunos pasajes hablan de la metáfora del corazón, mientras que el pasaje de arriba habla de la mente y del ser interior de Pablo (que tienen el mismo significado en este pasaje).

La «carne» de Pablo significa lo mismo que sus «miembros»; ambos habían sido afligidos por la maldición de la muerte. Su carne era su naturaleza heredada, incluyendo su voluntad y sus emociones. Pablo escribió:

---

4. Ver 2 Corintios 5:21 y Filipenses 3:9.

«Quiero hacer lo correcto», pero no pudo. Esto se debe a que tenía un (maldito) «cuerpo de muerte». El cuerpo maldito afecta nuestra naturaleza humana, haciendo que nuestro libre albedrío elija actos egoístas. No podemos escapar de él.

El cuerpo no será transformado hasta la resurrección, cuando Cristo regrese y levante nuestra maldición. Pablo describió en otra parte cómo su mente estaba siendo transformada a la mente de Cristo en un proceso continuo (Romanos 12:1-2). Nuestra propia transformación es un trabajo similar en progreso.

Pablo llamó a su mente «la mente de Cristo» en 1 Corintios 2:16 y «mi mente» en el pasaje de arriba de Romanos 7. Pablo tenía la misma mente que Cristo. Eran de «una» mente, compartiendo los mismos pensamientos y preocupaciones. De la misma manera, podemos llamar a nuestro corazón «el corazón de Dios» o «mi corazón». Es un corazón compartido; aunque es un don de Dios, sigue perteneciendo a él.

Pablo asoció su voluntad humana con su deseo egoísta de hacer el bien. Como Pablo, tratamos de agradar a Dios en la carne. Pero no podemos. Pablo entendió que su naturaleza de muerte estaba completamente corrompida por el pecado y se abstuvo de hacer el bien.

Romanos 7 no describe una sola entidad con una naturaleza mixta o la habilidad de escoger el bien. Pablo no podía separarse de su naturaleza piadosa y humana y decidir si haría el bien o el mal. Solo podía vivir plenamente en la naturaleza de Dios o en la suya propia. Todas las acciones serían informadas por la mente de Cristo o por la propia carne de Pablo.

Cuando Pablo recibió el Espíritu, su vieja naturaleza no desapareció, aunque en otros pasajes consideraba que se había ahogado y enterrado. Este es otro eco del concepto de salvación «ahora y aún no». Nuestra naturaleza pecaminosa es «derrotada» cuando el Espíritu entra en nuestra vida, pero no alcanzamos nuestro propósito corporal último hasta la resurrección. En el lenguaje bíblico, cuando nos ahogamos y enterramos nuestra naturaleza pecaminosa hoy, nuestros pecados son «cubiertos» por el perdón de Dios.[5]

Este pasaje de Romanos 7 presenta las dos naturalezas en duelo —el Espíritu de Dios y la carne de Pablo— y no un individuo que decide entre el bien y el mal. El libre albedrío no tiene el poder de cambiar nuestra naturaleza, ni puede cambiar la naturaleza de Cristo dada a nosotros. La naturaleza lucha contra la naturaleza sin esperanza de reconciliar las dos.

Pablo describió una naturaleza esclavizada por la muerte donde moraba «la ley del pecado». Como Pablo experimentó, la vieja naturaleza que heredamos de Adán está luchando contra la nueva naturaleza en Cristo que recibimos de Dios. Hay una batalla constante. No puede haber fusión entre el Espíritu y el «cuerpo de la muerte».

Sabemos que Adán y Eva tuvieron la habilidad de elegir comer del árbol del conocimiento del bien y del mal, así que la elección en sí misma fue creada «buena». La elección

---

5. Ver Romanos 4:7, que se basa en el Salmo 32:1-5.

es buena bajo las libertades que tenemos en Cristo. Estas libertades no pueden ser usadas para obtener la salvación, ni deben ser usadas para promover nuestros propios intereses egoístas. Más bien, nuestras libertades nos permiten bendecir y servir a otros, construyendo el reino de Dios y enriqueciendo las relaciones. Nuestra voluntad es ser lo mismo que la voluntad de Dios. Esta era la intención de Dios. Debemos ser devotos de la verdad, no esclavos de la mentira.

*Entonces Jesús dijo a los judíos que le habían creído: «**Si permanecéis en mi palabra**, verdaderamente sois mis discípulos, y **conoceréis la verdad**, y la verdad os hará libres». Ellos le respondieron: Somos descendientes de Abraham y nunca hemos sido esclavizados de nadie. ¿Cómo es que dices: «Seréis libres»?»*

«Jesús les respondió: De cierto, de cierto, de cierto os digo, que todo aquel que practica el pecado es esclavo del pecado'».

—Juan 8:31-34

*«Para esto nací y para esto he venido al mundo, para dar testimonio de la verdad. **Todos los que son de la verdad escuchan mi voz**.»*

—Juan 18:37b

En el pasaje anterior, Cristo testificó del propósito de su vida y ministerio: Cristo vino a proclamar la verdad. Pilato respondió: «¿Qué es la verdad?» La naturaleza pecaminosa no puede «escuchar» la verdad ni distinguirla de las mentiras.

Aunque los relatos evangélicos no dicen si Cristo respondió

completa o directamente a la pregunta de Pilato, sabemos que él dio la respuesta a sus discípulos. La Verdad es la Palabra de Dios. En los dos pasajes anteriores, Cristo primero instruyó a los discípulos a «permanecer» en su Palabra para obtener la verdad, luego declaró que aquellos que «escuchan» su Palabra son de la verdad.

Cuando decimos a los niños que «escuchen» lo que decimos, lo que realmente queremos decir es que deben obedecer. «Escuchar» u «oír» es un buen comienzo, pero entonces el mensaje debe ser creído y finalmente actuado. Escuchar también significa hacer lo que Dios manda. Escuchar, oír, y respetar; todos asumen un seguimiento, no solo un servicio de boquilla a la creencia que no incluye ninguna acción.

«Todo el que practica el pecado es esclavo del pecado.» El perdón del pecado no nos da libertad para pecar más. La libertad del pecado es el deseo de Dios para nosotros. Pero hasta que recibamos el Espíritu y la Palabra de Dios y sigamos las instrucciones explícitas que Cristo nos dio, permaneceremos en esclavitud.

La verdadera libertad viene de seguir la ley de Dios.

*«Si **guardáis** mis mandamientos, **permaneceréis** en mi amor, así como yo he guardado los mandamientos de mi Padre y permanezco en su amor.»*

—Juan 15:10

Este versículo se basa en Juan 15:5, que dice que «no podemos hacer nada» sin permanecer en Cristo. Cristo ofrece una imagen donde él es la «vid» y el Padre es el «viñador» o jardinero. Nosotros, a su vez, debemos permanecer conectados a la vid para la nutrición y el crecimiento.

Juan 15:10 y su descripción de la ley condicional combina muy bien con Efesios 2:10, una enseñanza sobre la elección incondicional de la gracia. Esta es otra paradoja; ambas verdades están contenidas en el mismo evangelio.

Estamos destinados a hacer buenas obras que Dios ha preparado para nosotros. La gracia por la fe también se basa en la obra de Dios.

«Porque por gracia has sido salvado por la fe. **Y esto no es obra tuya**; *es un don de Dios, no un resultado de las obras, para que nadie se jacte».*

—Efesios 2:8-9

Tenemos que tener mucho cuidado de no interpretar nuestra creencia como el elemento que completa nuestra fe. La fe se completa con la obediencia, no con la creencia. Recibimos crédito por creer (Génesis 15:6) y es necesario para la salvación, pero debemos ir más lejos.

La fe es un regalo puro que fluye de la justicia de Dios. Nuestra creencia se basa en la obra de Dios. En el versículo que precede al pasaje anterior, Pablo explica que somos salvos por la obra pasada de Cristo que resulta en la salvación espiritual en el tiempo presente. Los versículos 8-9 se enfocan en la gracia y no mencionan las acciones que debemos tomar para finalizar la fe, ni mencionan la salvación en la segunda venida —pero no podemos sacarlos fuera de contexto—. Estos son los versículos que terminan con versículos que hablan de estas ideas «faltantes» precisas. Asegúrese de leer Efesios 2:8-9 junto con sus versículos de base, 2:7 y 2:10.

La fe no está completa hasta que actuamos sobre lo que decimos que creemos. Pablo declara que no somos salvos por nuestras obras en Efesios 2:9, pero luego añade en el versículo 10 que fuimos creados para hacer buenas obras. La verdad es que la obra de Cristo nos es dada. Su justicia pasa a través de nosotros como un conducto; se refleja en nosotros como un espejo. En lugar de tratar de realizar nuestras «propias» buenas obras, emulamos la perfección de Cristo.

Esta es la intención de la voluntad de Dios para nuestras vidas, que amemos y guardemos sus mandamientos. Su Palabra declara su voluntad.

No debemos confundirnos con la expresión en tiempo pasado de «han sido salvados» en Efesios 2:8. Pablo no está hablando de la resurrección en el futuro. Está hablando de ser «levantado» o «resucitado», como mencionó anteriormente en el versículo 6. Esta es una resurrección espiritual que recibimos en el bautismo cuando nacemos de nuevo en el Espíritu. Pero no recibiremos la resurrección física hasta las «edades venideras»; debemos esperar el tiempo en que se muestre plenamente la gracia (Efesios 2:7).

Libre albedrío e imagen de Dios

El libre albedrío obviamente se relaciona con la libertad. ¿Qué más dice la Escritura al respecto?

«Ahora el Señor es el Espíritu, y donde está el Espíritu del Señor, hay libertad.»

—2 Corintios 3:17

«Porque fuisteis llamados a la libertad, hermanos. Sólo que no usen su libertad como una oportunidad para la carne, sino que por amor sírvanse los unos a los otros».

—Gálatas 5:13

«Vivan como personas libres, no usando su libertad para encubrir el mal, sino viviendo como siervos de Dios.»

—1 Pedro 2:16

Hay una clara diferencia entre la libertad espiritual y la libertad en la carne. Debemos notar en estos pasajes que la libertad nos permite hacer buenas obras. No recibimos total libertad para hacer literalmente cualquier cosa, ya que la naturaleza de Dios no puede pecar. La libertad también se refiere a nuestro rescate de la esclavitud de la muerte.[6]

*«Pero el que mira en la ley perfecta, **la ley de la libertad**, y persevera, no siendo un oyente que olvida, sino un hacedor que actúa, será bendecido en su obra.»*

—Santiago 1:25

¿La ley de la libertad? Esto parece una locura al principio, pero la libertad de Dios está realmente restringida. Aquí vemos la ley y la libertad trabajando codo con codo. La libertad en Cristo viene de la gracia.

---

6. Ver Romanos 8:21 y Hebreos 2:14-15.

Las enseñanzas bíblicas sobre la libertad afirman que tenemos una libertad limitada de elección.

- No tenemos la opción de cambiar o añadir a los dones de gracia de Dios.

- No podemos cambiar la naturaleza de Cristo en nosotros.

- La voluntad de Dios se manifiesta en su Palabra. Su Palabra predefine nuestro destino.

- No tenemos libertad en Cristo para pecar. Estamos predestinados a hacer el bien.

- Una vez que creemos en el evangelio tal como es, Dios nos manda que usemos nuestra libertad para escoger variaciones de buenas obras dentro de su naturaleza.

- Dios es santo (o puro, perfecto) y requiere que seamos santos por su Espíritu.

El pecado es considerado esclavitud o atadura. Decimos que tenemos libre albedrío en la naturaleza humana, pero solo nos permite hacer el mal y es lo opuesto a la libertad en Cristo.

- No tenemos la opción de cambiar nuestra naturaleza pecaminosa ni de hacer el bien.

- La naturaleza pecaminosa solo puede ser cubierta (o enterrada, ahogada) por la nueva naturaleza hasta nuestra transformación completa en el día de la resurrección.

- Nuestra naturaleza pecaminosa permanece en nosotros, causando que escojamos actos egoístas hasta entonces.

– Nuestra naturaleza solo nos da la libertad de elegir entre variaciones pecaminosas.

La carne no es libre para hacer el bien, y el Espíritu no es libre para pecar. Una vez que creemos el concepto bíblico de una naturaleza dual que reside en nosotros, podemos ver que debemos vivir solo por el Espíritu y rechazar nuestra naturaleza pecaminosa. Esta es la verdadera libertad. La «ley perfecta».

Dios nos muestra ejemplos en su propia naturaleza. ¿Es Dios libre de mentir o de hacer el mal? No, las Escrituras dicen que Dios solo es bueno y no puede mentir. Dios no tiene la libertad de escoger el pecado, así que ¿cómo podemos decir que nuestro libre albedrío es capaz de escoger el bien?

En la Escritura, la naturaleza y la voluntad están conectadas. La naturaleza define quiénes somos. No podemos cambiar lo que somos por naturaleza ni lo que es Cristo. En Cristo, tenemos la libertad de escoger entre las variaciones de las buenas obras; en la carne, tenemos la libertad de escoger entre las variaciones del pecado.

La naturaleza de Dios es puramente justa. Su voluntad es fija, basada en su naturaleza solo para hacer el bien. Sin embargo, hay flexibilidad relacional dentro de la voluntad fija; él nos ama y quiere que amemos, así que nos invita a completar su voluntad deseada.

Gálatas 5:24-25 mata unas pocas aves de un tiro. Si hemos sido bautizados (nuestra carne ha sido crucificada, ahogada y sepultada), entonces debemos vivir por el Espíritu y mantenernos en paso con los mandamientos de Dios.

El deseo es parte de nuestra voluntad en la carne. Es lo que queremos. Nuestro deseo es solo egoísta. Pero Dios nos llama a mantenernos al día con lo que él desea. Dios desea que ejercitemos la humildad (Salmo 51:16-17), que busquemos el conocimiento de Dios (Oseas 6:6), y que obedezcamos (1 Samuel 15:22). Sus órdenes reflejan su voluntad.

La ley de Dios es perfecta porque es justo. Dios no puede elegir el mal porque viola su voluntad. Tampoco podemos escoger la justicia y violar nuestra naturaleza. Adán fue castigado por actuar su elección, y ahora todos vivimos bajo la maldición de la muerte.

Se suponía que Adán debía escuchar a Dios y actuar de acuerdo a la Palabra de Dios. El libre albedrío de Adán en sí mismo no era el problema. El problema era que él escuchaba y creía las mentiras de Satanás en vez de creer cada palabra que salía de la boca de Dios. Usó su libre albedrío y rechazó a Dios.

Hoy estamos en la misma situación. Con el don del Espíritu de Dios dentro de nosotros, tenemos la oportunidad de escuchar la Palabra de Dios y creer y obedecer. O podemos elegir escuchar al engañador y atender a nuestros propios deseos egoístas. Debemos ser servidores de la verdad o de la mentira; no podemos elegir libremente entre las dos.

Desde que Adán rechazó la verdad de Dios por las mentiras de Satanás, hemos heredado su naturaleza pecaminosa. Este es el «cuerpo de la muerte».

En vez de violar su propia ley o quitarnos nuestro libre

albedrío, Dios nos maldijo para que muriéramos. El pecado y la muerte ahora están relacionados.

La maldición de la muerte es de suma importancia para entender. No hubo maldición cuando Dios creó a Adán y Eva; él lo llamó a la existencia como castigo por su pecado. Heredamos su naturaleza mortal. Note en Génesis 3 que el principal castigo de Dios fue desalojar a la humanidad del jardín que contenía el árbol de la vida. Sólo la fruta de este árbol había estado impidiendo que los humanos murieran. El pecado mismo se basa en la mentira de que somos inherentemente inmortales, pero solo Dios puede sostener la vida eterna. Adán no tenía un alma inmortal. Él tenía inmortalidad condicional, así como nosotros tenemos ahora en Cristo.

«Entonces el Señor Dios dijo: He aquí, el hombre se ha vuelto como uno de nosotros al conocer el bien y el mal. Ahora, no sea que extienda su mano y tome también del árbol de la vida y coma, y viva para siempre —»por lo tanto, el Señor Dios lo envió fuera del jardín de Edén para trabajar la tierra de la cual fue tomado».

—Génesis 3:22-23

Cristo vino a destruir las obras del diablo y finalmente destruirá al último enemigo —la muerte— después de su regreso. La mentira del diablo llevó a la maldición de muerte para toda la humanidad. Esto impulsó a Dios a enviar a Cristo a la tierra.[7] Cristo redimirá a su pueblo para que podamos tener una relación eterna juntos (Apocalipsis 21:3). La muerte y el pecado no pueden existir si esto ha de suceder (Apocalipsis 21:4).

---

7. Vea 1 Juan 3:8.

Dios no puede pecar, Dios no puede escoger el mal, y sin embargo a Adán se le dio la habilidad de escoger el mal. La naturaleza de Adán era a la imagen de Dios, pero no era Dios replicado. Adán no fue engendrado por el Espíritu. La muerte vino a la humanidad una vez que Adán actuó pecaminosamente, pero note que Adán había caído en una mentalidad engañada antes de morder físicamente. El pecado es el resultado de creer mentiras y de quien las difunde. El pecado de Adán demostró que no era Dios en carne humana; no había recibido la imagen «plena» de Dios. Cristo, sin embargo, es llamado el segundo Adán, y en verdad lleva la plenitud del Padre. Numerosos pasajes hablan de la plenitud de la divinidad de Cristo dentro de su cuerpo glorificado.

«*Porque en él [Cristo]* **mora corporalmente toda la plenitud de la deidad**, *y tú has sido colmado en él, que es la cabeza de todo gobierno y autoridad.*»

—Colosenses 2:9-10

No podemos conocer la mente de Dios (1 Corintios 2:11-13) bajo la naturaleza humana, pero la Escritura declara que Dios no puede escoger hacer el mal porque su naturaleza lo prohíbe. Su misma naturaleza define lo que es la bondad.

Como la justicia de Dios comienza en su mente y luego se mueve a la acción, el pecado comienza en nuestro corazón. Podemos pecar a través de nuestros pensamientos (Mateo 5:27-28) o palabras (Salmo 59:12), no solo por nuestras acciones físicas. Todos estos pensamientos y deseos egoístas son pecaminosos y conducen a acciones pecaminosas. Este patrón de pensamiento pecaminoso que lleva al acto pecaminoso se desarrolló por primera vez con Satanás mismamente antes de que los humanos fueran creados.[8]

Las acciones vienen del corazón, donde se desarrollan los motivos. Una parte importante del trabajo de cualquier investigador es determinar el motivo que llevó a un crimen dado. Debe entender la mente de su sospechoso. Dependiendo del crimen, este intento de empatía puede ser un ejercicio profundamente horripilante. ¿Cómo puede alguien concebir una cosa así?

En un sentido positivo, estamos igualmente perplejos por la bondad de Dios. Sus motivos no son nuestros motivos. Sus pensamientos no son nuestros pensamientos.[9]

¿Cómo nos motivamos? ¿Hacemos el bien porque podemos elegir hacer el bien? ¿Puede la bondad venir de dentro de nuestro propio corazón? No necesitaríamos un corazón nuevo si pudiéramos obtener bondad de nuestra propia naturaleza o si Dios pudiera enjuagarlo. Pero la verdad es que nuestro corazón está motivado para actuar de manera egoísta. La naturaleza de Dios es completamente diferente. Él está motivado a actuar con rectitud y a darnos su justicia.

Tenemos el mismo tipo de libre albedrío que Adán poseía. Él fue creado en su naturaleza humana, y nosotros nacimos en la nuestra, heredando la maldición de muerte que Adán recibió primero.

---

8. Vea Isaías 14:13.
9. Ver Isaías 55:8-9.

Las Escrituras enseñan que somos pecadores no porque elijamos cometer acciones pecaminosas, sino porque nuestra naturaleza humana no puede producir nada más. ¿De qué otra manera difiere la naturaleza en la que nacimos (Salmo 51:5) de la naturaleza de Dios?

La libertad de Dios de la tentación

Podemos ser tentados a pecar. Dios no puede ser. Esto se debe a que solo Dios es bueno y no puede hacer otra cosa que el bien.

La bondad es inherente a Dios.

«Que nadie diga cuando es tentado, 'Estoy siendo tentado por Dios, porque Dios no puede ser tentado con el mal, y él mismo no tienta a nadie.»

—Santiago 1:13

Cristo, sin embargo, fue tentado en la tierra antes de su exaltación. Consideremos el ejemplo de Cristo en la tierra comparado con el Padre y el primer Adán.

Esta comparación saca a relucir un conflicto potencial. Cristo es Dios, pero Dios no puede ser tentado con el mal. Cristo ciertamente fue tentado más allá de cualquier cosa imaginable en Getsemaní (decidiendo si aceptar o rechazar la copa de la ira del Padre). ¿Tentó Dios su propia naturaleza como Hijo del Hombre?

Para encontrar la respuesta, necesitamos contexto. Mientras Santiago 1:13 simplemente dice que Dios no puede ser tentado, los versículos que lo rodean proveen mucha más información para ayudar a clarificar el mensaje del Espíritu para nosotros.

*«Bienaventurado el hombre que permanece firme en la **prueba**, porque cuando haya pasado la **prueba** recibirá la corona de vida que Dios ha prometido a los que lo aman. Que nadie diga cuando es tentado: «Estoy siendo tentado por Dios», porque Dios no puede ser tentado con el mal, y él mismo no tienta a nadie. Pero **cada persona es tentada** cuando es atraída y seducida **por su propio deseo**. Entonces el deseo, cuando ha concebido, da a luz al pecado, y el pecado, cuando está plenamente desarrollado, da a luz la muerte. No se dejen engañar, mis amados hermanos. Toda buena dádiva y **todo don perfecto es de lo alto**, desciende del Padre de luces con las que no hay variación ni sombra por el cambio; por su propia voluntad nos trajo por la palabra de verdad, para que seamos una especie de primicias de sus criaturas».*

—Santiago 1:12-18[10]

Nuestro propio deseo es el verdadero problema, ya que comienza en el corazón y luego da a luz al pecado. El tentador es nuestro ser, no Dios. Necesitamos resistir la tentación si queremos obtener la vida eterna; debemos rechazar nuestros deseos y someternos a Dios.

Hubo un momento en el que Cristo pudo pecar. Esto fue antes de su glorificación y durante su ministerio terrenal. Aunque Dios mismo no puede pecar, la humanidad de Cristo antes de la resurrección (Filipenses 2:6-7) era diferente de su estado actual de gloria a la diestra del Padre.

Cristo tenía el potencial de pecar porque sintió la tentación

---

10. También vea 1 Tesalonicenses 2:4.

de seguir su propia voluntad. Esto no significa que Cristo pecó, ni que tuviera una naturaleza humana malvada, ni que hubiera elegido pecar. Podría haber pecado. Simplemente, el potencial para pecar estaba ahí. También podríamos decir lo contrario: tenemos el potencial de hacer el bien bajo nuestra naturaleza humana, pero no podemos, no hacemos, y no haremos el bien por nosotros mismos.

La capacidad de Cristo para pecar y nuestra capacidad para hacer el bien están relacionadas. Pensamos que teóricamente tenemos el potencial para hacer el bien y cumplir los mandamientos de Dios, pero ninguna persona natural bajo Adán ha podido hacer esto porque estamos malditos y «consignados a la desobediencia» (Romanos 11:32).

De la misma manera, Cristo tenía libre albedrío para escoger el pecado, pero nació del Espíritu, fue engendrado por el Padre, y finalmente no pudo resistirse a hacer la voluntad del Padre. Somos engendrados por Adán y permaneceremos así hasta que nazcamos de nuevo. No podemos escoger el bien hasta que nacemos del Espíritu.

Si no fuera posible que Cristo pecara en la tierra, no podría haber sido tentado; no habría participado legítimamente en nuestra experiencia humana. Cristo sufrió mucho porque asumió todo el pecado por toda la humanidad, pero algo más profundo estaba sucediendo más allá de su sufrimiento. Hebreos 2:14-18 y Hebreos 4:15 afirman que él tenía que ser como nosotros en todo sentido para ser el mediador entre Dios y los hombres. A Cristo se le dio la habilidad de rechazar la copa para actuar sobre un deseo separado. Sin embargo, había aprendido a obedecer al

Padre «en los días de su carne» (Hebreos 5:7-9) antes de ir a Getsemaní.

«Porque no tenemos un sumo sacerdote que no pueda compadecerse de nuestras debilidades, sino uno [Cristo] **que en todo aspecto ha sido tentado** *como nosotros, pero sin pecado».*

—Hebreos 4:15

«No debemos poner a prueba a Cristo, como algunos de ellos lo hicieron y fueron destruidos por las serpientes, ni refunfuñar, como algunos de ellos lo hicieron y fueron destruidos por el Destructor. Estas cosas les sucedieron a ellos como ejemplo, pero fueron escritas para nuestra instrucción, sobre quienes ha llegado el fin de los tiempos. Por lo tanto, que cualquiera que piense que está de pie, preste atención para que no caiga. Ninguna tentación te ha alcanzado que no sea común al hombre. Dios es fiel, y **no os dejará ser tentados** *más allá de vuestra capacidad, sino que con la tentación también os dará el camino de escape, para que podáis soportarlo».*

—1 Corintios 10:9-13

«Amados, no os sorprendáis de la prueba de fuego cuando os toque poneros a **prueba***, como si algo extraño os estuviera sucediendo. Pero regocijaos en cuanto compartáis los* **sufrimientos** *de Cristo, para que también os regocijéis y os alegréis cuando se manifieste su gloria. Si sois insultados por el nombre de Cristo, sois bienaventurados, porque el Espíritu de gloria y de Dios reposa sobre vosotros. Pero que ninguno de vosotros sufra como asesino, ladrón, malhechor o entrometido. Pero si alguno* **sufre** *como cristiano, no se avergüence, sino que glorifique a Dios en ese nombre. Porque es tiempo de que el juicio comience en la casa de Dios; y si comienza con nosotros, ¿cuál será el resultado para*

los que no obedecen el evangelio de Dios? Y si el justo apenas se salva, ¿qué será del impío y del pecador? Por lo tanto, **que los que sufren según la voluntad de Dios** *confíen sus almas [vidas] a un Creador fiel mientras hacen el bien».*

—1 Pedro 4:12-19

Como vimos en el pasaje anterior de Santiago 1, Dios no tienta a nadie, pero permite que la tentación ocurra como un medio para probar nuestra fe. El Padre no tentó al Hijo, pero el Hijo fue ciertamente probado. Las tentaciones sólo vienen del diablo; o en este caso, Cristo podría haberse tentado a sí mismo para rechazar la voluntad del Padre y seguir su propia voluntad. El Padre permitió que Cristo sufriera durante las pruebas del Viernes Santo, y Cristo aceptó y obedeció voluntariamente.[11]

Podemos seguir el ejemplo de Cristo de obediencia y sumisión. Los ejemplos de Cristo deben ser nuestras respuestas ya que él fue hecho para ser como nosotros en todo sentido. Dios nos prueba para que podamos completar nuestra fe y rechazar nuestra naturaleza pecaminosa. Las tribulaciones, las pruebas y el sufrimiento son parte del plan de Dios, mientras que las tentaciones que surgen de los deseos auto-motivados son el dominio de Satanás.

«*Nadie nacido de Dios* **practica el pecado,** *porque la simiente de Dios permanece en él, y no puede seguir pecando porque ha nacido de Dios. En esto se ve quiénes son los hijos de Dios, y quiénes los hijos del diablo; el que no* **practica la justicia** *no es de Dios, ni el que no ama a su hermano. Porque este es el mensaje que habéis oído desde el principio: que nos amemos los unos a los otros».*

---

11. Ver Filipenses 2:8.

—1 Juan 3:9-11

Dios prueba a aquellos que desean realizar actos justos para asegurarse de que los practicarán dentro de la voluntad de Dios. Su voluntad está definida en su Palabra, así que no sólo se explica la prueba sino que también nos da la hoja de respuestas. Pasar la prueba se logra siguiendo las instrucciones de Dios. Aunque queramos confiar en una «curva» de gracia para pasar la prueba, no debemos omitir ninguna de las instrucciones escritas en la ley de Dios.

El mal es inherente a nosotros. La bondad sólo puede venir de afuera, no de adentro.[12] Cristo es nuestro ejemplo. Cristo dio su vida para lograr la resurrección en un cuerpo glorificado, tal como nosotros estamos llamados a hacer. Renunciamos a nuestra vida en un sentido espiritual y recibimos una nueva naturaleza al nacer de nuevo.[13]

«Quien quiera preservar su vida, la perderá, pero quien la pierda, la conservará.»

—Lucas 17:33

¿Por qué querríamos perseguir nuestro libre albedrío cuando no es útil para la justicia?

*«Y dijo a todos: Si alguno quiere venir en pos de mí, **niéguese a sí mismo, tome su cruz cada día** y sígame. Porque el que quiera salvar su vida, la perderá; pero el que pierda su vida por mí, la salvará».*

---

12. Ver Santiago 1:17.
13. Por supuesto, nacemos de nuevo sólo en el Espíritu, no en la carne. Nuestro cuerpo no será transformado hasta la resurrección.

—Lucas 9:23-24

Necesitamos negarnos diariamente a nosotros mismos. Este pasaje va en contra de la creencia de «una vez salvado, siempre salvado». Si no ahogamos nuestra carne continuamente, corremos el riesgo de perder nuestra nueva vida en Cristo. A medida que practicamos la obediencia y ejercemos la fe que se nos ha dado, fortalecemos esa fe.[14]

¿Algo de esto significa que Cristo nació en la carne humana pecaminosa? Cristo fue ciertamente una paradoja, siendo Hijo de Dios e Hijo del Hombre al mismo tiempo. La Biblia no dice mucho acerca de la humanidad de Cristo en su nacimiento encarnado; la imagen más clara que obtenemos de la humanidad de Cristo es su noche de oración y angustia en el jardín. En esa noche, él pasó su prueba, voluntariamente tomando y cargando nuestros pecados aceptando la voluntad del Padre. Resistió la tentación de servir a su propia voluntad. Al aceptar la copa de la ira del Padre, Cristo promovió el plan de levantar la maldición de la muerte. Nos dio el mejor ejemplo de sumisión al afirmar: «No se haga mi voluntad, sino la tuya» (Lucas 22:42b).[15] Cristo fue obediente.

«Porque he descendido del cielo, no para hacer mi voluntad, sino la voluntad del que me envió.»

—Juan 6:38[16]

Como Cristo ejemplificó, no debemos actuar por nuestra

---

14. Ver 1 Corintios 9:25.
15. También vea Juan 12:49-50, Filipenses 2:5-8, y Hebreos 5:7-8.
16. También vea Juan 5:19, 30-31.

propia voluntad. Este es un concepto extremadamente importante.

Resistir a la tentación significa rechazar el libre albedrío que está directamente conectado con el yo; cuando seamos tentados, nos someteremos a nuestra carne o a Dios. Cristo no se rindió a la carne, y debido a que su Espíritu reside en nosotros, nosotros también tenemos la fuerza para resistir. Pero solo podemos aprovechar la fuerza del Espíritu cuando nos sometemos humildemente a Dios como un hijo a un padre.

Mateo 7:21 nos dice más. Aquí vemos que «no todos» que invocan el nombre del Señor serán salvos. Después de todo, incluso los demonios creen en Dios. Es correcto que confesemos nuestra fe después de recibir el regalo de la Palabra de Dios, pero tenemos que tener en cuenta el contexto de todos los demás pasajes de salvación. Llamar a Dios debe llevarnos a la sumisión a la voluntad de Dios; si no nos volvemos a Dios y nos apartamos de nosotros mismos, nuestro clamor a Dios no logra nada. El verdadero arrepentimiento resulta en que guardemos los mandamientos de Dios. Recibiendo la gracia, entonces guardamos la ley.

El camino de salvación de Dios

Nadie se salva simplemente escuchando el evangelio. Después de escuchar, debemos creer en la Palabra de Dios y vivir su voluntad. La creencia debe llevar a las buenas obras, como su voluntad para nosotros es amar.

«Pero yo digo: Andad en el Espíritu, y no satisfaréis los deseos de la carne. Porque los deseos de la carne son contra el Espíritu, y

los deseos del Espíritu son contra la carne, porque éstos se oponen entre sí, para impedir que hagáis las cosas que queréis hacer. Pero si eres guiado por el Espíritu, no estás bajo la ley [de la carne]».

—Gálatas 5:16[17]

A menudo pensamos que los bebés son totalmente inocentes, sin embargo, desde el primer momento de nuestra vida, ya estamos intensamente enfocados en nuestras necesidades y deseos. Este egoísmo es perfectamente natural, pero sin embargo pecaminoso. Nadie necesita que se le enseñe a ser egoísta. Es nuestro instinto más fundamental. El potencial egoísta ha estado con nosotros todo el tiempo.

Dios sabía lo que sucedería antes de la fundación del mundo; sabía incluso antes de la caída de la humanidad que su creación necesitaría un Salvador, alguien que nos enseñara a vivir por la voluntad de Dios. Todo era conocido y predestinado antes de la creación. Nuestros nombres fueron escritos en el Libro de la Vida antes de la Caída. El plan de Dios todo el tiempo parece haber sido utilizar un largo proceso de transformación para alinearnos con su voluntad.

La enseñanza y el discipulado son partes muy importantes del proceso. Mientras Adán recibió madurez instantánea, Dios ha elegido desarrollar nuestra madurez relacional y espiritual a través del tiempo.

Cristo miró constantemente al Padre, incitándonos de igual manera a mirar fuera de nosotros mismos, no dentro de

---

17. Romanos 7 expande esta enseñanza

nosotros mismos. Hebreos 5:8 dice que Cristo «aprendió a obedecer» en los días «de su carne». Se humilló a sí mismo en una medida increíble mientras estaba en la tierra. Así como Cristo confió en el Padre, nosotros debemos confiar en los dones ofrecidos por el Espíritu. No podemos generar de nosotros mismos la fuerza que necesitamos para resistir la tentación y vivir con rectitud. Adán necesitaba escuchar la Palabra de Dios, y nosotros debemos hacer lo mismo.

Dios favorece a los humildes y resiste a los soberbios (1 Pedro 5:5-6). No tenemos ninguna razón para estar orgullosos porque no podemos producir desde dentro de nosotros mismos ninguna buena obra para ayudar en la salvación.

Cristo venció el pecado, y por eso tiene más derecho a jactarse que nadie, pero continúa siendo humilde y lleno de gracia. Como heredero de la promesa de Abraham, nos concede la oportunidad de ser coherederos con él. Puesto que él asumió nuestra naturaleza humana, puede mediar la justicia con el Padre en nuestro favor. El Padre es justo y no puede violar su propia ley, pero debido a la justicia de Cristo, ahora la ley ha sido guardada. Cristo puede y quiere justificar nuestra fe en él.[18]

Los mandamientos y revelaciones de Dios son absolutos y santos. No podemos debatir o juzgar los absolutos. Existen independientemente de nuestras opiniones o deseos. De la misma manera que Dios es eternamente «Yo soy», sus mandamientos son justos. Recibimos su gracia por medio de sus revelaciones para que podamos guardar su ley.[19]

---

18. Ver Romanos 3:26.
19. Vea Deuteronomio 29:29.

Dios le dio gracia a Adán antes de ordenarle que no comiera del árbol, le dio gracia a Noé antes del diluvio, y le dio gracia a la nación de Israel antes de darles la ley en el Monte Sinaí. Recibimos gracia en el nuevo pacto antes de que se nos pida que guardemos los mandamientos de Dios, y la gracia nos es dada antes de que seamos juzgados por nuestras obras. La gracia es absoluta.

Aun con un enfoque en la gracia, vemos que la ley todavía existe dentro del nuevo pacto. Fuimos salvos por gracia para hacer buenas obras; Dios quiere que difundamos el evangelio, demos generosamente y amemos a nuestro prójimo. El Nuevo Testamento está lleno de mandatos para hacer el bien.

*«Sabemos que **todo el que ha nacido de Dios no sigue pecando**, pero el que nació de Dios lo protege, y el maligno no lo toca. Sabemos que somos de Dios, y **el mundo entero está en el poder del maligno**.»*

—1 Juan 5:18-19

La mayoría de la gente moderna tiende a pensar en el alma en términos de mezclas que sólo pueden igualar el 100 por ciento. Por ejemplo, si una persona es 75 por ciento buena y 25 por ciento mala, podrá ir al cielo porque en su mayoría es buena. Pero la enseñanza bíblica literal parece paradójica y sin sentido para la mente humana. ¿Cómo puede una persona contener una naturaleza 100 por ciento buena y 100 por ciento pecaminosa al mismo tiempo? Nuestra comprensión instintiva de la justicia no sabe qué hacer con tal concepto.

Algunas personas favorecen la justicia o la gracia como su

camino preferido al cielo, pero la mayoría tiende a creer que los dos trabajan juntos simultáneamente dentro de una sola alma. Por ejemplo, Cristo puede venir a limpiar o perdonar el 25 por ciento que es malo, y nosotros podemos mantener el 75 por ciento que es bueno. Una persona extra-pecaminosa con los porcentajes opuestos necesitaría a Cristo tres veces más gravemente. Por supuesto que esto no es un concepto bíblico.

La mayoría de las religiones y sistemas de creencias ofrecen una mezcla unidimensional de ley y gracia que se inclina fuertemente hacia la gracia. La ley se reduce a un grado manejable, solo algo necesario para la salvación. Pero la Biblia presenta niveles multidimensionales de ley y gracia que confunden nuestra mente humana. Algunos otros sistemas de creencias hablan de dimensiones adicionales de la ley y la gracia en concierto, permitiendo un nivel más alto de reforma dentro del alma, pero todavía tienden a tratar al individuo como una entidad con una sola naturaleza. No consideran la idea de que una naturaleza exterior pueda convivir con nuestra naturaleza humana original.

Incluso un sistema de creencias que ignora totalmente la necesidad de la ley e insiste en que la salvación depende totalmente de la gracia requerirá un sistema de justicia de algún tipo para establecer las reglas básicas de la gracia que se ofrece. Un sistema donde todos reciben la gracia y van al cielo requiere una ley para establecer la necesidad del donante en primer lugar. El donante tendrá que decidir el plan de salvación, no el receptor.

No hay manera de eludir las leyes de Dios. Son absolutas incluso cuando tratamos de doblar las reglas que él estableció. Nuestros lamentables intentos de vender el mal en nuestro corazón no se basan en la realidad. La realidad es que el pecado y la muerte existen hoy, como siempre lo han hecho desde la Caída. Ninguna imaginación o invención humana puede cambiar esta realidad. La muerte aún no ha sido derrotada.

Estamos empezando a ver una nueva visión religiosa del mundo que está ganando popularidad en nuestra cultura occidental. La ciencia de la física cuántica se está fusionando con los conceptos religiosos orientales para argumentar que hay muchos caminos para llegar al mismo lugar. El universo consiste en una sola conciencia, de acuerdo con esta tesis, y hay muchas maneras en que podemos llegar a realizar nuestro lugar dentro de ese todo.

Podríamos encontrar inspirador ver a los científicos voltear su arte hacia lo sobrenatural. Sin embargo, este enfoque de «muchos caminos» excluye el único camino que encontramos en la Escritura. Es decir, el camino hacia Dios es el camino de Dios. Solo el modelo bíblico presenta una fórmula de salvación que implica 100 por ciento de ley y 100 por ciento de gracia. Es una paradoja de justicia y misericordia basada en la naturaleza de Dios.

Hay muchos atributos de Dios. Sin embargo, todos ellos se remontan a dos elementos recurrentes de su naturaleza: la ley y la gracia.

En el siguiente pasaje, la naturaleza de la ley y la gracia de Dios provee un lugar físico donde él puede unirse con su pueblo.

«*Los querubines extenderán sus alas hacia arriba,*

ensombreciendo el propiciatorio con sus alas, sus rostros uno al otro; hacia el **propiciatorio** *estarán los rostros de los querubines. Y pondrás el propiciatorio en la parte superior del arca, y en el arca pondrás* **el testimonio** *que yo te daré.* ***Allí me reuniré contigo****, y desde arriba del propiciatorio, desde entre los dos querubines que están en el arca del testimonio, hablaré contigo de todo lo que te daré como mandamiento para el pueblo de Israel».*

—Éxodo 25:20-22

Aunque hoy no tenemos el Arca de la Alianza como punto focal de la presencia de Dios en la tierra, todavía podemos encontrarnos con nuestro Creador. La presencia de Dios está ahora extendida por toda la tierra; Cristo es nuestro mediador en el cielo, así que ya no tenemos necesidad de un Sumo Sacerdote para mediar en un solo lugar en un tabernáculo o templo.

Vemos dos aspectos importantes de la naturaleza de Dios en este pasaje:

1. **El propiciatorio**: representa la gracia de Dios, a través de la cual nuestros pecados son perdonados. La gracia cubre el pecado como la suciedad de un ataúd. Nuestra vieja naturaleza está enterrada aquí.

2. **El Testimonio**: incluye la ley de Dios que forma sus mandamientos. La ley de Dios es parte del antiguo pacto mosaico con la nación de Israel y es parte del nuevo pacto que se llama la «ley de Cristo» en el Nuevo Testamento. La ley de Dios no ha cambiado fundamentalmente a pesar de que algunos términos condicionales cambiaron a incondicionales.

Dios se encuentra con su pueblo en su propiciatorio, que se sienta sobre su ley. Esta costumbre no ha cambiado en miles de años ya que la naturaleza de Dios no cambia.

La naturaleza de Dios es justa y misericordiosa. Esto es una paradoja; dos atributos aparentemente opuestos son ambos verdaderos al mismo tiempo.

El propiciatorio no quita la ley de Dios, pero cubre la ley. Así podemos acercarnos a Dios sin temor a pesar de nuestra pecaminosidad. Su perdón cubre nuestros pecados. La gracia siempre es lo primero ante la ley.

"Pero yo os digo a vosotros que oís: Amad a vuestros enemigos, haced bien a los que os odian, bendecid a los que os maldicen, orad por los que os maltratan. Al que te hiera en la mejilla, ofrécele también la otra, y al que te quite el manto, no le niegues la túnica. Dad a todo el que os mendigue, y al que os quite vuestros bienes, no se los pidáis de vuelta. Y como deseas que otros te hagan a ti, hazlo a ellos".

*«Si amas a los que te aman, ¿qué beneficio es ese para ti? Porque hasta los pecadores aman a los que los aman. Y si haces el bien a los que te hacen el bien, ¿qué beneficio es ese para ti? Porque incluso los pecadores hacen lo mismo. Y si usted presta a aquellos de quienes espera recibir, ¿qué crédito es ese para usted? Incluso los pecadores prestan a los pecadores, para recuperar la misma cantidad. Pero amad a vuestros enemigos, y haced el bien, y prestad, **sin esperar nada a cambio**; y vuestra recompensa será grande, y seréis hijos del Altísimo, porque él es bueno con los ingratos y los malos. **Sed misericordiosos, como vuestro Padre es misericordioso.**»*

—Lucas 6:27-36

Es imposible hacer todo lo que Cristo nos manda bajo nuestra naturaleza. La única manera en que podemos hacer estas cosas es «ser misericordiosos» como Dios es misericordioso.

La naturaleza misericordiosa de Dios nos es dada. Primero viene la gracia —también descrita como misericordia en muchas partes de la Escritura— luego vienen las obras de gracia llamadas amor.

Debemos «no esperar nada a cambio» por el amor que mostramos a los demás. Si esperáramos el pago, esto no sería gracia en absoluto. Así que miramos el ejemplo de Dios y vemos cómo constantemente está dando su amor y su Espíritu al mundo. Él no necesita nada a cambio, ni siquiera nuestra adoración.[20] Él no nos necesita para proveer nuestro propio sacrificio (Génesis 22:14), ni espera que generemos buenas obras. Sabe que no podemos hacer nada bueno sin confiar totalmente en él.

---

20. Ver Hechos 17:24-25.

CAPÍTULO 14.

JUICIO DE LOS JUSTOS

Ahora llegamos al tercero de los eventos primarios del tiempo-del-fin. Después del regreso de Cristo y la resurrección física de los fieles, Dios juzgará. Pero, ¿con qué criterios se nos juzgará?

¿Se reducirá la evaluación de Dios a «justificado» o «condenado» en un sentido de aprobación o rechazo? ¿O juzgará todas nuestras obras individualmente, ajustando nuestra recompensa o castigo eterno basado en el grado de nuestra fidelidad?

Según la Biblia, ambos tipos de juicio ocurrirán, presentándonos otra paradoja más. Y una vez más esta paradoja se basa en el hecho de que la naturaleza de Dios incluye tanto la ley como la gracia. Debido a su gracia y a la justicia de Cristo, él nos encontrará justificados. Pero para mantener su ley, también calificará nuestras obras.

¿Por qué algunos versículos dicen que no seremos juzgados, mientras que otros versículos dicen que seremos juzgados? La paradoja de la ley y la gracia reconcilia esta contradicción. Note que el juicio sigue a la resurrección.

Recibiremos vida eterna sin ser juzgados ya que Cristo está dispuesto a cubrirnos con su justicia. Pero nuestras obras serán juzgadas después de la resurrección para determinar nuestras recompensas eternas dentro del reino.

La Escritura dice que seremos recompensados en proporción a nuestra humildad; cuanto más rechazamos nuestros deseos y ambiciones egoístas, mayor será nuestra recompensa eterna. El Sermón de la Montaña (Mateo 5:3-12) habla de este concepto en las bienaventuranzas donde Cristo resume las bendiciones proféticas del Antiguo Testamento.[1]

Para entrar en la vida eterna con Dios, nosotros los acusados necesitamos ser perfectos. Necesitamos guardar la ley a la perfección, para mostrar amor desinteresado en cada circunstancia literalmente. Dios no permitirá que ninguna cantidad de pecado manche el reino eterno. Nadie sino Cristo ha logrado una vida sin pecado, así que es sólo bajo su cobertura y defensa que podemos humildemente acercarnos a Dios y recibir la gracia sin ser condenados por la ley.

La Biblia establece que podemos entrar en la eternidad con Dios solo a través del sacrificio de la vida de Cristo. Renunció a su voluntad, y por su perfecta obediencia fue justificado por la ley.[2] Después de sacrificar su vida en la cruz, Cristo fue glorificado en su resurrección, permitiéndole mediar en la justicia. Él nos invita a compartir su herencia y a recibir nuevos cuerpos glorificados de los nuestros. El plan de Dios para la

---

1. También vea Santiago 2:5.
2. Ver Filipenses 2:5-8.

redención incluía este sacrificio de «una vez por todas» para salvar a todas las personas por los mismos medios de gracia y el cumplimiento perfecto de la ley.[3]

Según el plan bíblico de redención, solo podemos pasar o fracasar. O bien Cristo estampa «pagado en su totalidad» en nuestro boleto de entrada, o rechazamos la oferta de gracia de Dios. No hay otras opciones disponibles para cualquier persona. Las Escrituras mencionan dos categorías distintas de personas: los que son salvos y los que están perdidos. No vemos ejemplos bíblicos de una persona que está al borde de la salvación.

«¿O no sabéis que vuestro cuerpo es templo del Espíritu Santo dentro de vosotros, el cual tenéis de Dios? **No eres tuyo, porque has sido comprado por un precio.** *Así que glorifica a Dios en tu cuerpo».*

—1 Corintios 6:19-20

Cualquiera que no haya sido sellado por el Espíritu está todavía bajo la esclavitud de la esclavitud a la muerte, pero Cristo pagó por todos nosotros y nos ofrece un destino diferente. En vez de perecer, podemos vivir para siempre con él.

A través del plan de salvación de Dios, nos predestinó a todos a escapar de la maldición de la muerte. Desafortunadamente, no todos aceptan este cambio de destino. Dios inició su plan en Génesis 3:15 y lo llevó a cabo a través de la Biblia. Este plan fue plenamente establecido a través del nuevo pacto, que Cristo selló con su propia

---

3. Ver Romanos 5:8; 6:10; Hebreos 10:10.

sangre. Desde el principio, Dios quiso basar la salvación en la gracia incondicional. Incluyó un plan condicional a través del cual Israel recibiría una bendición especial dentro de la salvación general de la humanidad. Finalmente, Israel rompió los términos de este pacto condicional basado en la ley, así que Cristo cumplió la ley. Si rechazamos el evangelio, permaneceremos bajo la pena de muerte que es nuestro destino humano, basado en la maldición de la muerte que aflige nuestra naturaleza.

Dios bondadosamente entregó su mensaje de salvación (Génesis 3:15) antes de implementar la maldición de la muerte (Génesis 3:19, repetida en Hebreos 9:27). Otra paradoja más es que estamos destinados a morir bajo la ley, pero destinados a recibir vida eterna a través de la gracia de Dios. Un destino es incondicional (todos moriremos) y otro es condicional (si no rechazamos al Espíritu, seremos resucitados). Aunque somos seres mortales, hemos recibido un don condicional de inmortalidad.

Por defecto, nuestro destino humano es morir y permanecer muerto. No necesitamos hacer nada para lograr este destino. Pero Dios ha establecido para nosotros un destino alternativo de vida eterna; es condicional en que debemos creer en la Palabra de Dios, recibir el Espíritu de Dios, y actuar obedientemente en la fe.

La Palabra de Dios, su Espíritu, y nuestra fe son todos los dones que recibimos de Dios. No producimos las obras que sellan nuestro nuevo destino. Debemos simplemente creer en Dios y permanecer en él. Mucha gente trata de añadir al evangelio prescribiendo alguna cantidad de obras para alcanzar la salvación, o tratan de cambiar el evangelio promoviendo la inmortalidad inherente. Estas son creencias peligrosas. Las representaciones literales de la Escritura contradicen ambos conceptos.

Estábamos bajo el poder del diablo, destinados a pecar contra Dios y morir. Ahora hemos sido llamados de las tinieblas a la luz (1 Pedro 2:9). Dios nos llamó; nosotros no lo llamamos. Numerosos pasajes hablan del conflicto entre la oscuridad y la luz. Por ejemplo, inmediatamente después de que Jesús menciona la gracia en Juan 3:16, él compara la luz y las tinieblas, las obras buenas y pecaminosas, y lo ata todo a su gracia.

*«Y este es el juicio: la luz ha venido al mundo, y los hombres amaron más a las tinieblas que a la luz, porque sus obras eran malas. Porque todo aquel que hace lo malo, aborrece la luz y no viene a la luz, para que sus obras no sean expuestas. Pero el que hace lo verdadero, viene a la luz, para que se vea claramente **que sus obras han sido realizadas en Dios.**»*

—Juan 3:19-21

Los malvados rechazan a Cristo («la luz») y permanecen en las tinieblas de la naturaleza humana pecaminosa. En Juan 3:16, Jesús declara que necesitamos «creer en él». Si confiamos en él, podremos estar con él en confianza. Primero se nos presenta la luz de Dios en el bautismo del Espíritu Santo. Una vez que recibamos la Palabra de Dios y creamos en su verdad, no nos alejaremos de su luz, prefiriendo permanecer en él. Una traducción literal de Juan 3:21 afirma que nuestras buenas obras son «forjadas», «hechas» o «realizadas» en Dios (no de nosotros mismos).

La primera epístola de Juan expande esto un poco más.

El mensaje de gracia dentro del evangelio siempre viene primero, así como en Juan 3:16. Una vez que la luz es revelada, entonces podemos guardar la ley de Dios y permanecer en la luz.

«Este es el mensaje que hemos oído de él y os anunciamos: que Dios es luz [verdad, vida, justicia], y que en él no hay tinieblas en absoluto. Si decimos que tenemos comunión con él mientras caminamos en la oscuridad, mentimos y no practicamos la verdad. Pero si andamos en la luz, como él está en la luz, tenemos comunión unos con otros, y la sangre de su Hijo, Jesús nos limpia de todo pecado. Si decimos que no tenemos pecado, nos engañamos a nosotros mismos, y la verdad no está en nosotros. Si confesamos nuestros pecados, él es fiel y justo para perdonar nuestros pecados y limpiarnos de toda maldad. Si decimos que no hemos pecado, lo hacemos mentiroso, y su palabra no está en nosotros».

—1 Juan 1:5-10

Si rechazamos a Dios («la luz»), permanecemos en la oscuridad del pecado y de la muerte. Si creemos en el mensaje del evangelio, Dios nos revelará su verdad y vida. Si permanecemos en la luz de Dios, entonces guardaremos su ley.

La clave para entender este pasaje y muchos otros similares es entender las declaraciones condicionales (por ejemplo, él nos limpiará si confesamos). Las condiciones están basadas en la ley, pero ya no estamos bajo la ley una vez que creemos en Dios por primera vez. Creemos que él nos limpia al darnos su Espíritu para reemplazar nuestro corazón impuro; él no limpia directamente el corazón mismo. La fe y la inmortalidad son dones condicionales que recibimos como parte de la salvación. Miramos hacia Dios para recibir la fe y la inmortalidad; no somos intrínsecamente inmortales, ni tenemos la habilidad de invocar la fe desde nuestra vieja naturaleza.

La limpieza es parte de la santificación, el proceso continuo que Dios usa para darnos justicia a través del tiempo. Necesitamos entender que Dios no está limpiando ni un alma inmortal ni nuestro viejo corazón. La limpieza es diferente del único acto de justificación que perdona los pecados pasados, presentes y futuros y nos cubre con la justicia de Cristo. La justificación está condicionada a la fe; debemos confiar en la obra de Cristo de una vez por todas mientras negamos la capacidad de nuestra naturaleza para hacer obras de cualquier mérito. La santificación es similar a la justificación pero se basa en la obra continua del Espíritu de Dios.

La justificación y la santificación están conectadas tanto a la gracia como a la ley. Cristo cumplió la ley para justificarnos, y recibimos su justificación como un don de gracia. El regalo llega antes de que podamos hacer buenas obras o ser limpiados. La santificación es el proceso por el cual guardamos la ley por medio del Espíritu Santo obrando en nuestro nuevo corazón, el cual recibimos por gracia. Tanto la justificación como la santificación son dones de Dios, ya que no podemos guardar la ley por nuestra cuenta. Una manera de entender la santificación y la justificación es a través del uso de tiempos verbales.

- **Verbos en tiempo pasado** (*hemos sido justificados, marcados, conservados*): Cristo justificó a todos en todo tiempo con su único sacrificio.[4] Fuimos justificados individualmente cuando recibimos el Espíritu Santo. Comenzamos el proceso de santificación de ser apartados del mundo cuando fuimos justificados por primera vez. Fuimos marcados, sellados, salvados, guardados y preservados en ese momento.

– Verbos en tiempo presente (*creemos, obedecemos, estamos siendo santificados*): Somos continuamente santificados y justificados hoy por la obra del Espíritu Santo. Estamos sellados hoy (justificados) si nos «aferramos» al evangelio a través de la fe. Somos limpiados hoy (santificados) para que podamos ser usados para los propósitos de Dios. Obedecemos la ley amando a los demás, dando generosamente y haciendo otras buenas obras, cuidando de no ser conformados al mundo.

– Futuro (*seremos resucitados, glorificados*): La culminación de la justificación y santificación ocurre cuando somos resucitados a la vida eterna.

Cuando Cristo regrese, podemos esperar ser incluidos entre los resucitados y juzgados. No dejes que los nombres tradicionales de estos eventos —el «juicio de los justos» y la «resurrección de los justos»— te intimiden. Aunque no somos justos o solo por nuestro propio mérito, Cristo nos justificó para heredar la vida eterna.

Recuerde, la herencia no se gana. Los hijos no «merecen» la herencia. Lo reciben en función de a quién pertenecen. Una herencia solo es condicional en el sentido de que una persona puede ser desheredada si rechaza los deseos de sus

---

4. Ver Romanos 5:8, 6:10; Hebreos 10:10.

padres. Así como los hijos nacen en una herencia terrenal, nosotros nos convertimos en coherederos con Cristo cuando renacemos en el Espíritu.

Pedro abre su primera epístola describiendo la salvación como una herencia. Más adelante en el capítulo 5, él relaciona la segunda venida con el regalo que recibiremos en la resurrección. La «corona de gloria que nunca se desvanece» es la vida eterna.

«*Entonces,* **cuando aparezca el Príncipe de los pastores, recibirás la corona de gloria que nunca se desvanece.** *De la misma manera, ustedes que son más jóvenes, estén sujetos a los ancianos. Y todos ustedes, vístanse de humildad los unos hacia los otros, porque Dios se* **opone a los soberbios pero da gracia a los humildes.** *Y* **Dios los exaltará a su debido tiempo,** *si se humillan bajo su poderosa mano, echando todas sus preocupaciones sobre él, porque él se preocupa por ustedes».*

—1 Pedro 5:4-7

Pedro declara que recibiremos la corona de vida eterna en la segunda venida, lo cual concuerda con todas las demás enseñanzas bíblicas sobre el asunto. Observe que Dios «nos exaltará» «en su debido tiempo», lo que significa que hoy en día no tenemos toda la extensión de nuestros dones.

Recuerden que Cristo no recibió su exaltación hasta después de su resurrección. El evento de la Transfiguración simplemente ofreció un vistazo o un adelanto del Cristo glorificado y resucitado. Cuando Cristo fue bautizado, una voz celestial habló y una paloma descendió sobre él, pero ésta tampoco fue su exaltación. Su exaltación tuvo que esperar hasta después de que aceptara la copa de la ira, cumpliera la ley y sellara el nuevo pacto con su sangre. Cristo tuvo que humillarse y someterse en obediencia. Sólo entonces pudo ser resucitado y exaltado.

Note la referencia de Pedro a Proverbios 3:34 (también ver Santiago 4:6), que dice que Dios resiste a los soberbios. Los orgullosos son aquellos que rechazan a Dios y confían en su propio entendimiento. Dios da gracia a los humildes —aquellos que confían sólo en él—. Dios ofrece gracia a todo el mundo, pero sólo aquellos que son humildes como un niño y creen en el don de la fe recibirán gracia.

Al considerar los tres grandes eventos del tiempo-del-fin, note que Cristo traerá recompensas y justicia con él cuando regrese (1 Pedro 5:4). Seremos recompensados por lo que hemos hecho en la tierra (Apocalipsis 22:12).

La Escritura es clara: Cristo saldará todas las cuentas cuando regrese a la tierra.[5] Pero, ¿para qué es este pago si no contribuimos nada a la salvación? De hecho, Cristo ya pagó por nuestra salvación en la cruz. Así que este nuevo pago final debe ser algo diferente.

Después de recibir nuestros nuevos cuerpos resucitados, Cristo nos pagará una recompensa eterna. Primero seremos redimidos, luego recompensados inmediatamente. ¿Pero por qué es esta recompensa? ¿Cómo podemos ser recompensados si Cristo hizo todo el trabajo? Veremos la respuesta en breve.

Muchos pasajes de la segunda aventura describen a Dios «concediendo» el juicio. Él está profetizado para distribuir

---

5. Ver Isaías 35:4; 40:10; 59:17-20; 62:11

recompensas, coronas y otros dones después de la aparición de Cristo:

- Isaías 35:4; 40:10; 59:17-20; 62:11
- Daniel 7:22
- Mateo 16:27
- Lucas 14:14
- 1 Corintios 3:13-15; 4:5
- 1 Tesalonicenses 2:19
- 1 Timoteo 6:19
- 2 Timoteo 4:8
- Hebreos 9:27-28
- 1 Pedro 5:4
- Apocalípsis 22:12

Cristo compartirá la herencia con nosotros cuando regrese.

*«En él también vosotros, cuando oísteis la palabra de verdad, el evangelio de vuestra salvación, y creísteis en él, fuisteis sellados con el Espíritu Santo prometido, que es la garantía de nuestra **herencia hasta que adquirimos la posesión** de ella, para alabanza de su gloria».*

—Efesios 1:13-14

Cuando observamos los versículos anteriores, el contexto

de este pasaje es claro. El plan de Dios se llevará a cabo en la «plenitud de los tiempos». Dios unirá los reinos terrenal y celestial al final de la era cuando se conceda la herencia. Ahora estamos sellados como herederos. Obtendremos la posesión al final de esta era.

«En él tenemos redención por su sangre, el perdón de nuestras ofensas, según las riquezas de su gracia, que él nos prodigó, en toda sabiduría y perspicacia, dándonos a conocer el misterio de su voluntad, según su propósito, que él estableció en Cristo como un **plan para la plenitud de los tiempos, para unir en él todas las cosas, las del cielo y las de la tierra.** *En él* **hemos obtenido una herencia,** *habiendo sido predestinados según el propósito del que hace todas las cosas según el consejo de su voluntad, para que nosotros, que fuimos los primeros en esperar en Cristo, seamos para alabanza de su gloria».*

—Efesios 1:7-11

Este proceso es similar a cómo usamos un testamento para determinar los recipientes de una herencia después de una muerte.[6] Cristo ya reclamó su herencia. El Espíritu Santo que mora dentro de nosotros garantiza que podremos reclamar nuestra parte en la plenitud de los tiempos. Cristo llamó al Espíritu Santo el «Consolador» porque él habita con nosotros mientras esperamos para heredar el reino como prometido.

Pedro tiene más que decir sobre nuestra futura herencia.

«¡Bendito sea el Dios y Padre de nuestro Señor Jesucristo! Según su gran misericordia, él nos ha hecho nacer de nuevo a una

---

6. Ver Hebreos 9:15-17.

esperanza viva por medio de la resurrección de Jesucristo de entre los muertos, a una **herencia** *imperecedera, inmaculada e inmarcesible,* **guardada en el cielo** *para vosotros, que por el poder de Dios estáis siendo guardados por la fe para una salvación lista para ser* **revelada en el tiempo final.**»

—1 Pedro 1:3-5

Fíjense que nuestra herencia está «guardada en el cielo». Ahora tenemos un derecho sobre ella, pero aún no la tenemos bajo control. Conservado, sellado, preservado – estos son términos de ahorro. Como mermelada guardada en un frasco en el sótano, necesitamos ser preservados por el Espíritu mientras esperamos el cumplimiento final de la promesa de Dios.

Día del Juicio

Tenemos muchas nociones preconcebidas sobre el Día del Juicio Final, el último de los tres grandes eventos del tiempo-del-fin. Estamos familiarizados con el concepto de ir ante un juez para tratar de conseguir que una multa sea rechazada o reducida. O en un sentido positivo, pensamos en los jueces que otorgan un premio en un evento deportivo o concurso de panadería.

Este capítulo se enfoca específicamente en el juicio de los justos, no en el juicio de los injustos. Debido a que el juicio sigue a la resurrección, las únicas personas alrededor para que Dios juzgue en este momento son aquellos a quienes ya se les ha concedido la vida eterna. Ningún castigo se avecina porque Cristo ha presentado su justicia por nosotros. La única cuestión que se plantea es hasta qué punto seremos recompensados.

Las Escrituras dicen que los injustos serán juzgados por separado.[7]

*«Y le ha dado autoridad para ejecutar el juicio, porque es el Hijo del Hombre. No os maravilléis de esto, porque viene una hora en que todos los que están en los sepulcros oirán su voz y saldrán, los que han hecho el bien a la **resurrección de la vida**, y los que han hecho el mal **a la resurrección del juicio**.»*

—Juan 5:27-29

Según esta enseñanza de Cristo, habrá eventos separados de resurrección y juicio para «los que han hecho el bien» y «los que han hecho el mal».

Cristo dice que oiremos su voz (otros pasajes describen un grito en la segunda venida) y luego resucitaremos. Note que Cristo advirtió del juicio para los injustos pero no mencionó el juicio para los justos; los justos sólo reciben la recompensa de la vida eterna por haber pasado su prueba de fe.

Pablo también ve diferencia entre los tipos de resurrecciones. La «resurrección de los justos» llama a la gente a salir de entre los muertos (Filipenses 3:11), dejando al resto de los muertos para que permanezcan hasta la «resurrección de los injustos». Los justos serán levantados primero.

«Pero esto os confieso, que según el Camino, que ellos llaman secta, yo adoro al Dios de nuestros padres, creyendo todo lo establecido por la Ley y escrito en los Profetas, teniendo una

---

7. Estos juicios de los malvados serán discutidos en el Volumen II.

esperanza en Dios, que estos mismos hombres aceptan, que habrá **una resurrección de los justos y de los injustos.**»

—Hechos 24:14-15

En el Antiguo Testamento, Daniel profetizó de dos tipos separados de resurrección:

«*En ese momento se levantará Miguel, el gran príncipe que está a cargo de tu pueblo. Y habrá un tiempo de angustia, como nunca ha habido desde que hubo una nación hasta ese momento. Pero en ese tiempo tu pueblo será liberado, todo aquel cuyo nombre se encuentre escrito en el libro. Y* **muchos de los que duermen en el polvo de la tierra se despertarán,** *unos para vida eterna, y otros para vergüenza y confusión eterna. Y los sabios resplandecerán como el resplandor del cielo de arriba; y los que vuelven a muchos a la justicia, como las estrellas por los siglos de los siglos*».

—Daniel 12:1-3

Aquí Daniel no separa explícitamente a los que están siendo resucitados en categorías «justas» e «injustas», pero tomados en contexto con otros pasajes proféticos, podemos inferir con seguridad que el juicio está teniendo lugar. Debemos notar que «muchas» personas fueron criadas, pero no todas. Sólo algunos son criados de inmediato en la segunda venida.

Cristo también describió una resurrección separada de los justos en esta parábola sobre la caridad.

«*Serás bendecido, porque no pueden pagarte. Porque serás* **recompensado en la resurrección de los justos.**»

—Lucas 14:14

El juicio de los justos viene después de la segunda venida de Cristo y de nuestra resurrección corporal. Las recompensas serán otorgadas a medida que entremos en el reino de la vida eterna.

*«Os exhorto en presencia de Dios y de Cristo Jesús, que ha de **juzgar a los vivos y a los muertos**, y **por su aparición y su reino**: ....*

*«He competido bien; he terminado la carrera; ¡he guardado la fe! Finalmente, **la corona de la justicia** está reservada para mí. El Señor, el Juez justo, **me la concederá en aquel día**, y no sólo a mí, sino también a todos los que han puesto su afecto **en su aparición**.»*

—2 Timoteo 4:1, 7-8

*"Así como la gente está destinada a morir una sola vez, y después de eso enfrentar el juicio, así Cristo fue sacrificado una sola vez para quitar los pecados de muchos; y **aparecerá una segunda vez**, no para llevar el pecado, sino para **traer la salvación a los que lo están esperando**".*

—Hebreos 9:27-28

Cristo no completa nuestra salvación hasta la segunda venida. Este es el evento de salvación que todos hemos estado esperando. La Biblia frecuentemente agrupa dos o tres de los Tres Grandes eventos en el mismo pasaje. Pero nunca vemos una secuencia donde un rapto o evento de resurrección lleva a una larga demora de tribulación, con juicio a seguir.

Simplemente no hay una base bíblica para separar los eventos de la resurrección y el juicio, como los proponentes de un rapto antes de la tribulación tratarían de hacer.

Los pasajes sobre el período de tribulación serán discutidos con más detalle en el Volumen II, pero echaremos un breve vistazo aquí.

Tribulación e Ira

¿Pasarán los cristianos y/o el pueblo judío por el período de tribulación? Sabemos que no estamos destinados para la ira de Dios, así que se debe hacer una comparación de los raptos previos a la ira y posteriores a la tribulación. Sabemos que Noé pasó por la tribulación pero no recibió la ira. Él fue salvado (mantenido) a través de ella. Este es el modelo al que debemos referirnos al leer las profecías apocalípticas.

La Escritura sólo nos presenta una venida más de Cristo. No vendrá por tercera vez, ni aparecerá en privado a un grupo selecto. De hecho, incluso las profecías del tiempo del fin del Antiguo Testamento se alinean con lo que leemos en Apocalipsis, tanto en términos del tiempo de tribulación como de la agrupación de los Tres Grandes eventos.

Un rapto previo a la tribulación está inspirado en el modelo mitológico griego de almas o cuerpos espirituales que ascienden a los cielos. Este concepto no se encuentra en la Biblia. Ningún versículo justifica la creencia en una vida eterna resucitada en el reino celestial. Tampoco podemos encontrar un pasaje que sugiera que los santos se esconderán en el cielo para evitar la tribulación.

La ira y la tribulación son dos términos diferentes en conjunto. Aunque debemos soportar la tribulación, los justos no están destinados a enfrentar la ira de Dios.[8]

Es difícil imaginar que el mundo se vuelva a la Biblia durante la tribulación, y mucho menos que busque interpretaciones literales. Se ahogarán en miles de opiniones sobre por qué están ocurriendo hechos horribles. Si leen una profecía bíblica sobre un acontecimiento claramente en curso, el diablo les ofrecerá una explicación mundana o «señales y maravillas» propias. Engañados, continuarán rechazando a Dios y su Palabra. Esto es lo que la Biblia dice que sucederá, y se alinea perfectamente con lo que sabemos sobre la naturaleza humana y nuestra cultura moderna.

Ya sabemos que la gente no puede ver lo obvio. Estamos demasiado distraídos por nuestras búsquedas egoístas y obsesiones. Dios a través de su Palabra quiere que sepamos lo que es inminente y que nos preparemos en consecuencia. El comienzo de la Gran Tribulación puede ser una sorpresa para todos, pero de acuerdo a los pasajes apocalípticos, habrá señales para advertirnos de lo que está por venir. Mientras el resto del mundo discute sobre por qué están ocurriendo tales eventos desastrosos, los cristianos deben ser capaces de señalar con calma las Escrituras. Pero ya que los creyentes no podemos estar de acuerdo en un solo evangelio, ¿cómo podemos estar de acuerdo en cómo interpretar profecías más complejas?

Dios continuará ofreciendo la salvación al mundo entero hasta el final. «Trigo y cizaña» vivirán juntos. Los

---

8. Ver 1 Tesalonicenses 1:10; 5:9.

corazones continuarán endureciéndose a través del rechazo continuo del evangelio. En vez de considerar los signos de los tiempos, la gente se burlará: «¿Dónde está la promesa de su venida?» (2 Pedro 3:4). La segunda venida de Cristo siempre parecerá improbable para los malvados, ya sea hoy o en un futuro turbulento.

«Y ninguno de los malvados entenderá, pero los sabios entenderán.»

—Daniel 12:10

Sólo aquellos con la mente de Cristo entenderán los eventos del tiempo-del-fin. Más sobre el juicio de los malvados más adelante; ahora para algunas buenas noticias.

«Al que no conoció pecado, por nosotros lo hizo pecado, para que **nosotros fuésemos hechos justicia** *de Dios en* ***Él****.»*

—2 Corintios 5:21

Nacemos sin ninguna justicia inherente, y no podemos llegar a ser justos en y de nosotros mismos. Sólo podemos llegar a ser justos a través de Cristo. Nos da la perfección al cien por cien.

*«**El que cree en Él no es juzgado** [o condenado]; el que no cree ya ha sido juzgado, porque no ha creído en el nombre del unigénito Hijo de Dios.»*

—Juan 3:18

Recuerde que la creencia incluye la obediencia; no podemos simplemente decir que creemos en Dios mientras deliberadamente continuamos en el pecado.

*«Ahora, pues, **ninguna condenación hay para los que están en Cristo Jesús.**»*

—Romanos 8:1

Dios determinará nuestra recompensa cuando resucitemos. No seremos condenados en este juicio; ningún examen de ingreso se interpone entre nosotros y la corona de la vida eterna.

*«De cierto, de cierto, de cierto os digo: **El que oye mi palabra, y cree** al que me envió, tiene vida eterna; **y no viene a juicio,** sino que **ha pasado de muerte a vida.**»*

—Juan 5:24

Vida eterna y segunda muerte

Nosotros en nuestra carne estamos destinados a morir. Esto es muy claro en toda la Escritura. Pero, ¿será una muerte física solamente, o incluirá una muerte espiritual? Si creemos que tenemos un alma inmortal, también debemos creer en el espectro de la muerte espiritual para seguir la muerte de nuestro cuerpo. La muerte física no tiene consecuencias reales si tenemos un alma inmortal. La inmortalidad incondicional fuerza interpretaciones sin sentido en pasajes como Juan 5. La vida inmortal en el reino celestial se basa en la mitología griega, no en la Palabra de Dios.

El infierno puede significar una cosa si sólo estamos esperando la muerte física, pero algo completamente distinto en el contexto de la muerte espiritual. El infierno en este contexto está marcado por la muerte y el fuego eternos-la «muerte segunda» presentada en Apocalipsis 20:14 y 21:8.[9]

Ya hemos visto en Juan 5:25-29 cómo recibimos una salvación espiritual hoy y una salvación física en la resurrección. Recibiremos vida si escuchamos la Palabra de Dios y creemos en él. Hoy podemos estar espiritualmente vivos en Cristo o espiritualmente muertos en nuestra carne. En cualquier caso, la muerte física seguirá. Entonces recibiremos una segunda vida física o una segunda muerte física.

Los reinos se fusionan en la siguiente era. Sólo habrá un reino eterno: el reino de los cielos en la tierra. La muerte eterna significa estar atrapado fuera de las «puertas».[10] Ya hemos visto numerosos pasajes que describen la resurrección a la vida inmortal. Pero también hay una resurrección física al juicio y la muerte eterna.

Los dones que recibimos hoy como parte de nuestra salvación espiritual nos preservarán hasta el tiempo de la resurrección física; aquí recibiremos la vida eterna, nos ahorraremos el castigo reservado para las personas incluidas en el juicio de los injustos. En lugar de usar el término «salvado» en tiempo pasado, deberíamos usar verbos continuos como «ser guardado, preservado, marcado o sellado» para aclarar nuestro estado.

---

9. Exploraremos estos pasajes, junto con la "muerte segunda" en general, con más detalle en el Volumen II.
10. Ver Apocalipsis 21:27; 22:14-15.

CAPÍTULO 15.

RECOMPENSA POR EL TRABAJO FIEL

---

*«Porque el Hijo del Hombre vendrá con sus ángeles en la gloria de su Padre, y entonces **recompensará** a cada uno según lo que haya hecho.»*

—Mateo 16:27

*«Porque todos debemos comparecer ante el tribunal de Cristo, para que cada uno sea **recompensado** según lo que haya hecho en el cuerpo, sea bueno o malo».*

—2 Corintios 5:10

«Recompensa» significa devolver el dinero. Nos recompensan por los trabajos que hemos hecho. Recuerda que la vida eterna es nuestra herencia, no nuestra recompensa, y no hicimos nada para ganar ese regalo de gracia. Sin embargo, Cristo nos ofrecerá algún otro tipo de recompensa después de que entremos en la vida eterna. También podemos perder recompensas potenciales.

*«A pesar de todo lo bueno que haga alguien, **recibirá** esto del Señor, sea un siervo o un libre.»*

—Efesios 6:8

Pablo está hablando a un sistema de recompensa que entra en vigor después de que pasamos la prueba de fe.

«¿Presumes de las riquezas de su bondad, paciencia y paciencia, sin saber que la bondad de Dios está destinada a llevarte al arrepentimiento? Pero debido a tu corazón duro e impenitente estás acumulando ira para ti mismo en el día de la ira cuando el justo juicio de Dios será revelado. **A cada uno según sus obras***, a los que por la paciencia en el bien hacer busquen la gloria, la honra y la inmortalidad, les dará la vida eterna; pero a los que buscan la verdad y no obedecen a la verdad, sino que obedecen a la injusticia, habrá ira y furia».*

—Romanos 2:4-8

Primera de Corintios provee más información acerca de las recompensas eternas que cualquier otro libro en el Nuevo Testamento. Aquí podemos ver que Dios obtiene el crédito y hace el trabajo pesado mientras nos capacita para hacer el bien a través del Espíritu Santo. Algo de esto está implícito basado en otros pasajes. Nuestras buenas obras no pueden suceder sin la primera obra de Dios en nosotros.

«Yo planté, Apolos regó, pero Dios dio el crecimiento. Así que **ni el que planta ni el que riega es nada***, sino* **solo Dios que da el crecimiento.** *El que planta y el que riega son uno, y* **cada uno recibirá su paga según su trabajo.** *Porque somos compañeros de trabajo de Dios. Tú eres el campo de Dios, el edificio de Dios.*

*«***De acuerdo a la gracia de Dios que me ha sido dada***, como un hábil constructor, yo puse los cimientos, y alguien más está construyendo sobre ellos. Que cada uno se preocupe de cómo*

construye sobre ella. Porque nadie puede poner otro fundamento que el que está puesto, que es Jesucristo. Ahora bien, si alguien construye sobre el fundamento con oro, plata, piedras preciosas, madera, heno, paja, el trabajo de cada uno se manifestará, **porque el Día lo revelará***, porque será reveladp por el fuego, y el fuego pondrá a prueba la clase de obra que cada uno ha hecho. Si la obra que alguien ha construido sobre los cimientos sobrevive,* **recibirá una recompensa.** *Si el trabajo de alguien se quema,* **sufrirá pérdida, aunque él mismo será salvo,** *pero solo como por el fuego».*

—1 Corintios 3:6-15

Aquí está la confirmación de que somos recompensados por el trabajo que hacemos a través del poder de Dios.

Pablo usa lenguaje figurativo aquí para hacer un punto, pero hay significados literales que está tratando de transmitir. Él describe claramente el proceso de juicio de dos partes que Dios usa.

- Primero, seremos salvos o no. Así como una persona no puede estar medio embarazada, tampoco nosotros podemos estar cerca de ser salvos. El regalo de la salvación es concedido a aquellos que creen; ellos serán salvos por gracia a través de la fe.

- Segundo, los creyentes recibirán recompensas por la obra que completaron. Esta obra honraba la ley de Dios pero no contaba para la salvación. Los creyentes recibirán una bendición adicional o «sufrirán una pérdida».

El siervo más humilde que se negó a sí mismo e hizo las

obras más grandes por medio del Espíritu obtendrá la recompensa más grande. La persona que fue mínimamente fiel a la ley de Dios será como un mendigo en el reino. Todos los que son justificados por la fe en Dios entrarán en el reino, pero algunos serán recompensados más que otros. Por supuesto, el creyente que «sufre una pérdida» tendrá mucho por lo que estar agradecido:

«Porque un día en sus tribunales es mejor que mil en otros lugares. Prefiero ser un portero en la casa de mi Dios que vivir en las tiendas de la maldad».

—Salmo 84:10

Basado en este concepto, cuanto más obedientes y humildes seamos hoy, mayor será nuestro tesoro en la era venidera. Los fieles que entran en el reino serán recompensados por sus buenas obras.

*«Ordénales que hagan el bien, que sean ricos en buenas obras, y que sean generosos y estén dispuestos a compartir. De esta manera, ellos mismos **acumulan tesoros** para sí mismos como una base firme **para la era venidera**, a fin de que puedan apoderarse de la vida que es verdaderamente vida».*

—1 Timoteo 6:18-19

Cristo llamó a esto «almacenar tesoros en el cielo».

Un pasaje de Mateo 19 comienza con los discípulos preguntando a Cristo acerca de sus recompensas. Cristo les asegura que el pago vendrá. Podemos maravillarnos al pensar que seremos recompensados por Dios por el trabajo hecho por su propio poder, pero Cristo ha testificado que esto es lo que sucederá.

Cristo mencionó la doble paradoja del juicio a través de la cual la vida eterna está separada de las recompensas. Esta enseñanza de Cristo cubre muchos otros temas también, resumiendo muchos puntos a considerar con respecto al juicio y la era venidera.

Y Jesús dijo a sus discípulos: «De cierto os digo que solo con dificultad entrará un rico en el reino de los cielos. Nuevamente os digo que es más fácil que un camello pase por el ojo de una aguja que un rico entre en el reino de Dios». Cuando los discípulos oyeron esto, se asombraron mucho, diciendo: ¿Quién, pues, puede ser salvo?

«Pero Jesús los miró y dijo: Para el hombre esto es imposible, pero para Dios todo es posible'». Entonces Pedro le respondió: «Mira, nosotros lo hemos dejado todo y te hemos seguido». «¿Qué tendremos entonces? Jesús les dijo: «De cierto os digo que **en el mundo nuevo [en la regeneración]***, cuando el Hijo del Hombre se siente en su trono glorioso, vosotros que me habéis seguido también os sentaréis en doce tronos, juzgando a las doce tribus de Israel. Y todo el que haya dejado casas, o hermanos, o hermanas, o padre, o madre, o hijos, o tierras, por mi nombre,* **recibirá el céntuplo** *y* **heredará la vida eterna***. Pero muchos de los primeros serán los últimos, y los últimos los primeros».*

—Mateo 19:23-30

La frase **en la regeneración** está basada en la misma raíz griega que aparece en Tito 3:5. Pablo lo aplica allí a la obra bautismal del Espíritu Santo; un individuo está siendo regenerado, nacido de nuevo. Así que aquí en Mateo, Jesús está diciendo que la tierra misma «nacerá de nuevo.»[1]

«Jesús les dijo: Os aseguro que en el tiempo en que todo se renueva...'»

—Mateo 19:28

Cristo dijo a sus discípulos que el mundo será regenerado. Las recompensas del discípulo serán en este nuevo reino terrenal, ya que no fueron recompensadas en su vida. También menciona la herencia en la vida eterna, que es un término común ligado a la promesa de la tierra. Cristo diferencia entre el don de la vida eterna y la recompensa ciento por uno; uno está basado en la gracia y el otro en la ley.

La vida eterna no es automáticamente nuestra porque no somos inmortales. Recibiremos la vida eterna como un regalo; es parte de la herencia que está ligada a las promesas de Dios a los descendientes de Abraham (descendientes de la fe, no de la sangre).

Cristo se sentará en su «trono glorioso» en el reino celestial en la tierra; ya no estará a la diestra del Padre en el reino celestial. Su nueva obra en la tierra a su regreso será destruir el pecado, la muerte y el diablo. Una vez que todo el mal sea destruido, su reino será completamente establecido. Él entonces entregará el reino como se describe en 1 Corintios 15:24.

Cristo podría haberles dicho a los discípulos que sus recompensas serían pagadas en el cielo después de su

---

1. También vea Romanos 8:18-24.

muerte, pero no lo hizo. Si los discípulos estuvieran satisfechos con un reino espiritual de Cristo en el reino celestial, habrían estado satisfechos después de su resurrección. La obra de salvación habría sido completa en ese momento. Sin embargo, basados en numerosas profecías a través del Antiguo Testamento, ellos sabían que un reino en la tierra vendría. Su actitud en Hechos 1:6 y Mateo 19:25-27 muestra que esperaban que el reino aún no se hubiera establecido.

*«...a quien el cielo debe recibir **hasta el momento de restaurar todas las cosas** de las que Dios habló por boca de sus santos profetas hace mucho tiempo.»*

—Hechos 3:21

Los pasajes sobre el juicio a menudo contienen referencias a «cielos nuevos y tierra nueva». Cristo no simplemente restaurará el reino anterior de Israel (Hechos 1:6), ni se conformará con devolver la tierra al estado intacto del Edén. No, la tierra será un lugar mejor que nunca. La restauración de la tierra es un acontecimiento importante del tiempo-del-fin.

*«Porque he aquí, yo creo cielos nuevos y tierra nueva, y **las cosas pasadas no serán recordadas** ni vendrán a la mente.»*

—Isaías 65:17

*«Porque como los nuevos cielos y **la nueva tierra que yo hago permanecerán delante de mí**, dice el Señor, así permanecerá tu descendencia y tu nombre».*

—Isaías 66:22

*«Pero de acuerdo a su promesa estamos esperando un cielo nuevo y **una tierra nueva en la que mora la justicia**.»*

—2 Pedro 3:13

El testimonio de Cristo, los pasajes de arriba y la visión de Juan en Apocalipsis 21:1 predicen la renovación, regeneración y restauración de la tierra. Cristo tiene la intención de establecer su reino en esta nueva tierra, no en un reino místico desconocido. La justicia morará en la tierra. Esto encaja con la promesa de la tierra y une todas las profecías del tiempo-del-fin.

No tenemos que arrojar las profecías incumplidas del Antiguo Testamento en el cubo figurativo de metáforas, soñando reinos místicos e imaginando una eternidad sin cuerpo. Los pasajes del tiempo-del-fin tienen mucho más sentido si podemos movernos más allá de nuestra noción preconcebida de un alma flotando hacia el cielo. Cristo morará en la nueva tierra, y nosotros moraremos con él. No tocaremos arpas en una nube; todos los pasajes del tiempo-del-fin están localizados en la «nueva» tierra.

La nueva tierra será renovada, restaurada —Dios la limpiará una vez que su juicio esté completo.

«Así dice el Señor Dios: El día que te purifique de todas tus iniquidades, haré que las ciudades sean habitadas, y los desiertos sean reconstruidos….. Y ellos dirán, `Esta tierra que fue desolada se ha convertido en el jardín del Edén, y las ciudades desoladas y en ruinas están ahora fortificadas y habitadas».

—Ezequiel 36:33, 35

Podemos preferir leer pasajes sobre el Edén —y el árbol de la vida en particular— como metáforas. Pero ya sea que los pasajes edénicos sean relatos literales o descripciones metafóricas de lo que el mundo podría haber sido sin pecado, el punto principal sigue siendo el mismo: Dios sostiene la vida. Su creación depende de que él provea vida. Note que muchos pasajes describen a Dios transformándonos de muerte a vida, dándonos vida eterna, o invitándonos a vivir con él para siempre, pero nunca nos concede un alma inmortal inherente. En cambio, el mortal se viste con ropas inmortales y bebe agua que da vida. Los escritores inspirados se detienen a decir que llegaremos a ser como Dios incluso después de la resurrección. Incluso en nuestro estado glorificado, nuestra inmortalidad será un regalo, no una parte inherente de nuestra naturaleza.

«Al que venza, le daré de comer del árbol de la vida, que está en el paraíso de Dios.»

—Apocalipsis 2:7

«Porque el Cordero en medio del trono será su pastor, y los guiará a manantiales de agua viva, y Dios enjugará toda lágrima de sus ojos.»

—Apocalipsis 7:17

«Bienaventurados los que lavan sus ropas, para que tengan derecho al árbol de la vida y puedan entrar en la ciudad por las puertas.»

—Apocalipsis 22:14

«Si alguien quita las palabras del libro de esta profecía, Dios

quitará su parte en el árbol de la vida y en la santa ciudad, que se describen en este libro».

—Apocalipsis 22:19[2]

No somos inherentemente inmortales; la muerte es nuestra herencia natural. La vida eterna es la herencia de Cristo que él escoge compartir con nosotros. No se nos dio la inmortalidad al nacer, ni recibiremos tal regalo en ningún momento antes de la resurrección. El mito del alma inmortal concluye que ni siquiera Dios puede destruir nuestro ser, así que nuestra alma debe ir al cielo o al infierno por la eternidad.

Cristo mismo contradice esta idea de que las almas no salvas permanecerán para siempre en un estado de tormento:

«Y no temas a los que matan el cuerpo pero no pueden matar el alma. Más bien teme a aquel que puede destruir tanto el alma como el cuerpo en el infierno.»

—Mateo 10:28

Esta declaración no es una aberración bíblica. En otras partes de la Escritura leemos de la destrucción de ángeles, también llamados dioses o hijos de Dios en algunos pasajes.[3] Y podemos encontrar numerosos pasajes acerca de la muerte de las almas.[4] Hipotéticamente, Dios tiene el poder de hacer soportar a una persona para que pueda ser castigada por toda la eternidad, pero esto todavía no

---

2. También ver Ezequiel 47:12
3. Ver Salmo 82:6-7.
4. Ver Ezequiel 18:4; Apocalipsis 8:9.

indicaría una inmortalidad inherente dentro de un ser humano. La inmortalidad es condicionalmente concedida por Dios.

El mensaje completo del evangelio llega a su conclusión a través de los tres grandes eventos del tiempo-del-fin: La segunda venida de Cristo, la resurrección de los justos y el juicio de los justos. Ningún otro evangelio completo se presenta en la Biblia. Es notable que podamos estar ciegos a lo que dice la Palabra de Dios, dada la frecuencia con que se repite el mensaje. Pero la influencia cultural es algo poderoso. Nos lavan el cerebro para que aceptemos interpretaciones culturalmente amistosas en lugar de simplemente dejar que las Escrituras hablen.

No debemos juzgar a las personas bien intencionadas que creen en el evangelio híbrido o promueven su mensaje. Este libro tiene el propósito de guiar a la gente a un mayor entendimiento de la Palabra de Dios, no a emitir juicio. Solo Dios es el juez, y Cristo mediará en nuestro favor. Se nos juzga en base a lo que se nos ha dado.

El diablo siempre está trabajando para diluir el evangelio, promover verdades parciales y distraernos por cualquier medio a su disposición. Yo mismo una vez sostuve creencias del tiempo-del-fin basadas más en la mitología cultural que en la erudición bíblica. Como muchos otros, suponía que tenía un alma inmortal. Pero cuando Dios revela su verdad, nos libera de nociones preconcebidas y creencias autodidactas.

Una lectura literal de las Escrituras nos ofrece las siguientes verdades sobre el juicio:

– La salvación produce vida eterna; sin este don, una vez que morimos, permaneceremos «muertos» por toda la eternidad.

– Los justos son resucitados y luego juzgados para determinar la recompensa por sus obras, pero no hay juicio que se interponga entre nosotros y la salvación; en este caso, la justicia de Cristo es juzgada en nuestro favor.

– A los que tienen fe se les da una parte de la herencia: la vida eterna en la tierra prometida.

– La vida eterna no se concede hasta la resurrección, pero tenemos una garantía.

– Dios no promulgará el juicio final hasta después de la segunda venida de Cristo.

– Seremos juzgados en la tierra después de la resurrección, no en el cielo después de morir.

– El juicio presenta una paradoja en términos de tiempo: Dios juzga nuestra fe hoy (para nuestra justificación); juzga nuestras obras en el último día (para determinar nuestras recompensas eternas). Nuestras obras son recompensadas bajo la ley; nuestros pecados son perdonados por la gracia.

Entonces, ¿por qué somos recompensados por las obras que realizamos cuando todo el bien que hacemos se basa en el poder del Espíritu Santo? ¿Cómo podemos ser recompensados por hechos que no surgieron de nuestra naturaleza humana? La respuesta se encuentra en el sistema de la paradoja de la gracia y la ley. Seremos premiados o recompensados por las buenas obras que permitimos que

Dios haga a través de nosotros, y recibiremos el regalo de la vida eterna a pesar de nuestras obras pecaminosas.

*«Por lo tanto, amados míos, como siempre habéis obedecido, así ahora, no sólo como en mi presencia, sino mucho más en mi ausencia, haced vuestra salvación con temor y temblor, **porque es Dios quien obra en vosotros**, tanto **para querer como para obrar** por su buena voluntad».*

—Filipenses 2:12-13

¿Nos recompensan por esto?

¡Qué Dios tan maravilloso servimos! Desde una perspectiva humana, parece extraño que se le dé algo como un regalo, y que también se le recompense por usar el regalo. Pero tal es la asombrosa bondad de Dios. Una vez que nos sometemos y obedecemos de un corazón contrito, entonces somos recompensados por el Dios que está obrando en nosotros y haciendo su voluntad.

Somos recompensados por los conceptos establecidos de Dios, muchos de los cuales son extraños para nosotros los cristianos modernos. Preferimos adoptar un sistema de creencias centrado en la gracia que no tenga en cuenta ninguna de nuestras obras directas en ningún momento del proceso de juicio. La gente que cree en un mensaje de todas las gracias para la salvación generalmente piensa en la vida eterna como la única recompensa que necesitan, evitando pasajes que hablan de recompensas por las obras. Esta perspectiva tiene los adornos encomiables de la humildad, pero no está fundada en las Escrituras.

Dios, queriendo que el mayor número posible de personas

se salvaran, eligió usarnos como sus obreros en sus campos hasta el día de la cosecha, el día del regreso de Cristo. Podemos encontrar numerosos pasajes que relacionan nuestro trabajo en el reino con la siembra y el trabajo en los campos; muchos de estos pasajes incluyen discusiones sobre el pago y la compensación por nuestra labor.

«Y al atardecer, el dueño de la viña dijo a su capataz: Llama a los obreros y págales su paga, desde los últimos hasta los primeros'». Y cuando llegaron los que habían sido contratados alrededor de la hora undécima, cada uno de ellos recibió un denario. Cuando llegaron los primeros contratados, pensaron que recibirían más, pero cada uno de ellos también recibió un denario. Y al recibirlo refunfuñaron contra el señor de la casa, diciendo: «Estos últimos trabajaron solo una hora, y tú los has hecho iguales a nosotros, que hemos soportado la carga del día y el calor abrasador». Pero él le contestó a uno de ellos: «Amigo, no te estoy haciendo nada malo. ¿No estuviste de acuerdo conmigo en un denario? Toma lo que te pertenece y vete. Elijo darle a este último trabajador lo mismo que les doy a ustedes. ¿No se me permite hacer lo que escojo con lo que me pertenece? «¿O envidias mi generosidad? Así que el último será el primero y el primero el último».

—Mateo 20:8-16

«Y vinieron a Cafarnaúm. Y cuando estaba en la casa les preguntó: «¿De qué hablaban por el camino? Pero se callaron, porque en el camino habían discutido entre ellos sobre quién era el más grande. Y sentándose, llamó a los doce. Y él les dijo: **Si alguno quiere ser el primero, que sea el último de todos y el servidor de todos.** *Y tomó a un niño y lo puso en medio de ellos, y tomándolo en sus brazos, les dijo: "El que recibe a uno de estos*

niños en mi nombre me recibe a mí, y el que me recibe a mí, no me recibe a mí, sino al que me envió".

—Marcos 9:33-37

Para obtener la mayor recompensa, debemos humillarnos completamente y poner toda nuestra nueva naturaleza al servicio de los demás.

«Ahora, al que trabaja, su salario no se cuenta como un regalo, sino como lo que le corresponde.»

—Romanos 4:4

Romanos 4 explícitamente diferencia entre la gracia salvadora de Dios y las obras en las que participamos como resultado de nuestra nueva naturaleza. Aquí Pablo está hablando acerca de la creencia de Abraham y usa el versículo 4 como un punto de contraste; no está tratando de hacer un punto acerca de las recompensas eternas. Sin embargo, es útil mostrar en términos generales que el trabajo conduce a la compensación. Esto es completamente habitual y esperado.

Por alguna razón, Dios no nos pide que llevemos a cabo su obra gratuitamente, aunque ofrece gratuitamente la vida eterna. Dios provee el campo y toda la fuerza para llevar a cabo la obra, y ofrece un pago por nuestro fiel esfuerzo.

«¿Qué es, pues, Apolos? ¿Qué es Pablo? Siervos a través de los cuales creísteis, como el Señor lo asignó a cada uno. Yo planté, Apolos regó, pero Dios dio el crecimiento. Así que ni el que planta ni el que riega es nada, sino solo Dios que da el crecimiento. El que planta y el que riega son uno, y **cada uno recibirá su paga según**

su trabajo. Porque somos compañeros de trabajo de Dios. Eres el campo de Dios, el edificio de Dios».

—1 Corintios 3:5-9

"Jesús les dijo: «Mi alimento es **hacer la voluntad del que me envió y cumplir su obra***. ¿No decís: «Aún faltan cuatro meses para la cosecha»? Mirad, yo os digo: Alzad los ojos y ved que los campos están blancos para la siega. Ya el que siega está recibiendo un salario y recogiendo frutos para la vida eterna, para que el sembrador y el segador se regocijen juntos. Porque aquí es verdad el dicho: «Uno siembra y otro cosecha». Os envié a cosechar aquello por lo que no trabajasteis. «Otros han trabajado, y tú has entrado en su trabajo".*

—Juan 4:34-38

Para una lectura más detallada, los siguientes pasajes se hacen eco de la enseñanza de que recibiremos un pago o recompensa en la segunda venida. No hay duda de que Cristo nos concederá una recompensa más allá del regalo de la vida eterna.

– Isaías 40:10; 62:11

– Mateo 16:27; 19:29

– Lucas 14:14

– 2 Timoteo 4:8

– Apocalípsis 22:12

«Sed misericordiosos, como vuestro Padre es misericordioso. No juzguéis, y no seréis juzgados; no condenéis, y no seréis

*condenados; perdonad, y seréis perdonados; dad, y os será dado. Una buena medida, apretada, agitada, atropellada, será puesta en tu regazo. Porque con la medida que uses **se te medirá de nuevo.**»*

—Lucas 6:36-38

Ya que la Escritura es absolutamente clara que no podemos hacer el bien bajo nuestra propia naturaleza, y todo lo bueno que hacemos está basado en la naturaleza dotada de Dios, podemos suponer que Dios nos recompensa por la frecuencia con la que rechazamos nuestra propia naturaleza y en vez de eso confiamos completamente en él. Debemos rechazar los deseos egoístas de nuestro viejo corazón y humildemente poner a los demás primero. Entonces, como Jesús nos dice, «los últimos serán los primeros». Los que se ponen los últimos en la tierra son los primeros en el reino de los cielos.

Vemos en Lucas 6:38 que nuestras obras son «medidas» para nosotros. Esto hace eco de las recompensas de la luz mencionadas en muchos otros pasajes.

La decisión de Dios de recompensar nuestras buenas obras se basa en los conceptos de compensación del Antiguo Testamento. Dios paga por sus obreros para que cuiden sus campos.

"Porque la Escritura dice: No pondrás bozal al buey cuando pise el grano, y El obrero merece su paga".

—1 Timoteo 5:18

Cristo hizo y heredó la tierra por su buena voluntad, y se humilló a sí mismo en la tierra para tener una relación con nosotros. Por lo tanto, debemos reconocer el significado especial de la tierra como el lugar elegido por Dios para habitar con su pueblo. La tierra ha sido especialmente diseñada como el lugar definitivo para el reino de Dios. A través del trabajo en nuestra era actual, y de la cosecha al final de nuestra era, Dios traerá tantos al redil del reino venidero como sea posible. Las fiestas seguirán a la cosecha cuando toda la familia de Dios se haya reunido.

La tierra está relacionada con la promesa de Dios de la tierra. Mientras cuidamos la tierra que un día será nuestra herencia, también trabajamos figurativamente en los campos de Dios, atendiendo a las almas que aún no han brotado en la fe. El tiempo de la cosecha vendrá cuando Cristo regrese para recompensar a los fieles resucitados y establecer su reino sobre una tierra rejuvenecida.

La recompensa que recibiremos es el pago por el trabajo que hemos hecho en los campos de Dios para su reino.

Como se menciona en Mateo 6:19-21, 19:29, y en otros pasajes, no recibimos nuestra recompensa hoy, sino en el pleno establecimiento del reino de los cielos. Apocalipsis concluye con el cumplimiento de los temas de pago del tiempo-del-fin que han estado construyendo sobre la totalidad de la Escritura:

«He aquí, yo vengo pronto, trayendo conmigo mi recompensa, para recompensar a cada uno por lo que ha hecho.»

—Apocalípsis 22:12

Cristo viene otra vez, y trae consigo su recompensa, junto con la corona de la vida eterna. Él ha ordenado a sus obreros que llamen al arrepentimiento a aquellos a quienes escogería. Cristo comenzó llamando a profetas y apóstoles; ahora nos toca a nosotros extender el llamado. ¿Cómo pueden los elegidos escuchar el evangelio si la Palabra no es predicada?

¿Acaso Cristo elige salvar a todas las personas, y solo tiene éxito parcialmente? ¿O solo elige a los que finalmente lo reciben? Los cristianos han discutido sobre este punto durante siglos. ¿Cómo podemos saber quién tiene la interpretación correcta?

En lugar de debatir nuestros modelos interpretativos individuales, debemos esforzarnos por lograr la unidad en el Espíritu. Nuestra mentalidad moderna nos haría aferrarnos a nuestras propias perspectivas y dividirnos en consecuencia. Pero Dios nos llama a reunirnos y buscar juntos su verdad objetiva. Que dejemos de lado nuestro egocentrismo y nos sometamos al Espíritu.

CAPÍTULO 16.

UNIDAD DE TIEMPO FINAL

El cristianismo institucional se ha dividido a lo largo de los años en muchas denominaciones y sectas. A veces, a lo largo de la historia, estas divisiones han llevado a conflictos sangrientos. Actuamos con un poco más de civismo que eso en estos días, pero nuestras diferencias espirituales siguen siendo un problema. Se supone que debemos difundir el Evangelio, pero no tenemos un frente unificado.

A los ojos de Dios, no hay muchas denominaciones de Iglesias, sino una sola Iglesia unificada por un solo Espíritu, un solo bautismo, una sola fe y una sola Palabra. ¿Por qué vemos tantas divisiones en nuestro cuerpo si solo hay un mensaje que proclamar? Se trata del método interpretativo. Esta cosa aparentemente pequeña nos mantiene continuamente subdividiéndonos en denominaciones y sectas cada vez más pequeñas y más numerosas.

Cualquier Iglesia que reclame la inerrancia de la Biblia en su declaración de misión pierde el punto si esa Iglesia se involucra en la interpretación privada. Si afirmamos que la Biblia es la verdadera e inspirada Palabra de Dios, y la hacemos encajar en la cosmovisión compartida de nuestra comunidad, tenemos un problema. Necesitamos confiar en que el Espíritu ilumine la Palabra, intercambiando nuestros prejuicios culturales por su verdad objetiva.

Centrarse en lo esencial

En vez de sumergirnos en las razones por las cuales las iglesias se dividen u otros síntomas de desunión, enfoquémonos en soluciones para traer más congregaciones al compañerismo con el mismo mensaje evangélico. Todos los cristianos tienen la misma tarea: difundir el Evangelio. Tenemos libertad para compartir el Evangelio de una manera que se ajuste a los dones y la personalidad de nuestra comunidad eclesial, pero cada comunidad eclesial debe compartir el mismo mensaje evangélico. Como cuerpo, debemos tener cuidado de no confundir o exasperar al mundo con un mensaje inconsistente.

Hay dos aspectos importantes relacionados con la unidad que toda Iglesia debe considerar.

1. **Creencias centrales**: las piedras angulares objetivas de la fe que no pueden ser comprometidas.

2. **Libertades**: los intereses y preferencias particulares dentro del cuerpo local que pueden ser perseguidos y celebrados corporativamente, siempre y cuando se mantengan las creencias fundamentales.

Encontramos muchos pasajes que discuten prácticas de adoración, ceremonias, costumbres alimenticias y otros temas que francamente no significan mucho cuando se comparan con el corazón del evangelio. La gente se pone nerviosa cuando se trata de piedad y tradición. Damos prioridad a nuestras preferencias personales sobre las creencias centrales de la Iglesia, o malinterpretamos estas creencias centrales para que coincidan con nuestra perspectiva cultural. Esto ha estado sucediendo durante un largo período de tiempo.

Dios no tiene muchas cosas buenas que decir sobre las tradiciones establecidas. Aquí Cristo reprende fuertemente a los líderes religiosos de su tiempo:

«*Así que **por el bien de tu tradición has anulado la palabra de Dios**. ¡Hipócritas! Bien profetizó Isaías de ti, cuando dijo:*

Este pueblo me honra con sus

labios, pero su corazón está lejos de mí;

en vano me adoran,

***enseñando como doctrinas los mandamientos** de los hombres*».

—Mateo 15:6b-9

Para restaurar la unidad, podemos empezar por poner en segundo plano la «tradición» y los «mandamientos de los hombres», volviendo a los fundamentos bíblicos. Después, mientras permanecemos enfocados en el Espíritu, podemos participar en las ceremonias y leyes que se adapten a nuestras preferencias personales o herencia cultural.

No se nos permite diluir el evangelio, tal como lo hemos hecho históricamente mezclando mitos griegos o valores seculares con las Escrituras. No podemos añadir o quitar al evangelio. Para recuperar el mensaje bíblico del evangelio, necesitamos someternos al Espíritu Santo dentro de nuestras Iglesias locales, liberar nuestros impulsos individualistas, y permitir que el Espíritu nos acerque a los miembros alejados del Cuerpo de Cristo colectivo.

El Espíritu primero necesita entrar en nuestras vidas (y congregaciones) para darnos un corazón nuevo antes de que podamos guardar la ley en nuestro corazón de unidad.

«Crea en mí un corazón limpio, oh Dios, y renueva un espíritu recto dentro de mí.»

—Salmo 51:10

*«Y **les daré un corazón**, y un espíritu nuevo pondré dentro de ellos. Quitaré el corazón de piedra de su carne y les daré un corazón de carne, para que anden en mis estatutos y guarden mis reglas y las obedezcan. Y ellos serán mi pueblo, y yo seré su Dios».*

—Ezequiel 11:19-20

*«Pero el que se une al Señor se hace **un solo espíritu** con él.»*

—1 Corintios 6:17

*«Y vino y predicó paz a vosotros que estabais lejos y paz a los que estaban cerca. Porque por medio de él, ambos tenemos acceso al Padre **en un solo Espíritu**. Así que ya no sois extranjeros ni advenedizos, sino conciudadanos de los santos y miembros de la familia de Dios, edificados sobre el fundamento de los apóstoles y profetas, siendo la misma piedra angular Cristo Jesús, en quien toda la estructura, unida, crece en un templo santo en el Señor. En él también vosotros estáis siendo edificados juntos en una morada para Dios por el Espíritu».*

—Efesios 2:17-22

*«...para que, según las riquezas de su gloria, os conceda ser fortalecidos con poder **por su Espíritu** en vuestro interior (corazón), a fin de que **Cristo habite en vuestros corazones por la fe**, para que vosotros estéis arraigados y cimentados en el amor».*

—Efesios 3:16-17

Después de haber sido bautizados por el Espíritu Santo a través de su Palabra, entenderemos por qué debemos tener unidad con Dios y con los demás. El mismo Espíritu está en todos nosotros.

*«Así que, en Cristo Jesús, todos vosotros sois hijos de Dios por la fe, porque todos los que habéis sido **bautizados en Cristo**, os habéis revestido de Cristo. No hay judío ni gentil, ni esclavo ni libre, ni hombre ni mujer, porque todos vosotros sois uno en Cristo Jesús».*

—Gálatas 3:26-28

De nuevo miramos las palabras de Cristo; en una de sus más grandes oraciones, le pide a Dios que nos conceda que creamos en el mismo mensaje, haciéndonos uno con su nuevo corazón.

«Mi oración no es solo por ellos. Rezo también por aquellos que creerán en mí a través de su mensaje, para que todos ellos sean uno, Padre, así como tú estás en mí y yo estoy en ti. Que ellos también estén en nosotros para que el mundo crea que tú me has enviado. Yo les he dado la gloria que tú me diste, para que sean uno como nosotros —yo en ellos y tú en mí— a fin de que sean

llevados a la unidad completa. Entonces el mundo sabrá que tú me enviaste y que los has amado como a mí».

—Juan 17:20-23

Las declaraciones destacadas a continuación hablan de la ley, que debemos seguir solo después de obtener la unidad del Espíritu de su gracia.

*"Os pido, hermanos y hermanas, en el nombre de nuestro Señor Jesucristo, que **todos estéis de acuerdo** en lo que decís y que no haya divisiones entre vosotros, sino que **estéis perfectamente unidos** de mente y pensamiento...".*

*«Así como un cuerpo, aunque sea uno, tiene muchas partes, pero todas sus partes forman un solo cuerpo, así es con Cristo. **Porque todos fuimos bautizados por un solo Espíritu para formar un solo cuerpo**, ya sean judíos o gentiles, esclavos o libres, y a todos se nos dio a beber un solo Espíritu».*

—1 Corintios 1:10; 12:12-13

*«Amados, si Dios nos amó así, **también nosotros debemos amarnos los unos a los otros**. Nadie ha visto nunca a Dios; si nos amamos unos a otros, Dios permanece en nosotros y su amor se perfecciona en nosotros.*

*"En esto sabemos que permanecemos en él y él en nosotros, porque **nos ha dado de su Espíritu".***

—1 Juan 4:11-13

*«Y los que pertenecen a Cristo Jesús han crucificado la carne con sus pasiones y deseos. Si vivimos por el Espíritu, **mantengámonos***

también en paso con el Espíritu. No nos hagamos engreídos, provocándonos unos a otros, envidiándonos unos a otros».

—Gálatas 5:24-26

«Así que Cristo mismo dio a los apóstoles, a los profetas, a los evangelistas, a los pastores y a los maestros, para que equiparan a su pueblo para las **obras de servicio, a fin de que el cuerpo de Cristo pueda ser edificado hasta que todos alcancemos la unidad** en la fe y en el conocimiento del Hijo de Dios y lleguemos a ser maduros, **alcanzando toda la medida de la plenitud de Cristo.**»

—Efesios 4:11-13

«Que **tu manera de vivir sea digna del Evangelio de Cristo**, para que, tanto si vengo a verte como si estoy ausente, sepa que estás **firme en un solo espíritu, con una sola mente luchando** codo con codo por la fe en el Evangelio».

—Filipenses 1:27

«Por lo tanto, si tenéis algún estímulo de estar unidos a Cristo, si algún consuelo de su amor, si alguna participación común en el Espíritu, si alguna ternura y compasión, entonces haced que mi gozo sea completo siendo de la misma opinión, teniendo **el mismo amor, siendo uno en espíritu y en una sola mente. No hagas nada por ambición egoísta o vanidosa vanidad.** Más bien, valoren con humildad a los demás por encima de ustedes mismos, no mirando a sus propios intereses, sino cada uno de ustedes a los intereses de los demás. En sus relaciones mutuas, **tengan la misma mentalidad que Cristo Jesús.**»

—Filipenses 2:1-5

Todos estos versículos hablan de grupos de personas dentro de la Iglesia que tienen una relación correcta con Dios y están unidos por medio de un solo Espíritu. La Iglesia será ineficaz si está llena de individuos que tratan de encontrar el sentido de la vida o de la salvación fuera del Cuerpo. Es muy claro desde una perspectiva bíblica que Dios tiene la intención de que todos nosotros nos unamos a la verdadera Iglesia —el Cuerpo de Cristo. Aquí es donde se distribuyen los dones de la salvación.

No vamos a ser islas. Dios lo demuestra dándonos los ritos de la Iglesia. Una persona solo puede recibir el bautismo o la comunión dentro de la comunidad cristiana.

Un plan de salvación para todos

Un tema bíblico del evangelio es que Dios continúa extendiendo su antigua promesa a Abraham de que todas las personas en la tierra serán bendecidas a través de su Descendente. Por la gracia de Dios y por la obra de su Hijo, él nos arrebata (rapta) de las garras eternas de la muerte, salvándonos de la ira y del juicio de los malvados. El nuevo pacto y las promesas de Abraham se funden en un solo plan de redención que es administrado por el Espíritu Santo mientras se mueve en la Iglesia en la tierra. Esto cumple las profecías de que Dios derramaría su Espíritu sobre toda la carne a través de las instituciones dadas a los apóstoles para ser transmitidas.

Dios estableció la Iglesia y permite que todos los medios de gracia sean distribuidos a través de la unidad en un solo bautismo, una sola fe y un solo Espíritu. Efesios 4 lo resume.

«*Por tanto, yo, prisionero del Señor, os exhorto a* **caminar de** *manera digna de la vocación a la que habéis sido llamados, con toda humildad y mansedumbre, con paciencia, soportándoos los unos a los otros en el amor, deseosos de **mantener la unidad del Espíritu** en el vínculo de la paz. Hay un **solo cuerpo** y un **solo Espíritu**, así como fuisteis llamados a la **única esperanza** que pertenece a vuestro llamado: **un solo Señor, una sola fe, un solo bautismo, un solo Dios** y Padre de todos, que es sobre todos y a través de todos y en todos. Pero la gracia nos fue dada a cada uno de nosotros según la medida del don de Cristo».*

—Efesios 4:1-7

Todas las personas son iguales en lo más importante. Todos compartimos la misma naturaleza pecaminosa y necesitamos un Salvador que rompa nuestra maldición de muerte. Y Cristo está dispuesto a distribuir la gracia a través de la Iglesia en forma de bautismo, comunión y predicación de la Palabra. También recibimos dones distintivos emparejados específicamente con nuestros talentos y personalidad mientras oramos y leemos la Palabra. Así que necesitamos interactuar con Dios tanto colectiva como individualmente. Sin embargo, el Cuerpo colectivo debería ser nuestro objetivo principal. Aquí podemos unirnos en el Espíritu y combinar nuestros dones para compartir eficaz y eficientemente el mensaje del Evangelio con nuestro mundo.

«La copa de bendición que bendecimos, ¿no es una participación en la sangre de Cristo? El pan que partimos, ¿no es una participación en el cuerpo de Cristo? Porque hay un solo pan, nosotros que somos muchos somos un solo cuerpo, porque todos participamos de un solo pan».

—1 Corintios 10:16-17

Somos miembros del Cuerpo, no cristianos individuales que deben tratar con Dios y ministrar al mundo en aislamiento. Una relación personal con Cristo suena bien, y es bueno tenerla, pero Dios no nos invita a decir: «Tengo a Jesús; no necesito a la Iglesia». Nuestra relación con Dios debe ser en sus términos, no en los nuestros. Necesitamos seguir sus métodos prescritos y someternos a la revelación divina, resistiendo la tentación de desarrollar interpretaciones privadas de la Palabra de Dios.

Sólo hay un Espíritu Santo. El mismo Espíritu en nosotros fue derramado sobre los santos del Antiguo Testamento. El Antiguo Testamento profetizó que Dios derramaría su Espíritu sobre toda la carne (Joel 2:28), y Pedro se refirió a esa profecía en el día de Pentecostés. Pentecostés fue una extensión del nuevo pacto que Cristo comenzó en el aposento alto con su pequeño grupo de discípulos. Sus discípulos grabaron las palabras de Jesús; fortalecidos por el Espíritu, compartieron los detalles del nuevo pacto con todo el mundo.

A través del Espíritu, los apóstoles predicaron las buenas nuevas a sus congregaciones locales e hicieron discípulos; estos nuevos creyentes entonces difundieron este evangelio de la promesa del nuevo pacto al mundo. Este modelo que nos ha sido transmitido es el ejemplo que debemos seguir.

La Palabra declara que tenemos unidad solo en Cristo. Pablo declara esto muchas veces a través de la inspiración del Espíritu Santo, incluso aquí:

«Por tanto, que nadie os juzgue en cuestiones de comida y bebida,

o con respecto a una fiesta, a una luna nueva o a un día de reposo. Estas son las sombras de las cosas venideras, pero **la sustancia pertenece a Cristo.**»

—Colosenses 2:16-17

Pablo expuso sobre este tema en todo el capítulo de 1 Corintios 8. Puede ser difícil mantener la unidad con otros creyentes cuando no compartimos sus preferencias personales e interpretaciones de cómo se debe llevar a cabo la adoración. Sin embargo, la Biblia nos muestra que Dios permite una gran libertad en ciertas áreas. La clave para una congregación local es adherirse a la doctrina central con respecto a nuestra confianza compartida en los dones de gracia de Dios para con nosotros; entonces podemos practicar nuestras libertades mientras adoramos a Dios.

La Iglesia ha estado debatiendo asuntos menores durante toda su existencia; incluso vemos esto en disputas entre los discípulos cuando Jesús estaba personalmente disponible para decir la verdad. Pablo ofrece esta exhortación por la paz.

«*En cuanto al débil en la fe, dadle la bienvenida, pero no peleéis por las opiniones. Una persona cree que puede comer cualquier cosa, mientras que la persona débil sólo come vegetales. El que come no menosprecie al que se abstiene, y el que se abstiene no juzgue al que come, porque Dios le ha acogido. ¿Quién eres tú para juzgar al siervo de otro? Es ante su propio amo que se pone de pie o se cae. Y él será sostenido, porque el Señor es capaz de hacer que se mantenga en pie.*

«*Una persona estima un día como mejor que otro, mientras que otra estima todos los días iguales. Cada uno debe estar plenamente convencido en su propia mente. El que observa el día, lo observa en honor del Señor. El que come, come en honor del Señor, porque da gracias a Dios, mientras que el que se abstiene, se abstiene en honor del Señor y da gracias a Dios. Porque ninguno de nosotros vive para sí mismo, y ninguno de nosotros muere para sí mismo. Porque si vivimos, vivimos para el Señor, y si morimos, morimos para el Señor. Así que, ya sea que vivamos o muramos, somos del Señor.....*

«Por lo tanto, dejemos de juzgarnos unos a otros. En vez de eso, decide no poner ningún obstáculo u obstáculo en el camino de un hermano o hermana».

—Romanos 14:1-8, 13

*«Que el Dios de la paciencia y del aliento os conceda vivir en tal armonía unos con otros, de acuerdo con Cristo Jesús, que juntos podáis glorificar **con una sola voz** al Dios y Padre de nuestro Señor Jesucristo».*

—Romanos 15:5-6

*«**Pónganse en el nuevo yo**, que se **renueva en el conocimiento** a imagen y semejanza de su creador. Aquí no hay griegos y judíos, circuncidados e incircuncisos, bárbaros, escitas, esclavos, libres; sino que **Cristo es todo y en todos.**»*

—Colosenses 3:10-11

Sólo mediante la regeneración podemos estar unidos. Observe que «nuevo» y «renovado» son parte del mismo proceso a lo largo del tiempo. (De manera similar, la tierra regenerada o restaurada se llama «nueva» en algunos pasajes.) Otros pasajes nos describen como una nueva creación. Conservaremos nuestra identidad, y la tierra seguirá siendo la misma hasta cierto punto, pero la vieja naturaleza finalmente pasará; todas las cosas serán hechas nuevas.[1] El concepto clave para nosotros es que la renovación es un proceso de salvación. Nos transformamos con el tiempo.

Negociando el Conflicto

Algunos enfrentamientos dentro de la Iglesia han sido particularmente intensos:

– Después de Pentecostés, nuevos cristianos gentiles entraron en la Iglesia y se irritaron por algunas de las tradiciones judías que aún persistían. Trajeron consigo su propia herencia cultural y sus prejuicios. Este choque de perspectivas hebrea y griega es un tema frecuente de preocupación en el libro de Hechos y en muchas epístolas. Los apóstoles ayudaron a la Iglesia a navegar con éxito esta tensión sin que el Cuerpo se astillara.

– En el Gran Cisma de 1054, la Iglesia Ortodoxa Oriental se separó de la Iglesia Católica Romana.

– En la Reforma Protestante (comenzando en 1517), reformadores como Martín Lutero y Juan Calvino inspiraron un éxodo de la Iglesia Católica Romana.

Tenemos acceso a algunos escritos interesantes del período protestante que discuten la lucha de los reformadores para desarrollar su modelo de Iglesia; ellos tuvieron que decidir qué querían conservar y qué querían cambiar. ¿Qué tradiciones ya no son útiles o relevantes para la comunidad?

1. Ver Apocalipsis 21:5.

Los líderes de la Iglesia primitiva tuvieron que participar en conversaciones similares para determinar qué parte del judaísmo pertenecía a este nuevo Cuerpo que Dios estaba formando. No todas las enseñanzas o tradiciones necesitaban ir, pero algunas eran innecesariamente ofensivas para el creciente número de creyentes no judíos.

Los escritos de los reformadores pueden ayudarnos una vez más hoy, aunque tengan cientos de años de antigüedad. Los problemas a los que se enfrenta la Iglesia no han cambiado mucho a lo largo de los siglos. En este caso, los luteranos estaban debatiendo si mantener o abolir ciertas prácticas que quedaron de la Iglesia Católica Romana. Su comunidad había crecido con estas tradiciones, ¿pero eran necesarias?

«Así, pues, el culto y el servicio divino del Evangelio es recibir de Dios dones; por el contrario, el culto a la Ley es ofrecer y presentar nuestros dones a Dios. Sin embargo, no podemos ofrecer nada a Dios a menos que primero hayamos sido reconciliados y hayamos nacido de nuevo. Este pasaje, también, trae el mayor consuelo, ya que la principal adoración del Evangelio es desear recibir la remisión de los pecados, la gracia y la justicia».

—"La defensa de la Confesión de Augsburgo", Artículo V[2]

«Y sin embargo, enseñamos que en estos asuntos el uso de la libertad debe ser controlado de tal manera que los inexpertos no puedan ser ofendidos y que, debido al abuso de la libertad, no se vuelvan más hostiles a la verdadera doctrina del Evangelio, o que sin una causa razonable nada en los ritos consuetudinarios sea cambiado, sino que, a fin de apreciar la armonía, se observen

---

2. "La defensa de la Confesión de Augsburgo", Artículo V, párrafo 189. bookofconcord.org/defense_5_love.php#para189. Accedido mayo 30, 2019.

las viejas costumbres que puedan ser observadas sin pecado o sin grandes inconvenientes. Y en esta misma asamblea.... hemos juzgado que la armonía pública que podría producirse sin ofender a las conciencias debería ser preferida a todas las demás ventajas [otras cuestiones menos importantes]».

—"La defensa de la Confesión de Augsburgo", Artículo XV[3]

Los luteranos no querían diluir el evangelio haciéndolo demasiado amigable al mundo o a la carne humana, pero tampoco querían que sus ceremonias o tradiciones ofendieran a los jóvenes en la fe. Un visitante o alguien nuevo en la fe necesitaba poder encontrar el evangelio en su medio.

Este gran consejo de hace cientos de años todavía se aplica hoy en día: no riegues el evangelio, y no hagas que el evangelio sea difícil de entender con una cultura o tradiciones demasiado exclusivas. Sigue siendo así de simple. Pidamos unidad.

«¡Qué bueno y agradable es cuando el pueblo de Dios vive unido!»

—Salmo 133:1

«Porque donde dos o tres están reunidos en mi nombre, allí estoy yo entre ellos.»

—Mateo 18:20

«Que nadie se engañe a sí mismo. Si alguno entre vosotros piensa que es sabio en este siglo, que se vuelva necio para hacerse sabio.

---

3. La defensa de la Confesión de Augsburgo", Artículo XV, párrafos 51-52. bookofconcord.org/defense_14_traditions.php#para51. Accedido mayo 30, 2019.

Porque la sabiduría de este mundo es locura para con Dios. Porque está escrito: «Atrapa a los sabios en su astucia», y otra vez: «El Señor conoce los pensamientos de los sabios, que son inútiles». Que nadie se jacte de los hombres. Porque todas las cosas son tuyas, sea Pablo o Apolos o Cefas o el mundo o la vida o la muerte o el presente o el futuro; todo es tuyo, y tú eres de Cristo, y Cristo es de Dios».

—1 Corintios 3:18-23

APÉNDICE 1 - ESQUEMA DE LA METODOLOGÍA INTERPRETATIVA

Este libro utiliza un método interpretativo objetivo.

La subjetividad (interpretación personal) no es capaz de obtener la verdad de la Biblia.

La verdad es objetiva y sólo viene a través de la revelación divina.

Nuestras libertades, libre albedrío y elecciones no tienen nada que ver con encontrar la verdad.

La meta de este libro es identificar las verdades divinas con significados absolutos.

Ya sea que un pasaje contenga lenguaje literal o figurativo, debe haber un significado único y objetivamente verdadero. Por ejemplo, «el corazón» es un término figurativo, pero se refiere a un concepto objetivo específico de nuestro ser más íntimo.

Hay un reino físico (visto) y un reino celestial (no visto).

Los dos reinos se encuentran en el reino de los espíritus. Por ejemplo, nosotros en la tierra tenemos una relación con nuestro Padre celestial porque su Espíritu mora dentro de nosotros.

Esto nos deja con seis posibilidades totales para la interpretación de cualquier pasaje:

1. Lenguaje literal que habla del reino físico
2. Lenguaje literal que habla del reino celestial
3. Lenguaje literal que habla de la interacción dual-real (reino de los espíritus)
4. Lenguaje figurativo que habla del reino físico
5. Lenguaje figurativo que habla del reino celestial
6. Lenguaje figurativo que habla de la interacción dual-real (reino espiritual)

Los reinos se interrelacionan de esta manera:

El Padre está en el reino celestial donde el Hijo está ahora localizado.

El Hijo estaba en el reino terrenal donde estamos ubicados.

El Espíritu «procede» del Padre y del Hijo en una interacción dual-real (donde el cielo y la tierra se encuentran).

Después de su resurrección, el Hijo está a la «diestra» del Padre en el reino celestial. Él es el primer ser de doble realismo, al que la Biblia se refiere ocasionalmente como el segundo Adán.

La tierra y todos los creyentes serán parte de esta fusión dual después de la segunda venida de Cristo.

Los pasajes proféticos están llenos de términos como transformación, regeneración, restauración, redención y renovación. Estos pueden estar relacionados con la tierra o con nuestros propios cuerpos.

Este libro busca determinar qué pasajes son claramente literales, o si el lenguaje figurativo está presente, ¿de qué reino y concepto se habla para determinar la interpretación literal?

APÉNDICE 2 - SIGNIFICADO DE LOS PASAJES DE SALVACIÓN DERIVADOS DE LOS TIEMPOS VERBALES

Los siguientes pasajes describen el tiempo de salvación basado en el lenguaje de salvación espiritual en tiempo pasado o presente, o utilizan el lenguaje de salvación en tiempo futuro que describe la resurrección de los muertos. Algunos pasajes describen ambos tipos de salvación – la salvación espiritual y la salvación a través de la resurrección corporal.

Presente = enfocarse en la salvación espiritual pasada/presente

Futuro = enfocarse en la salvación en la resurrección

Ambos = Salvación presente y futura

Principalmente = enfocarse en un verbo sobre otro cuando ambos son declarados

Job 19:25-27 – Futuro

Isaías 26:19-21- Futuro

Daniel 7:22 + 12:2- Futuro

Mateo 24:30-31- El futuro

Mateo 25:31-34- El futuro

Juan 3:1-18- Presente

Juan 5:24-29- El futuro en su mayoría

Juan 6:39-40- Ambos

Romanos 8:16-24- Futuro en su mayoría

1 Corintios 4:5- Futuro

1 Corintios 15:12-28- Futuro

2 Corintios 5:1-10- Futuro

2 Corintios 6:1-2- Presente

1 Tesalonicenses 4:13-17- Futuro

1 Tesalonicenses 5:1-9- Futuro

2 Tesalonicenses 2:1-12- Futuro

2 Timoteo 1:9-12- Mayormente presente

2 Timoteo 4:8- Futuro

Efesios 2:4-9- Mayormente presente

Filipenses 3:10-21- Futuro

Colosenses 3:1-4- Ambos

Tito 2:11-13- Ambos

Hebreos 9:27-28- Futuro

1 Pedro 1:3-9- Ambos

1 Pedro 5:4- El futuro

1 Juan 2:28-3:2- Principalmente futuro

Judas 20-24 – Ambos

APÉNDICE 3 - AGRUPACIONES DE PASAJES CLAVE

Cristo heredó toda la tierra:

Salmo 2:8

Romanos 4:13

Gálatas 3:16

Colosenses 1:16

Hebreos 1:2; 2:10

El tema de la herencia:

Génesis 15:7; 17:5-8

1 Crónicas 29:14-18

Salmo 2:8; 37:29; 105:6-11; 115:16

Isaías 45:18

Ezequiel 47:13-23; 48:29

Mateo 5:5; 19:27-29

Romanos 4:13-18; 8:16-17; 15:8-9

Gálatas 3:13-29

Efesios 2:11-22; 3:6

Colosenses 1:12-16

Hebreos 1:2

Los gentiles injertados en Israel:

Juan 4:20-22; 10:16

Romanos 9:4-8, 24-26; 10:8-13, 17-20; 11:11-32;15:8–12

Gálatas 3

Efesios 2:11-22, 3:6

El único segundo advenimiento:

Job 19:25

Isaías 26:21; 35:4; 40:10; 59:17-20; 62:11

Daniel 7:22

Mateo 16:27; 24:30-31; 25:31

Lucas 17:24-30; 21:25-28

Hechos 1:11

1 Corintios 4:5; 15:23

Filipenses 3:20

Colosenses 3:4

1 Tesalonicenses 2:19; 3:13; 4:16-17; 5:1-4, 23

2 Tesalonicenses 1:7, 10; 2:8

1 Timoteo 6:13-16

2 Timoteo 4:1, 8

Tito 2:13

Hebreos 9:27-28

1 Pedro 1:7; 5:4

1 Juan 2:28; 3:2

Judas 1:14

Apocalípsis 1:7; 22:12

Resurrección:

Job 19:26

Salmos 16:10; 17:15; 49:15

Isaías 26:19

Ezequiel 37:7-14

Daniel 12:2-3

Lucas 14:14; 20:36

Juan 5:28-29; 6:40; 11:24

Hechos 24:15

1 Corintios 15:23, 52

Filipenses 3:21

Colosenses 3:4

1 Tesalonicenses 4:16

1 Pedro 1:3-9; 5:4

1 Juan 3:2

Recompensas que se otorgan en la segunda venida:

Isaías 35:4; 40:10; 59:17-20; 62:11

Daniel 7:22

Mateo 16:27

Lucas 14:14

1 Corintios 3:13-15; 4:5

1 Tesalonicenses 2:19

1 Timoteo 6:19

2 Timoteo 4:8

Hebreos 9:27-28

1 Pedro 5:4

Apocalípsis 22:12

Por favor visite www.kjsoze.com para más información.

BIBLIOGRAFÍA

The Barna Group, "Americans Describe Their Views About Life After Death." October 21, 2003. www.barna.com/research/americans-describe-their-views-about-life-after-death. Accessed May 20, 2019.

The Barna Group, "The State of the Church 2016." September 15, 2016. www.barna.com/research/state-church-2016. Accessed May 20, 2019.

Berkhof, Louis. *Summary of Christian Doctrine*. 1938.

The Book of Concord: The Confessions of the Lutheran Church. 1580. www.bookofconcord.org.

"The Comma of Luke 23:43." Grace Communion International. www.gci.org/articles/the-comma-of-luke-2343. Accessed June 4, 2019.

Dictionary of Paul and His Letters. Ed. Daniel Reed, Gerald Hawthorne, Ralph Martin. InterVarsity Press, 1993.

Kennedy, Vans. *Researches Into the Nature and Affinity of Ancient and Hindu Mythology*. 1831.

Kittel, Gerhard. *Theological Dictionary of the N.T.*, Vol. VI. 1932. Abridged Version: Eerdmans, 1985.

Ladd, George Eldon. *A Theology of the New Testament*. Eerdmans, 1974.

Lange, J.P. and Schaff, P. *A Commentary on the Holy Scriptures: John*. Logos Bible Software. Bellingham, WA, 2008. Nelson, Ethel. "The Original Unknown God of China." June 1, 1998. Creation 20, no. 3 (June 1998), 50–53. www.answersingenesis.org/genesis/the-original-unknown-god-of-china/#a1. Accessed June 4, 2019.

"Post Tribulation Rapture Belief." Post Tribulation People. www.posttribpeople.com/Post-Tribulation-Belief.html. Accessed June 3, 2019.

Roller, John H. *The Doctrine of Immortality in the Early Church*. Kindle Version, 2012. ASIN: B008I802VI.

Tyndale, William. *An Answer to Sir Thomas More's Dialogue*. Parker, 1850.

Westermann, Claus. *Genesis 12-36: A Commentary*. Augsburg Publishing House, 1981.

"What is the End-Times Timeline?" Got Questions. www.gotquestions.org/end-times-timeline.html. Accessed June 3, 2019.

White, Chris. "The Pre-Wrath Rapture Explained." November 23. 2011. www.bibleprophecytalk.com/bpt-keeping-a-consistent-hermeneutic-with-the-rapture. Accessed June 3, 2019.

Withrow, W.H. *The Catacombs of Rome and Their Testimony Relative to Primitive Christianity*, pp 532–533. Nelson and Phillips, 1874

www.ingramcontent.com/pod-product-compliance
Lightning Source LLC
Chambersburg PA
CBHW051347290426
44108CB00015B/1920